Klaus Homann

Verwaltungscontrolling

Klaus Homann

Verwaltungscontrolling

Grundlagen – Konzept – Anwendung

Bibliografische Information Der Deutschen Bibliothek
Die Deutsche Bibliothek verzeichnet diese Publikation in der Deutschen Nationalbibliografie;
detaillierte bibliografische Daten sind im Internet über <http://dnb.ddb.de> abrufbar.

Prof. Dr. Klaus Homann lehrt Öffentliche Betriebswirtschaftslehre an der Fachhochschule für öffentliche Verwaltung Nordrhein-Westfalen.

1. Auflage Mai 2005

Alle Rechte vorbehalten
© Betriebswirtschaftlicher Verlag Dr. Th. Gabler/GWV Fachverlage GmbH, Wiesbaden 2005

Lektorat: Jutta Hauser-Fahr / Renate Schilling

Der Gabler Verlag ist ein Unternehmen von Springer Science+Business Media.
www.gabler.de

Das Werk einschließlich aller seiner Teile ist urheberrechtlich geschützt. Jede Verwertung außerhalb der engen Grenzen des Urheberrechtsgesetzes ist ohne Zustimmung des Verlags unzulässig und strafbar. Das gilt insbesondere für Vervielfältigungen, Übersetzungen, Mikroverfilmungen und die Einspeicherung und Verarbeitung in elektronischen Systemen.

Die Wiedergabe von Gebrauchsnamen, Handelsnamen, Warenbezeichnungen usw. in diesem Werk berechtigt auch ohne besondere Kennzeichnung nicht zu der Annahme, dass solche Namen im Sinne der Warenzeichen- und Markenschutz-Gesetzgebung als frei zu betrachten wären und daher von jedermann benutzt werden dürften.

Umschlaggestaltung: Ulrike Weigel, www.CorporateDesignGroup.de

Gedruckt auf säurefreiem und chlorfrei gebleichtem Papier

ISBN-13: 978-3-409-14274-8   e-ISBN-13: 978-3-322-82619-0
DOI: 10.1007/978-3-322-82619-0

Vorwort

Controlling hat sich in den letzten Jahren zu einem wichtigen Bestandteil der „Neuen Steuerung" in öffentlichen Verwaltungen entwickelt. Insbesondere aufgrund der erheblichen Finanzprobleme und der dynamischen Aufgabenentwicklung im öffentlichen Sektor ist davon auszugehen, dass die Bedeutung des Controllingkonzepts für öffentliche Verwaltung noch weiter zunehmen wird.

In dem vorliegenden Buch wird nach einem kurzen Überblick über den aktuellen Stand des allgemeinen Controllingkonzepts in Forschung und Praxis und dem Eingehen auf Notwendigkeit und Besonderheiten eines Verwaltungscontrolling ein Controllingkonzept für öffentliche Verwaltungen dargestellt, das auf dem koordinationsorientierten Controllingansatz basiert. Im Mittelpunkt der weiteren Ausführungen stehen ein strategisches und ein operatives Controlling für die öffentlichen Verwaltungen. Darüber hinaus wird auf ein Bereichscontrolling für die öffentlichen Verwaltungen eingegangen, das ausgewählte Controllingtypen bzw. -konzeptionen für einzelne Teilbereiche der öffentlichen Verwaltungen umfasst.

Dieses Lehrbuch richtet sich in erster Linie an die Studierenden der Fachhochschulen für öffentliche Verwaltungen und vergleichbarer Einrichtungen. Darüber hinaus soll das Buch den Führungskräften in den öffentlichen Verwaltungen das notwendige Grundlagenwissen im Fach Controlling vermitteln.

Köln, im März 2005					*Klaus Homann*

Inhaltsverzeichnis

Vorwort V
Abbildungsverzeichnis XI
Abkürzungsverzeichnis XIII

1. Grundlagen des Controlling 1
   1.1 Controllingbegriff 1
   1.2 Erscheinungsformen des Controlling 5
   1.3 Fragen und Aufgaben 7
2. Controlling für öffentliche Verwaltungen 9
   2.1 Notwendigkeit und Besonderheiten eines Verwaltungscontrolling 9
   2.2 Ausgestaltung eines Verwaltungscontrolling 13
   2.3 Fragen und Aufgaben 16
3. Strategisches Controlling für öffentliche Verwaltungen 17
   3.1 Aufgaben eines strategischen Controlling 17
   3.2 Strategische Informationsversorgung 20
      3.2.1 Gegenstand und Aufgaben der strategischen Informations-
             versorgung 20
      3.2.2 Früherkennungssysteme für öffentliche Verwaltungen 24
   3.3 Strategische Planung und Kontrolle 29
      3.3.1 Strategische Analyse 29
         3.3.1.1 Umweltanalyse 29
         3.3.1.2 Verwaltungsanalyse 36
      3.3.2 Formulierung strategischer Ziele 43
      3.3.3 Entwicklung und Bewertung von Strategien 46
      3.3.4 Implementierung der strategischen Vorgaben 59
      3.3.5 Strategische Kontrolle 65
   3.4 Fragen und Aufgaben 70
4. Operatives Controlling für öffentliche Verwaltungen 73
   4.1 Aufgaben eines operativen Controlling 73
   4.2 Operative Informationsversorgung 75
      4.2.1 Gegenstand und Aufgaben der operativen Informationsversor-
             gung 75
      4.2.2 Operative Informationen aus dem öffentlichen Rechnungs-
             wesen 79
         4.2.2.1 Buchführung 79
            4.2.2.1.1 Kameralistische Buchführung 79
            4.2.2.1.2 Reformansätze auf doppischer Grundlage 82

4.2.2.2 Kostenrechnung 84
    4.2.2.2.1 Überblick über die Kostenrechnungssysteme 84
    4.2.2.2.2 Vollkostenrechnung als Istkostenrechnung ... 84
    4.2.2.2.3 Teilkostenrechnung als Istkostenrechnung ... 87
    4.2.2.2.4 Plankostenrechnung 90
    4.2.2.2.5 Prozesskostenrechnung 95
4.2.2.3 Ergänzung der Kostenrechnung um ein Kostenmanagement 99
    4.2.2.3.1 Formen und Verfahren des Kostenmanagements 99
    4.2.2.3.2 Gemeinkostenwertanalyse 101
    4.2.2.3.3 Zero-Base-Budgeting 106
4.2.2.4 Leistungsrechnung 111
    4.2.2.4.1 Besonderheiten der Leistungsrechnung öffentlicher Verwaltungen 111
    4.2.2.4.2 Bewertung der Verwaltungsprodukte in qualitativer Hinsicht 115
4.2.3 Kennzahlen und Kennzahlensysteme zur operativen Informationsversorgung 123
4.2.4 Berichtswesen im Rahmen der operativen Informationsversorgung 130
4.3 Operative Planung und Kontrolle 135
  4.3.1 Formulierung operativer Ziele 135
  4.3.2 Planung operativer Maßnahmen 139
    4.3.2.1 Grundlagen 139
    4.3.2.2 Maßnahmenplanung im Rahmen der Leistungserstellung 143
  4.3.3 Budgetierung 150
    4.3.3.1 Grundlagen 150
    4.3.3.2 Ausgewählte Budgetierungsverfahren 154
        4.3.3.2.1 Inputorientierte Budgetierungsverfahren 156
        4.3.3.2.2 Outputorientierte Budgetierungsverfahren .. 159
  4.3.4 Operative Kontrolle 162
4.4 Fragen und Aufgaben 166

5. Ausgewählte Controllingbereiche für öffentliche Verwaltungen 171
　5.1 Investitionscontrolling 171
　　5.1.1 Grundkonzept 171
　　5.1.2 Bauinvestitionscontrolling öffentlicher Verwaltungen 177
　5.2 Personalcontrolling 182
　　5.2.1 Grundkonzept 182
　　5.2.2 Personalcontrolling öffentlicher Verwaltungen 187
　5.3 Beteiligungscontrolling 190
　　5.3.1 Grundkonzept 190
　　5.3.2 Beteiligungscontrolling öffentlicher Verwaltungen 196
　5.4 Fragen und Aufgaben 200

Literaturverzeichnis 203
Stichwortverzeichnis 221

Abbildungsverzeichnis

Abb. 1-1: Führungs- und Ausführungssystem eines Unternehmens............ 3
Abb. 1-2: Abgrenzung von strategischem und operativem Controlling 6
Abb. 3-1: Phasen des strategischen Planungs- und Kontrollprozesses 18
Abb. 3-2: Öffentliche Verwaltung und Verwaltungsumwelt 31
Abb. 3-3: Trichtermodell der Szenariobildung 35
Abb. 3-4: Stärken-Schwächen-Profil einer öffentlichen Verwaltung 38
Abb. 3-5: Formen des Benchmarking 40
Abb. 3-6: Ablauf des Benchmarking 40
Abb. 3-7: Schema der Neun-Felder-Matrix mit Normstrategien 51
Abb. 3-8: Portfolio-Matrix für öffentliche Verwaltungen mit Normstrategien 53
Abb. 3-9: Produkt-Markt-Strategien nach Ansoff 55
Abb. 3-10: Umsetzung von Strategien in operative Maßnahmen im Rahmen der Balanced Scorecard 61
Abb. 3-11: Ursache-Wirkungs-Beziehungen zwischen den einzelnen Perspektiven der Balanced Scorecard 63
Abb. 3-12: Überblick über die Arten der strategischen Kontrolle 68
Abb. 4-1: Drei-Komponenten-Buchführungssystem 83
Abb. 4-2: Verfahren der Plankostenrechnung 91
Abb. 4-3: Prozesshierarchie 96
Abb. 4-4: Kosten der Entscheidungspakete im Rahmen des ZBB 108
Abb. 4-5: Festlegung der Rangordnung der Entscheidungspakete im Rahmen des ZBB 109
Abb. 4-6: Rangordnung und Budgetschnitt im Rahmen des ZBB............ 110
Abb. 4-7: Mögliche Aufgliederung der Kennzahlenbereiche öffentlicher Verwaltungen 129
Abb. 4-8: Berichtshierarchie mit drei Ebenen für Kommunalverwaltungen 132

Abb. 4-9:	Aufbau eines Standardberichts	135
Abb. 4-10:	Zielordnung nach Zweck-Mittel-Beziehungen	136
Abb. 5-1:	Phaseneinteilung des Ablaufs von Bauinvestitionsprojekten	178
Abb. 5-2:	Beispiele für Personalkennzahlen	186
Abb. 5-3:	Beispiel für ein personalwirtschaftliches Kennzahlensystem	190

Abkürzungsverzeichnis

Abb.	Abbildung(en)
BHO	Bundeshaushaltsordnung
CM	Controller Magazin
DB	Der Betrieb
DBW	Die Betriebswirtschaft
DÖV	Die öffentliche Verwaltung
e.V.	eingetragener Verein
EDV	Elektronische Datenverarbeitung
f.	folgende (Seite bzw. Spalte)
ff.	folgende (Seiten bzw. Spalten)
GemHVO	Gemeindehaushaltsverordnung
GWA	Gemeinkostenwertanalyse
HBR	Harvard Business Review
HGrG	Haushaltsgrundsätzegesetz
HWB	Handwörterbuch der Betriebswirtschaft
HWO	Handwörterbuch der Organisation
HWÖ	Handwörterbuch der öffentlichen Betriebswirtschaft
HWPlan	Handwörterbuch der Planung
HWProd	Handwörterbuch der Produktion
HWU	Handwörterbuch Unternehmensrechnung und Controlling
i.e.S.	im engeren Sinne
KGSt	Kommunale Gemeinschaftsstelle für Verwaltungsvereinfachung
Krp	Kostenrechnungspraxis - Zeitschrift für Controlling
KV	Die Kommunalverwaltung Brandenburg, Fachzeitschrift für die kommunale Praxis
LHO	Landeshaushaltsordnung

lmi	leistungsmengeninduziert
lmn	leistungsmengenneutral
NRW	Nordrhein-Westfalen
o.O	ohne Ortsangabe
PPBS	Planning-Programming-Budgeting-System
S.	Seite(n)
Sp.	Spalte(n)
TP	Teilprozess(e)
USA	United States of America
VM	Verwaltung und Management
VOP	Zeitschrift für Verwaltungsführung, Organisation und Personal
VR	Verwaltungsrundschau
WiSt	Wirtschaftswissenschaftliches Studium
ZBB	Zero-Base-Budgeting
ZfB	Zeitschrift für Betriebswirtschaft
ZfbF	Zeitschrift für betriebswirtschaftliche Forschung
ZfO	Zeitschrift für Organisation
ZKF	Zeitschrift für Kommunalfinanzen
ZögU	Zeitschrift für öffentliche und gemeinwirtschaftliche Unternehmen

1. Grundlagen des Controlling

1.1 Controllingbegriff

Sowohl in der betriebswirtschaftlichen Literatur als auch in der betrieblichen Praxis bestehen sehr unterschiedliche Auffassungen über den Controllingbegriff. Eine wichtige Ursache für diese Begriffsvielfalt ist der große Einfluss der Praxis auf die Entwicklung des Controlling. Die Wurzeln des Controlling liegen in der Unternehmenspraxis. Somit wird das jeweilige Verständnis von Controlling auch in erheblichem Umfang von den Praxiserfahrungen geprägt. Man spricht in diesem Zusammenhang von der Kontextabhängigkeit des Controlling. Darunter versteht man, dass der jeweilige Controllingbegriff stark von den konkreten Aufgabenfeldern des Controlling in den Unternehmen beeinflusst wird. Die Heterogenität der zu lösenden Probleme bzw. der vorgegebenen Aufgaben in den Unternehmen führt folglich zu unterschiedlichen Controllinginterpretationen. Diese Interpretationsvielfalt macht es den Unternehmen im Regelfall leichter, unternehmensspezifische Controllinglösungen zu entwickeln und umzusetzen.

Für eine wissenschaftliche Auseinandersetzung mit dem Controlling ist jedoch ein gemeinsames Grundverständnis über das Controlling, seine wichtigsten Funktionen und seine Abgrenzung zu anderen betrieblichen Funktionsbereichen notwendig (vgl. Küpper 2001, S. 3). Daraus folgt, dass eine einheitliche Nominaldefinition des Controlling als Ausgangsbasis für das wissenschaftliche Arbeiten unerlässlich ist. Somit muss auch in diesem Buch zunächst eine eindeutige Bestimmung des Controllingbegriffs vorgenommen werden, bevor man sich im Weiteren mit dem Controlling im Allgemeinen und dem Verwaltungscontrolling im Besonderen befassen kann. Bei einer Betrachtung der unterschiedlichen Controllingdefinitionen in der betriebswirtschaftlichen Literatur, die als mögliche Definitionsbasis für die weitere Arbeit in Frage kommen, fällt auf, dass sie mehrheitlich die funktionalen Aspekte des Controlling in den Vordergrund stellen (vgl. zu einem Überblick über die Definitionsansätze z.B. Weber

1998, S. 19 ff.). Innerhalb dieser funktionalen Begriffsauffassungen haben diejenigen Definitionsansätze eine besondere Bedeutung erlangt, die auf die Koordinationsfunktion des Controlling ausgerichtet sind.

Der **koordinationsorientierte Controllingansatz** wurde in erheblichem Maße von Horváth geprägt (vgl. Horváth 1978, S. 194 ff.; Horváth 2001, S. 93 ff.). Horváth geht bei seiner Controllingdefinition von dem Systemansatz aus. Das Unternehmen wird als ein System betrachtet, das in mehrere Teilsysteme gegliedert wird und wiederum Teil eines oder mehrerer Umsysteme ist. Im Rahmen des Systems Unternehmen erfolgt zunächst eine Trennung in die beiden Teilsysteme Führungs- und Ausführungssystem. Weiterhin wird das Führungssystem in ein Planungs- und Kontrollsystem sowie in ein Informationsversorgungssystem gegliedert. Aus dieser Differenzierung des Führungssystems resultiert ein Koordinationsbedarf, der vom Controlling zu decken ist. Deshalb wird ein Controllingsystem als drittes Teilsystem der Führung eingerichtet, das mit der ergebniszielorientierten Koordination von Planung und Kontrolle sowie Informationsversorgung betraut ist. Einen Überblick über die entsprechenden Teilsysteme eines Unternehmens bietet die Abb. 1-1 (vgl. Horváth 2001, S. 117).

Die koordinationsorientierte Controllingdefinition von Horváth (2001, S. 153) lautet wie folgt: „Controlling ist - funktional gesehen - dasjenige Subsystem der Führung, das Planung und Kontrolle sowie Informationsversorgung systembildend und systemkoppelnd ergebniszielorientiert koordiniert und so die Adaption und Koordination des Gesamtsystems unterstützt". Aus dieser Controllingdefinition ergibt sich, dass Horváth zwischen zwei Aspekten bzw. Aufgabenbereichen der Koordination, nämlich der systembildenden und der systemkoppelnden Koordination, unterscheidet (vgl. Horváth 2001, S. 126 ff.).

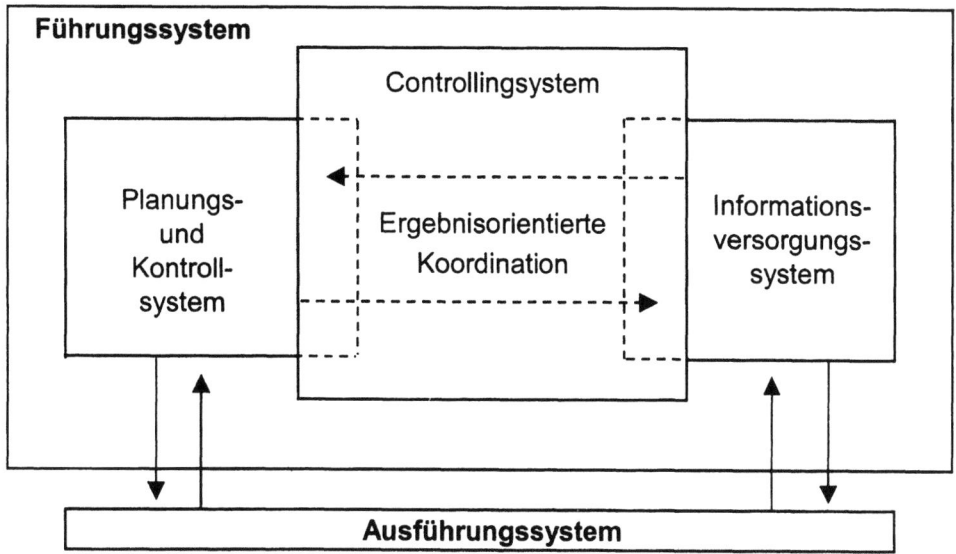

Abb. 1-1: Führungs- und Ausführungssystem eines Unternehmens

Bei der **systembildenden Koordination** geht es um den Entwurf und die Implementierung des Planungs- und Kontrollsystems sowie des Informationsversorgungssystems durch das Controlling. Mit der Bildung derartiger Teilsysteme wird eine Arbeitsteilung im Führungssystem ermöglicht. Auf diese Weise soll die Effektivität und Effizienz des Gesamtsystems verbessert werden. Allerdings sind die neu gebildeten Teilsysteme relativ eigenständig und arbeiten nicht immer optimal im Sinne der Unternehmensziele zusammen, so dass ein zusätzlicher Koordinationsbedarf entsteht. Deshalb ist nach Horváth die **systemkoppelnde Koordination** erforderlich. Es handelt sich dabei um die laufende Abstimmung und Störungsbeseitigung innerhalb der gegebenen Systemstruktur, um das Zusammenwirken der Teilsysteme zu gewährleisten. Die systemkoppelnde Koordination umfasst zum einen die geplante regelmäßige Mitwirkung in den Führungsteilsystemen und zum anderen das ungeplante Eingreifen beim Eintritt von Störungen (vgl. Horváth 2001, S.143).

Die Koordinationsfunktion des Controlling erstreckt sich ausschließlich auf die **sekundäre Koordination**, d.h. auf die Koordination der Teilsysteme innerhalb des Führungssystems. Die **primäre Koordination**, die sich vorrangig auf das

Ausführungssystem bezieht, wird hingegen als alleinige Aufgabe der Unternehmensführung angesehen. Im Rahmen der Primärkoordination muss die Führung durch eine entsprechende Systembildung und Systemkopplung für einen zielgerichteten Leistungsvollzug sorgen.

Der Koordinationsansatz von Horváth erfuhr eine Weiterentwicklung, indem man das Führungssystem stärker differenzierte und zusätzliche Führungsteilsysteme wie das Organisations- und das Personalführungssystem bildete (vgl. z.B. Küpper 2001, S. 12 ff.; Weber 1998, S. 27 f.). Durch diese stärkere Differenzierung im Führungssystem können zusätzliche Koordinationsprobleme aufgedeckt und einer Lösung zugeführt werden. Die Koordinationsfunktion des Controlling erstreckt sich nicht mehr wie bei Horváth ausschließlich auf die Teilsysteme Planung und Kontrolle sowie Informationsversorgung, sondern umfasst nun alle Teilsysteme im Führungssystem des Unternehmens.

Nach dem gegenwärtigen Stand der Controllingdiskussion kann der koordinationsorientierte Controllingansatz als der umfassendste und theoretisch fundierteste angesehen werden. Folglich wird im Weiteren dieser Ansatz als Grundlage gewählt. Controlling wird aus funktionaler Sicht als ein eigenständiges Führungsteilsystem angesehen, dessen zentrale Aufgabe in der zielorientierten Koordination des gesamten Führungssystems besteht. Die Koordinationsaufgabe umfasst sowohl die Abstimmung innerhalb der Führungsteilsysteme als auch die Abstimmung zwischen den Führungsteilsystemen. Mit den Koordinationsleistungen soll Controlling einen Beitrag zur Erreichung der Führungsziele leisten (vgl. z.B. Eschenbach/Niedermayr 1996, S. 65). Es soll dazu beitragen, dass die Unternehmensführung die Ziele des Unternehmens besser als bisher realisieren kann. Das Führungsteilsystem Controlling hat somit eine unterstützende Funktion in Bezug auf die Unternehmensführung. Controlling wird als Führungshilfe begriffen und dient zur Entlastung des Führungspersonals (vgl. z.B. Küpper 2001, S. 19).

1.2 Erscheinungsformen des Controlling

Aufgrund der großen Bedeutung, die Controlling zwischenzeitlich in Theorie und Praxis erlangt hat, haben sich zahlreiche Erscheinungsformen bzw. Typen des Controlling entwickelt (vgl. zu einem Überblick z.B. Deyhle/Steigmeyer 1993, S. 205; Peemöller 2002, S. 111 ff.; Küpper 2001, S. 407 ff.; Ossadnik 2003, S. 451 ff.). Im Weiteren soll kurz auf einige ausgewählte Erscheinungsformen des Controlling eingegangen werden.

Anknüpfend an die übliche Unterteilung der Unternehmensplanung in eine strategische und in eine operative Planung wird zwischen einem strategischen und einem operativen Controlling unterschieden (vgl. z. B. Reichmann 2001, S. 542 ff.; Horváth 2001, S. 254 ff.). Das **strategische Controlling** unterstützt die Unternehmensführung bei der langfristig orientierten strategischen Planung und Kontrolle. Es orientiert sich in erster Linie an den Stärken und Schwächen des Unternehmens im Vergleich zu den Konkurrenten und an seinen Chancen und Risiken im Hinblick auf Veränderungen in der Unternehmensumwelt. Folglich ist das strategische Controlling im Wesentlichen auf die Märkte und die sonstige Umwelt des Unternehmens ausgerichtet und dient der Schaffung und Erhaltung gegenwärtiger sowie zukünftiger Erfolgspotentiale. Die Aufgabe des **operativen Controlling** ist es, der Unternehmensführung bei der Lösung der Probleme der kurz- und mittelfristig orientierten Planung und Kontrolle zu helfen. Das operative Controlling befasst sich mit Entwicklungen, die sich bereits in der Gegenwart mit Hilfe von Größen wie z.B. Aufwand und Ertrag bzw. Kosten und Leistung quantifizieren lassen. Operatives Controlling ist primär intern ausgerichtet und soll die Wirtschaftlichkeit der betrieblichen Prozesse gewährleisten. Die wesentlichen Unterschiede zwischen dem strategischen und dem operativen Controlling können der Abb. 1-2 entnommen werden (vgl. z.B. Reichmann 2001, S. 544; Horváth 2001, S. 256).

Die strategische und die operative Unternehmensführung sind eng miteinander verknüpft. Die strategischen Führungsentscheidungen setzen den Rahmen für die Entscheidungen auf der operativen Unternehmensebene, d.h. die strategischen Vorgaben sind in operative Ziel- und Maßnahmenpläne umzusetzen. Umgekehrt haben die operativen Entscheidungen Konsequenzen für die strategischen Ziel- und Strategieplanungen und müssen bei den entsprechenden Entscheidungen auf der strategischen Unternehmensebene berücksichtigt werden. Demzufolge sind auch die beiden Controllingtypen strategisches und operatives Controlling, deren jeweilige Aufgabe die Unterstützung der strategischen Führung bzw. der operativen Führung ist, eng miteinander zu verzahnen und auf die übergeordneten Unternehmensziele auszurichten.

Controllingtypen \ Merkmale	Strategisches Controlling	Operatives Controlling
Orientierung	Umwelt und Unternehmen	Unternehmen (unter Berücksichtigung vorhandener Umweltbeziehungen)
Primäre Ziele	Anpassung an Umweltveränderungen, Schaffung und Erhaltung von Erfolgspotenzialen, Existenzsicherung	Gewinnerzielung, Sicherstellung von Wirtschaftlichkeit, Rentabilitätsstreben, Liquiditätssicherung
Dimensionen	Chancen/Risiken, Stärken/Schwächen, Wettbewerbsvorteile/ -nachteile	Aufwand/Ertrag, Kosten/Leistungen, Ein-/Auszahlungen, Vermögen/Kapital
Zeithorizont	Langfristig, z.T. nicht von vornherein begrenzt	Mittel- und kurzfristig, immer auf bestimmte Perioden ausgerichtet
Informationsquellen	Primär Umwelt	Primär internes Rechnungswesen

Abb. 1-2: Abgrenzung von strategischem und operativem Controlling

Zusätzlich zum strategischen und operativen Controlling kann man weitere bereichs- bzw. objektbezogene Controllingtypen bilden. Die Abgrenzung dieser speziellen Bereiche bzw. Objekte des Controlling lässt sich auf unterschiedliche

Weise vornehmen (vgl. z.B. Peemöller 2002, S. 114; Küpper 2001, S. 407 ff.; Ossadnik 2003, S. 451). Werden im Rahmen der einzelnen betrieblichen Haupt- und Querschnittsfunktionen des Unternehmens Controllingaufgaben wahrgenommen, so lassen sich **funktionsbezogene Controllingtypen** wie z.B. Beschaffungs-, Produktions-, Absatz-, Logistik-, Finanz-, Investitions-, Forschungs- und Entwicklungscontrolling ableiten. Die Bildung von Controllingbereichen mit eigenständigen Controllingaufgaben und -instrumenten kann auch unter Bezug auf die im Unternehmen eingesetzten Produktionsfaktoren erfolgen. Somit können **faktorbezogene Controllingtypen** wie z.B. Personal-, Anlagen-, Material- und Informationscontrolling abgegrenzt werden. Weiterhin können Bereiche, für die spezielle Controllingkonzeptionen erforderlich sind, unter Berücksichtigung der Organisationsformen und -einheiten eines Unternehmens sowie seiner Beteiligungen herausgearbeitet werden. In diesem Fall kommen als **organisationsbezogene Controllingtypen** z.B. Projekt-, Abteilungs-, Geschäftsfeld-, Beteiligungs- und Konzerncontrolling in Frage. Darüber hinaus lassen sich Controllingbereiche mit spezifischen Controllingaufgaben und -instrumenten bilden, die sich auf einzelnen Branchen und Institutionen beziehen. Als mögliche Beispiele für **branchen- bzw. institutionsbezogene Controllingtypen** sind Industrie-, Handels-, Banken-, Versicherungscontrolling sowie Controlling für öffentliche Unternehmen und Controlling für öffentliche Verwaltungen zu nennen.

1.3 Fragen und Aufgaben

1. Was versteht man unter der Kontextabhängigkeit des Controlling?
2. Erläutern Sie den koordinationsorientierten Controllingansatz.
3. Auf welche Teilsysteme des Führungssystems eines Unternehmens kann sich die Koordinationsfunktion des Controlling erstrecken ?
4. Grenzen Sie das strategische und das operative Controlling voneinander ab.
5. Welche möglichen bereichs- bzw. objektbezogenen Controllingtypen lassen sich zusätzlich zum strategischen und operativen Controlling bilden?

2. Controlling für öffentliche Verwaltungen

2.1 Notwendigkeit und Besonderheiten eines Verwaltungscontrolling

Unter dem Oberbegriff „Öffentliche Verwaltungen" sind eine Vielzahl öffentlicher Institutionen unterschiedlichster Art zusammengefasst, die der Erfüllung öffentlicher Aufgaben dienen. Öffentliche Verwaltungen in der Bundesrepublik Deutschland sind die Verwaltungen der Gebietskörperschaften. Im Einzelnen handelt es um die Verwaltungen des Bundes (Bundesverwaltungen), der Bundesländer (Landesverwaltungen) und der Gemeindeverbände sowie der Gemeinden (Gemeindeverwaltungen). Aus ökonomischer Sicht sind öffentliche Verwaltungen Wirtschaftseinheiten, die wirtschaftliche Verfügungen über zu beschaffende, zu produzierende und abzugebende Güter im Sinne öffentlicher Ziele und auf der Grundlage öffentlichen Eigentums treffen (vgl. Eichhorn/Friedrich 1976, S. 56). Dieser Definition liegt ein weiter Verwaltungsbegriff zu Grunde, der sowohl die **öffentlichen Verwaltung im engeren Sinne** wie Ministerien, Ober- und Mittelbehörden sowie Gemeindeverwaltungen als auch die **öffentlichen Verwaltungen im weiteren Sinne** wie öffentliche Unternehmen des Bundes, der Länder und der Gemeinden umfasst (vgl. Eichhorn 1979, Sp. 2146).

Aufgrund der erheblichen Strukturunterschiede, die zwischen den öffentlichen Verwaltungen im engeren Sinne und den öffentlichen Verwaltungen im weiteren Sinne bestehen (vgl. zu den einzelnen Unterschieden z.B. Raffée/Fritz/Wiedmann 1994, S. 21 und Haiber 1997, S. 13), erscheint es sinnvoll, die beiden Verwaltungstypen und die jeweiligen Einsatzmöglichkeiten des Controlling getrennt zu untersuchen. Im Rahmen dieser Arbeit werden nur die öffentlichen Verwaltungen im engeren Sinne und das Controlling für diese Kernverwaltungen behandelt. Auf die Behandlung eines Controlling für öffentliche Verwaltungen im weiteren Sinne bzw. für öffentliche Unternehmen wird verzichtet (zum Controlling für öffentliche Unternehmen vgl. z.B. Peemöller 2002, S. 468 ff.;

Haiber 1997). Es werden jedoch bei der späteren Behandlung eines Beteiligungscontrolling für öffentliche Verwaltungen im engeren Sinne teilweise Bezüge zum Controlling für öffentliche Unternehmen hergestellt.

Angesichts der Erfolge, die Controlling als Konzept der Führungsunterstützung in erwerbswirtschaftlichen Unternehmen aufweisen kann, beschäftigt man sich in der wissenschaftlichen Literatur seit einigen Jahren in zunehmendem Maße mit einer möglichen Übertragung des betriebswirtschaftlichen Controllingkonzepts auf öffentliche Verwaltungen. Dabei werden insbesondere die Gründe, die Rahmenbedingungen, die Aufgaben, die Instrumente sowie die organisatorischen und personellen Voraussetzungen für ein Verwaltungscontrolling thematisiert (vgl. zu einem Überblick über verwaltungsspezifische Controllingbeiträge in der Literatur z. B. Seidenschwarz 1992, S. 40 ff.; Schmidberger 1994, S. 36; Brüggemeier 1997, S. 45 ff.). Darüber hinaus sind in der Verwaltungspraxis bereits eine Reihe von Erfahrungen mit der Anwendung des Controlling in unterschiedlichen Aufgabenfeldern gemacht worden (vgl. zur Dokumentation von Anwendungsbeispielen für das Controlling in der Verwaltungspraxis z.B. Braun/ Bozem 1990; Andree 1994, S. 154 ff.; Brüggemeier 1997, S. 138 ff.; Brokemper 1997, S. 5 ff.).

Die Notwendigkeit für ein Verwaltungscontrolling wird im Allgemeinen mit dem erheblichen Veränderungsdruck innerhalb der öffentlichen Verwaltungen begründet. Als Auslöser für diesen Veränderungsdruck sind insbesondere die anhaltenden finanziellen Engpässe im öffentlichen Sektor sowie die dynamische Aufgabenentwicklung im Verwaltungsbereich zu nennen (vgl. z.B. Meyer-Pries 1997, S.2). Mit Hilfe des Controllingkonzepts sollen die Führungskräfte in den Verwaltungen in die Lage versetzt werden, die sich aus den Veränderungen ergebenden, erhöhten Anforderungen zu bewältigen. In diesem Sinne kann man Controlling als „Ansatz zur Bewältigung der zunehmenden Komplexität der Steuerung von Verwaltung" interpretieren (Budäus 1985, S. 569 f.).

Öffentliche Verwaltungen weisen eine Reihe von Besonderheiten gegenüber erwerbswirtschaftlichen Unternehmen auf, die bei der Übertragung des Controllingkonzepts auf den Verwaltungsbereich und der Entwicklung eines speziell auf die verwaltungsspezifischen Rahmenbedingungen zugeschnittenen Controlling zu berücksichtigen sind. Dabei ist insbesondere den folgenden verwaltungsspezifischen Besonderheiten bzw. Restriktionen Beachtung zu schenken (vgl. z.B. Weber 1987, S. 265 ff.; Weber 1988 a, S. 263 ff.; Weber 1988 c, S. 176; Hamman/Palupski/von der Gathen 1996, S. 5 f.; Meyer-Pries 1997, S. 10 ff.; Schwarze 1997, S. 153) :

- Das Verwaltungshandeln und damit auch die Entscheidungen der Führung der öffentlichen Verwaltungen werden in erheblichem Maße durch Rechtsvorschriften bestimmt bzw. geprägt. Das Rechtmäßigkeitsstreben und die Notwendigkeit des Rechtmäßigkeitsnachweises sind für öffentlichen Verwaltung von zentraler Bedeutung.

- Oftmals beeinflussen politische Entscheidungsträger das Handeln der öffentlichen Verwaltungen und engen die Gestaltungsfreiheit und Entscheidungskompetenz der Führungskräfte in den Verwaltungen ein. So werden die Ziele der öffentlichen Verwaltungen nicht ausschließlich von der Verwaltungsführung festgelegt, sondern zum Teil von politischen Instanzen formuliert und den Verwaltungen zur Bewältigung vorgegeben.

- Die von den öffentlichen Verwaltungen zu realisierenden Ziele sind vorrangig nichtökonomischer bzw. gesellschaftspolitischer Art. Bei derartigen Zielen ist - im Gegensatz zu den üblichen Zielen erwerbswirtschaftlicher Unternehmen - eine präzise Zielvorgabe in Wert- oder Mengengrößen nicht oder nur in eingeschränktem Maße möglich. Darüber hinaus sind die von der Politik vorgegebenen Verwaltungsziele aufgrund des besonderen Charakters politischer Zielfindungsprozesse vielfach bewusst vage und nicht operational formuliert.

- Bei den Leistungen, die von den öffentlichen Verwaltungen bereitgestellt werden, handelt es im Regelfall um Dienstleistungen. Die Verwaltungsleistungen sind überwiegend nicht marktfähig und werden vielfach unentgeltlich abgeben. Folglich kann der Output der öffentlichen Verwaltung nur in seltenen Fällen monetär bewertet werden und muss stattdessen in Mengengrößen oder mittels qualitativer Kriterien erfasst werden.

- In vielen öffentlichen Verwaltungen Deutschlands beschränkt sich das Rechnungswesen derzeit noch auf die Verwaltungskameralistik. Es handelt sich dabei um eine finanzwirtschaftliche Rechnung, die in erster Linie der Haushalts- und Kassenkontrolle dient. Die Verwaltungskameralistik liefert jedoch keine Informationen über Erfolgsgrößen wie Kosten, Leistungen und Wirtschaftlichkeit, die für eine erfolgsorientierte Steuerung und Kontrolle des Verwaltungshandelns erforderlich sind. Die öffentlichen Verwaltungen benötigen ein Buchführungssystem auf doppischer Grundlage sowie eine entscheidungsorientierte Kosten- und Leistungsrechnung, um derartige, für Controllingzwecke unabdingbare Informationen bereitstellen zu können.

- Für ein erfolgreiches Verwaltungscontrolling ist eine hohe Akzeptanz des betriebswirtschaftlichen Controllingkonzepts durch die Verwaltungsführung und die Verwaltungsmitarbeiter unabdingbar. Bei allen Verwaltungsangehörigen, insbesondere natürlich bei den Führungskräften, muss eine ausreichende Bereitschaft vorhanden sein, die Serviceleistungen des Controlling zu nutzen und die Controllingaktivitäten in der Verwaltung zu unterstützen. Da bei den öffentlich Bediensteten jedoch häufig Verhaltensorientierungen wie z.B. Sicherheitstreben, mangelnde Flexibilität, fehlende Innovationsbereitschaft, Motivationsdefizite, bürokratischer Führungsstil und Behördenmentalität anzutreffen sind, muss davon ausgegangen werden, dass in vielen öffentlichen Verwaltungen die erforderliche Bereitschaft zur Inanspruchnahme und Unterstützung des Controlling nicht oder nicht in ausreichendem Maße vorhanden ist.

Einige Restriktionen wie z.B. die eingeschränkte Informationsversorgung der Verwaltungsführung durch das öffentlichen Rechnungswesen und die fehlende bzw. geringe Akzeptanz des Controllingkonzepts in vielen öffentlichen Verwaltungen können sicherlich langfristig überwunden werden. Andere Besonderheiten der öffentlichen Verwaltungen wie beispielsweise die Einflussnahme politischer Instanzen auf die Entscheidungen der Verwaltungsführung und die eingeschränkte Operationalität von Ziel- und Ergebnisgrößen im Verwaltungsbereich lassen sich jedoch kaum beeinflussen und müssen als feste Vorgaben bei der Entwicklung verwaltungsspezifischer Controllingkonzeptionen beachtet werden.

2.2 Ausgestaltung eines Verwaltungscontrolling

Die folgenden Ausführungen zum Verwaltungscontrolling basieren auf dem koordinationsorientierten Controllingansatz. Die Funktion des Verwaltungscontrolling besteht somit in der zielorientierten Koordination des Führungssystems der öffentlichen Verwaltung. Entsprechend dem Ansatz von Horváth (2001, S. 126 ff.) wird auch beim Verwaltungscontrolling eine Unterscheidung zwischen systembildender und systemkoppelnder Koordination vorgenommen. Weiterhin wird davon ausgegangen, dass die öffentliche Verwaltung über ein Führungssystem verfügt, das aus den drei Teilsystemen Planungs- und Kontrollsystem, Informationsversorgungssystem und Controllingsystem besteht (vgl. entsprechend Horváth 2001, S. 115 ff.). Auf die Berücksichtigung weiterer Führungsteilsysteme wie z.B. das Organisations- und das Personalführungssystem und die Ausweitung der Koordinationsfunktion des Controlling auf das Führungsgesamtsystem (vgl. z.B. Küpper 2001, S. 12 ff.; Weber 1998, S. 27 f.) wird verzichtet, um eine Überdehnung der Koordinationskonzeption zu vermeiden.

Die Aufgaben des Controllingteilsystems im Führungssystem der öffentlichen Verwaltung umfassen zum einen die Koordination innerhalb des Planungs- und Kontrollsystems sowie des Informationsversorgungssystems und zum anderen die Koordination zwischen diesen beiden Führungsteilsystemen. Zur Koordination innerhalb des Planungs- und Kontrollsystems zählt die Abstimmung zwischen den sachlich und zeitlich differenzierten Teilplanungen (vgl. z.B. Küpper 2001, S. 22). Dabei geht es z.B. um die Koordination der Ziel-, Strategie- und Maßnahmenplanung in den einzelnen Verwaltungsbereichen, die Integration der bereichsbezogenen Planungen zu einer Gesamtplanung für die Verwaltung und die Verknüpfung der längerfristig orientierten strategischen Planung mit der kurzfristig angelegten operativen Planung. Darüber hinaus treten im Regelfall Abstimmungsprobleme zwischen den verschiedenen Kontrollarten auf, die vom Verwaltungscontrolling zu lösen sind. Schließlich muss eine Koordination von Planung und Kontrolle auf den unterschiedlichen Planungsebenen vorgenommen werden. In diesem Zusammenhang sind insbesondere die Durchführung von Abweichungsanalysen und die Entwicklung von Anpassungsmaßnahmen zu nennen, da für diese Aufgaben eine enge Verbindung von Planung und Kontrolle charakteristisch ist. Im Rahmen der Koordination innerhalb des Informationsversorgungssystems ist die Abstimmung zwischen den einzelnen Teilaufgaben der Informationsversorgung bzw. zwischen den einzelnen Teilphasen des Informationsversorgungsprozesses ein wichtiger Aufgabenbereich. Außerdem müssen die vielfältigen Beziehungen, die zwischen den einzelnen Komponenten des öffentlichen Rechnungswesens bestehen, erfasst und koordiniert werden. Im Mittelpunkt der Koordination zwischen dem Informationsversorgungssystem und dem Planungs- und Kontrollsystem steht die Ausrichtung des Informationsversorgungssystems auf die jeweiligen Erfordernisse von Planung und Kontrolle (vgl. z.B. Küpper 2001, S. 23). Besonders bei der Ermittlung des Informationsbedarfs sowie bei der Informationsverarbeitung und -übermittlung muss für eine Abstimmung mit den Empfängern und Nutzern der Informationen gesorgt werden.

Die vom Verwaltungscontrolling zu erbringenden Koordinationsleistungen dienen zur Unterstützung der Verwaltungsführung und sollen sie in die Lage versetzen, die Verwaltungsziele besser als bisher zu erreichen. Die Unterstützungsfunktion des Verwaltungscontrolling beschränkt sich folglich auf verwaltungsinterne Instanzen und ist ausschließlich auf die Ziele der Verwaltung ausgerichtet (vgl. entsprechend Schmidberger 1994, S. 190 f.; Richter 2000, S. 40). Die Unterstützung politischer Instanzen bei ihren Planungs- und Kontrollaktivitäten und die Orientierung an politischen Zielvorgaben sollte einem politischen Controlling vorbehalten bleiben, das nicht Gegenstand dieses Buches ist.

In Anlehnung an die im erwerbswirtschaftlichen Bereich übliche Differenzierung nach einem strategischen und einem operativen Controlling wird auch beim Verwaltungscontrolling zwischen einer strategischen und einer operativen Ebene unterschieden (vgl. entsprechend z.B. Budäus 1987, S. 235; Weber 1988 b, S. 35; Andree 1994, S. 45, Richter 2000, S. 35). Im dritten Kapitel dieses Buches wird das **strategische Controlling für öffentliche Verwaltungen** behandelt. Das **operative Controlling für öffentliche Verwaltungen** ist Gegenstand des vierten Kapitels. Im Anschluss an die Darstellung der beiden Controllingkonzeptionen für die Gesamtverwaltung wird auf das **Bereichscontrolling der öffentlichen Verwaltungen** eingegangen. Im fünften Kapitel werden ausgewählte Controllingtypen bzw. -konzeptionen für einzelne Teilbereiche der öffentlichen Verwaltung behandelt. Das funktionsbezogene Verwaltungscontrolling soll am Beispiel des **Investitionscontrolling** verdeutlicht werden. Das Investitionscontrolling erscheint als Beispiel gut geeignet, weil insbesondere in der Form des (Bau-)Investitionscontrolling eine Reihe von Praxiserfahrungen in Kommunalverwaltungen vorliegen. Das faktorbezogene Verwaltungscontrolling wird am Beispiel des **Personalcontrolling** dargestellt. Die Entscheidung für das Personalcontrolling lässt sich damit begründen, dass der Produktionsfaktor Arbeitsleistung innerhalb der in öffentlichen Verwaltungen eingesetzten Produktionsfaktoren im Allgemeinen ein großes Gewicht hat und der Anteil der Personalausgaben am gesamten Verwaltungshaushalt folglich relativ hoch ausfällt. Das organisationsbezogenen Verwaltungscontrolling wird unter Bezug auf das Beispiel des **Beteiligungscontrolling** betrachtet. Das Beteiligungscontrolling wurde als Beispiel ausgewählt, weil die öffentlichen Beteiligungen zunehmend an Bedeutung gewinnen und bei den Verwaltungsführungen im Regelfall ein erheblicher Bedarf an Unterstützung im Rahmen der Steuerung und Überwachung der öffentlichen Beteiligungsunternehmen besteht.

2.3 Fragen und Aufgaben

1. Welche Gründe sprechen für die Anwendung des betriebswirtschaftlichen Controllingkonzepts durch öffentliche Verwaltungen?
2. Gehen Sie auf einige Besonderheiten bzw. Restriktionen ein, die bei einer Übertragung des Controllingkonzepts auf öffentliche Verwaltungen zu beachten sind.
3. Erläutern Sie die Aufgaben des Teilsystems Controlling im Rahmen des Führungssystems der öffentlichen Verwaltung.
4. Grenzen Sie das Verwaltungscontrolling von einem möglichen politischen Controlling ab.
5. Nennen Sie einige Beispiele für ein Bereichscontrolling der öffentlichen Verwaltungen.

3. Strategisches Controlling für öffentliche Verwaltungen

3.1 Aufgaben eines strategischen Controlling

Das strategische Verwaltungscontrolling unterstützt die Verwaltungsführung in den Bereichen strategische Planung, Kontrolle und Informationsversorgung. Es ist grundsätzlich langfristig ausgerichtet und hat zum Teil auch einen unbeschränkten Zeithorizont. Das strategische Verwaltungscontrolling ist primär umweltorientiert. Es soll Veränderungen in der Verwaltungsumwelt rechtzeitig erkennen, mögliche Auswirkungen auf die öffentlichen Verwaltungen analysieren und geeignete Maßnahmen zur Reaktion auf die betreffenden Veränderungen entwickeln. Es ist das vorrangige Ziel des strategischen Verwaltungscontrolling, eine dauerhafte Aufgabenerfüllung durch die öffentlichen Verwaltungen auf hohem Niveau zu gewährleisten. Folglich muss das strategische Verwaltungscontrolling für eine möglichst gute Anpassung des Verwaltungshandelns an neue Entwicklungen in der Verwaltungsumwelt sorgen, indem es die aktuellen Ziele, Strategien und Leistungsprogramme der öffentlichen Verwaltungen ständig überprüft und der Verwaltungsführung im Bedarfsfall Veränderungsvorschläge unterbreitet. Charakteristische für das strategische Verwaltungscontrolling ist vor allem die Frage: „Tun wir die richtigen Dinge?"

Eine wesentliche Voraussetzung für eine erfolgreiche strategische Planung und Kontrolle in öffentlichen Verwaltungen ist eine umfassende Versorgung mit strategischen Informationen aus der Verwaltungsumwelt und aus den öffentlichen Verwaltungen selbst. Neben der unmittelbaren Unterstützung der strategischen Planungs- und Kontrollaktivitäten der Verwaltungsführung gehört es auch zum Aufgabenbereich des strategischen Verwaltungscontrolling, die Informationsversorgung für die Zwecke der strategischen Planung und Kontrolle zu gewährleisten. Die im Rahmen der Informationsversorgungsfunktion anfallenden Koordinationsaufgaben des strategischen Verwaltungscontrolling umfassen sowohl die Auswahl, Entwicklung und Einführung eines entsprechenden Informationssystems (systembildende Koordination) als auch die Sicherstellung der laufenden

Informationsversorgung für das strategische Planungs- und Kontrollsystem (systemkoppelnde Koordination).

Die Unterstützungsfunktion des strategischen Verwaltungscontrolling erstreckt sich über den gesamten Prozess der strategischen Planung und Kontrolle. Die einzelnen Arbeitsschritte bzw. Phasen dieses Planungs- und Kontrollprozesses können der Abb. 3-1 entnommen werden (vgl. z.B. Hoffmann/Klien/Unger 1996, S. 218; Peemöller 2002, S.124). Die Unterstützung durch das strategische Verwaltungscontrolling vollzieht sich auf zwei Ebenen. Zum einen geht es um den Entwurf, die Gestaltung und die Implementierung eines auf strategische Belange ausgerichteten Planungs- und Kontrollsystems (systembildende Koordination). Zum anderen handelt es sich um Controllingaktivitäten, die sich auf die permanente Abstimmung und Störungsbeseitigung innerhalb des bestehenden Planungs- und Kontrollsystems beziehen (systemkoppelnde Koordination).

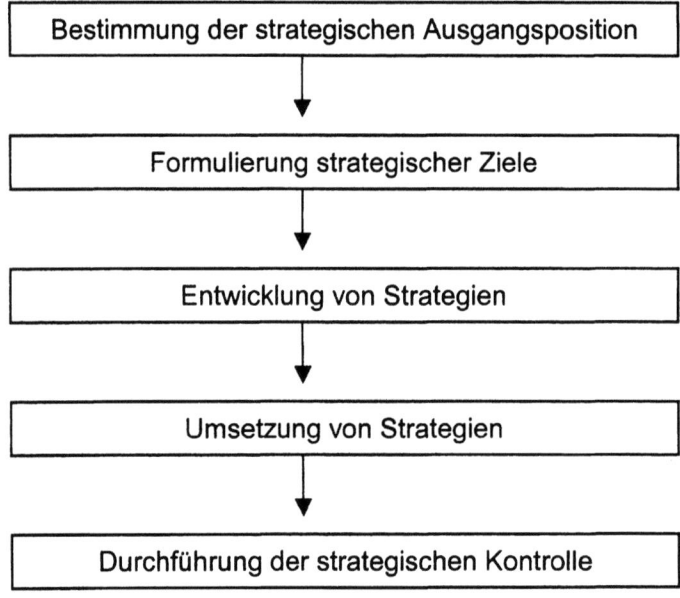

Abb. 3-1: Phasen des strategischen Planungs- und Kontrollprozesses

Der strategische Planungs- und Kontrollprozess beginnt mit der Bestimmung der strategischen Ausgangsposition der öffentlichen Verwaltung bzw. mit der strategischen Analyse. Die Aufgaben des strategischen Verwaltungscontrolling in dieser Planungsphase umfassen die Auswahl, Gestaltung und Implementierung geeigneter Instrumente für die Umwelt- und Verwaltungsanalyse sowie Serviceleistungen beim Einsatz dieser Analyseinstrumente. An die strategische Analyse schließt sich die Formulierung strategischer Ziele an. Die wesentlichen Aufgaben des strategischen Verwaltungscontrolling in dieser Phase sind die Unterstützung der Verwaltungsführung bei der Formulierung neuer strategischer Verwaltungsziele, die Überprüfung bestehender strategischer Verwaltungsziele im Hinblick auf veränderte Rahmenvorgaben, die Unterbreitung eigener Änderungsvorschläge für strategische Ziele im Bedarfsfall und Hilfestellungen bei der Lösung von Zielkonflikten sowie bei der Entwicklung von Zielsystemen.

Im Anschluss an die Zielformulierung erfolgt die Entwicklung und Bewertung geeigneter Strategien zur Realisierung der strategischen Zielvorgaben. Als mögliche Aufgaben des strategischen Verwaltungscontrolling in dieser Planungsphase sind die Bereitstellung geeigneter Planungsinstrumente zur Strategieauswahl und -bewertung und die laufende Beratung der Planungsträger bei den Strategieentscheidungen zu nennen. Im Rahmen der nachfolgenden Implementierungsphase müssen die strategischen Planvorgaben, die im Regelfall abstrakt, bereichsübergreifend und langfristig ausgerichtet sind, in konkrete, bereichsspezifische und mittel- bzw. kurzfristig orientierte, operative Teilpläne umgesetzt werden. An dieser Schnittstelle zwischen strategischer und operativer Planung besteht die Unterstützungsfunktion des Controlling darin, mögliche Hindernisse und Schwierigkeiten bei der Übertragung der strategischen Planvorgaben in die operative Planung auszuräumen. Folglich ist das strategischen Controlling nicht nur „Antriebsmotor, Moderator und Registrator einer strategischen Planung" sondern auch „Transmissionsriemen zur Umsetzung der strategischen Planung in operative Handlungen" (Weber 1988 a, S. 271 f.). Die Aufgaben des strategischen Verwaltungscontrolling in dieser Phase sind die Entwicklung und Implementierung geeigneter Planungsinstrumente für die Strategieumsetzung und die laufende Unterstützung der Planungsträger bei der Übertragung der strategischen Vorgaben in die operative Planung.

Die strategische Kontrolle bildet den Abschluss des vorgestellten Phasenschemas eines strategischen Planungs- und Kontrollprozesses. Das bedeutet jedoch nicht, dass man strategische Kontrollen erst dann vornehmen sollte, nachdem die gesamten Planungen abgeschlossen und umgesetzt worden sind. Die strategische Kontrolle sollte vielmehr als permanente Kontrolle den gesamten Planungs- und Realisierungsprozess begleiten. Auf diese Weise lassen sich frühzeitig Störgrößen identifizieren, die eine Veränderung von Planannahmen, Zielen und Strategien notwendig machen. Neben der Unterstützung der Verwaltungsführung bei ihren Kontrollaktivitäten durch die Bereitstellung relevanter Informationen und Instrumente kann das strategische Verwaltungscontrolling auch eigene Kontrollaufgaben übernehmen, indem es z.B. Abweichungen ermittelt, analysiert und Vorschläge für eine Veränderung der Planungen entwickelt.

3.2 Strategische Informationsversorgung

3.2.1 Gegenstand und Aufgaben der strategischen Informationsversorgung

Eine erfolgreiche strategische Planung und Kontrolle setzt eine umfassende Versorgung mit Informationen voraus. Für die bereitzustellenden strategischen Informationen sind einige spezifische Merkmale charakteristisch, die im Rahmen der Informationsversorgung zu berücksichtigen sind und die Arbeit des Informationsversorgungssystems beeinflussen (vgl. z.B. Bea/Haas 1995, S. 240 ff.). Strategische Informationen sind im Allgemeinen hoch aggregiert und umfassend. Dabei handelt es sich vielfach um qualitative, wenig präzise und unvollständige Informationen. Sie beziehen sich meistens auf langfristige Zeiträume und sind mit einer großen Unsicherheit behaftet. Ihre strategische Bedeutung kann sich aufgrund von Umweltentwicklungen schnell verändern. Außerdem handelt es sich bei den strategischen Informationen des Öfteren um Früherkennungsinformationen, d.h. sie sollen frühzeitig Signale über Richtung und Ausmaß erwarteter Veränderungen liefern.

Bei den Informationsversorgungsaufgaben erfolgt im Allgemeinen eine Differenzierung nach den folgenden Teilaufgaben:
1. Informationsbedarfsermittlung,
2. Informationsbeschaffung,
3. Informationsverarbeitung und -speicherung,
4. Informationsübermittlung.

Diese Teilaufgaben der Informationsversorgung, die zugleich die einzelnen Phasen des Informationsversorgungsprozesses darstellen, sind grundsätzlich auch für die Versorgung öffentlicher Verwaltungen mit strategischen Informationen relevant.

Im Rahmen der Phase der **Informationsbedarfsermittlung** muss festgelegt werden, welche Informationen das Verwaltungsmanagement zur Erfüllung seiner strategischen Aufgaben benötigt. Die Entscheidung über den jeweiligen Informationsbedarf liegt letztlich bei den Führungskräften als Empfänger und Nutzer der strategischen Informationen. Das strategische Verwaltungscontrolling kann das Management bei der Bestimmung des Informationsbedarfs in mehrfacher Hinsicht unterstützen. Zunächst können vom strategischen Verwaltungscontrolling die einzelnen Beobachtungsbereiche eingegrenzt werden, aus denen die strategischen Informationen zu beschaffen sind. Danach lässt sich für die jeweiligen Beobachtungsbereiche in Zusammenarbeit mit den einzelnen Führungskräften festlegen, welche Informationen, in welchem Umfang und in welcher Qualität die Führungskräfte für ihre Arbeit im Rahmen der strategischen Planung und Kontrolle benötigen. Schließlich wird der auf diese Weise definierte Informationsbedarf einer Bewertung unterzogen. Mit Unterstützung durch das strategische Verwaltungscontrolling bewertet das Verwaltungsmanagement die einzelnen Informationen unter Berücksichtigung ihrer Nützlichkeit und des für ihre Beschaffung erforderlichen Aufwands und reduziert den vorher festgelegten Informationsbedarf um die Informationen, deren Informationswert als zu gering eingestuft wird. Folglich steht der endgültige Informationsbedarf erst nach dem Abschluss der Informationsbewertung fest.

Die Phase der **Informationsbeschaffung** umfasst zum einen die Auswahl des Instrumentariums, mit dem die als notwendig erachteten strategischen Informationen gewonnen werden sollen, und zum anderen die Vornahme der Datenerhebung. Der Aufgabenschwerpunkt des strategischen Verwaltungscontrolling liegt im Regelfall bei der Entwicklung und Einführung des erhebungstechnischen Instrumentariums.

Zum Zwecke der Gewinnung strategischer Informationen kann man die Sekundärforschung und die Primärforschung einsetzen. Die **Sekundärforschung** („Schreibtischforschung") greift auf bereits vorhandenes Datenmaterial zurück, das neu aufbereitet, analysiert und interpretiert wird. Dabei verwendet die Sekundärforschung sowohl verwaltungsinterne Informationsquellen (Haushaltspläne, Wirtschaftspläne, interne Statistiken usw.) als auch verwaltungsexterne Informationsquellen (amtliche Statistiken, Gesetze, Rechtsverordnungen, politische Beschlüsse, Veröffentlichungen von Fachverbänden, Fachliteratur, Aufsätze in Zeitungen und Zeitschriften usw.). Mit Hilfe der Sekundärforschung werden in erster Linie Ausgangsinformationen gewonnen, die man durch den Einsatz der Primärforschung weiter vertiefen kann. Deshalb werden Sekundär- und Primärforschung häufig miteinander kombiniert. Zunächst wird im Rahmen der Sekundärforschung das bereits vorhandene Informationsmaterial, das relativ schnell und kostengünstig verfügbar ist, zusammengestellt, um danach mit Hilfe der Primärforschung zusätzliche, neue Informationen zu gewinnen.

Im Rahmen der **Primärforschung** („Feldforschung") wird originäres, also noch nicht vorhandenes Datenmaterial gewonnen. Als mögliche Erhebungsmethoden kommen die Befragung, die Beobachtung, das Experiment und einige Spezialformen der Erhebung wie z.B. das Panel in Frage (vgl. z.B. Meffert 1998, S. 148 ff.). Für die Gewinnung strategischer Informationen erscheint insbesondere die **Befragung** geeignet. Es handelt sich dabei um die wichtigste und am weitesten verbreitete Erhebungsmethode der Primärforschung. Mit Hilfe der Befragung werden die Stellungnahmen ausgewählter Personen zu bestimmten, vorgegebenen Sachverhalten eingeholt. Für die strategischen Entscheidungen öffentlicher Verwaltungen sind Umweltinformationen von besonderer Bedeutung. Deshalb sollten sich die Befragungen, mit deren Hilfe man strategische Informationen gewinnen will, in erster Linie an Personenkreise aus der Verwaltungsumwelt wie z.B. Kunden bzw. Bürger, politische Entscheidungsträger oder Experten richten. Allerdings sind für die strategische Informationsgewinnung auch verwaltungsinterne Datenquellen von gewisser Relevanz, so dass zusätzlich Befragungen des Verwaltungsmanagements und der Verwaltungsmitarbeiter in Betracht kommen.

In der Phase der **Informationsverarbeitung und -speicherung** werden die mit Hilfe der Sekundär- und Primärforschung beschafften strategischen Informationen aufbereitet, um sie als Entscheidungshilfen bei der strategischen Planung und Kontrolle verwenden zu können. Zum einen müssen die vielfach ungeordnet vorliegenden Daten zu übersichtlichen Tabellen, Grafiken usw. verarbeitet werden. Zum anderen sind die Daten mit Hilfe statistischer Methoden zu analysieren und auf ein für die Entscheidungsfindung notwendiges Maß zu reduzieren. Als geeignete statistische Methoden für diese Datenanalyse bieten sich univariate, bivariate und multivariate Verfahren an. (vgl. z.B. Rogge 1992, S. 175 ff.). Ein wichtiger Aufgabenbereich des strategischen Verwaltungscontrolling ist die Auswahl und Einführung geeigneter Darstellungstechniken und Methoden der Datenanalyse. Darüber hinaus übernimmt das strategische Verwaltungscontrolling vielfach auch ausführende Aufgaben im Rahmen der Informationsverarbeitung.

Schließlich werden in der Phase der **Informationsübermittlung** die aufbereiteten strategischen Informationen an die jeweiligen Empfänger im Verwaltungsmanagement weitergeleitet. Die Zusammenstellung der strategischen Informationen in Berichtsform und ihre Weiterleitung sind Aufgaben des **Berichtswe-**

sens (vgl. 4.2.4). Die vom Berichtswesen für die strategische Führungsebene der öffentlichen Verwaltungen zu erstellenden Berichte sind durch einige Besonderheiten gekennzeichnet. Der Anteil quantitativer Daten in diesen Berichten ist relativ gering. Stattdessen liegt der Schwerpunkt bei qualitativen Informationen wie z.B. Trendaussagen, Kommentaren, Analysen und Lösungsvorschlägen. Außerdem befassen sie sich vielfach mit Einzelproblemen und sind darauf ausgerichtet, den speziellen Informationsbedarf der jeweiligen Entscheidungsträger zu befriedigen. Demzufolge ist eine standardisierte Berichtsform für die strategisch ausgerichteten Berichte nur in seltenen Fällen möglich (vgl. Horváth 2001, S. 608). Sie haben im Allgemeinen den Charakter von Bedarfs- bzw. Individualberichten. Das strategische Verwaltungscontrolling unterstützt das Berichtswesen bei der Festlegung von Inhalt und Form der Berichte für die strategische Verwaltungsführung und übernimmt bei Bedarf auch die Erstellung derartiger Berichte.

3.2.2 Früherkennungssysteme für öffentliche Verwaltungen

Zur Unterstützung der strategischen Planung und Kontrolle verfügen viele erwerbswirtschaftliche Unternehmen über **Früherkennungssysteme**. Es handelt sich dabei um spezifische Informationsversorgungssysteme, deren Aufgabe darin besteht, den Unternehmen frühzeitig Informationen bereitzustellen, die auf latente Risiken und Chancen für die Unternehmen hindeuten. Diese Früherkennungsinformationen sollen die Führung der Unternehmen in die Lage versetzen, schnell und flexibel zu reagieren, um bestandsgefährdende Bedrohungen für die Unternehmen abzuwehren und sich bietenden Chancen für die Unternehmen zu nutzen. Die ursprünglichste Form dieser besonderen Art von Informationsversorgungssystemen sind **Frühwarnsysteme**, die sich auf die Früherkennung latenter Bedrohungen beschränken. Zwischenzeitlich verwenden jedoch viele Unternehmen diese Informationsversorgungssysteme zur Früherkennung von Risiken und Chancen, so dass im Weiteren nicht der Begriff der Frühwarnung, sondern der weiter gefasste Begriff der Früherkennung Verwendung finden soll.

Die modernen strategischen Früherkennungssysteme für erwerbswirtschaftliche Unternehmen beruhen im Wesentlichen auf dem **Konzept der schwachen Signale**. Bei den schwachen Signalen handelt es sich um unscharfe, zunächst nicht eindeutig interpretierbare Anzeichen für strategische Diskontinuitäten, also strategisch wichtige Trendveränderung, im Unternehmensumfeld. Die Aufgaben der strategischen Früherkennungssysteme bestehen darin, diese schwachen Signale frühzeitig zu erfassen, auszuwerten und an die jeweiligen Entscheidungsträger weiterzuleiten. Zur regelmäßigen und systematischen Umfeldbeobachtung kann das **Environmental Scanning** eingesetzt werden (vgl. z.B. Köhler 1993, S. 200 f.) Mit ihm wird das Unternehmensumfeld „abgetastet", um schwache Signale festzustellen. Bei einem ungerichteten Scanning, d.h. bei einem breit angelegten und nicht auf bestimmte Beobachtungsfelder ausgerichteten „Abtasten" des Umfelds, spricht man auch von einem „strategischen Radar" Anstatt eines ungerichteten Scanning kann man sich bei der Erfassung schwacher Signale auch auf bestimmte Beobachtungsbereiche im Unternehmensumfeld beschränken, die für die strategische Planung und Kontrolle des jeweiligen Unternehmens und für die Sicherung der unternehmerischen Erfolgspotentiale von besonderer Relevanz sind. Durch eine Konzentration auf ausgewählte Beobachtungsbereiche können sowohl die Informationsgewinnung erleichtert als auch die sich anschließende Informationsauswertung verbessert werden. Außerdem lassen sich auf die Weise die Kosten der Informationsversorgung in Grenzen halten. Andererseits besteht bei einer derart eingeschränkten Früherkennung die Gefahr, dass wichtige Trendveränderungen im Unternehmensumfeld und die daraus resultierenden Chancen und Risiken für die Unternehmen übersehen werden.

Die Entwicklung und die Einführung von Früherkennungssystemen zählen zu den Aufgaben des strategischen Controlling. Darüber hinaus hat das strategische Controlling für einen reibungslosen Ablauf der strategischen Früherkennung zu sorgen.

Im Allgemeinen ist in öffentlichen Verwaltungen ein erhebliches Defizit in der Versorgung mit entscheidungsorientierten Informationen für die strategische Verwaltungsebene feststellbar (vgl. z.B. Meyer-Pries 1997, S.16). Es ist somit eine wichtige Aufgabe des strategischen Verwaltungscontrolling, geeignete Informationssysteme zu entwickeln und zu implementieren, die den Führungskräften rechtzeitig die erforderlichen Informationen für die strategischen Planungs- und Kontrollentscheidungen liefern können. Dementsprechend wird auf die Notwendigkeit der Entwicklung strategischer Frühwarnsysteme für öffentliche Verwaltungen hingewiesen (vgl. z.B. Zünd 1986, S. 54; Ossadnik 1993, S. 62 f.; Andree 1994, S. 60 und S. 92 ff.) und für öffentliche Verwaltungen die Durchführung von Umfeldbeobachtungen mit Hilfe des Environmental Scanning empfohlen (vgl. z.B. Schmidberger 1994, S. 195 f.).

Die strategischen Früherkennungssysteme für öffentliche Verwaltungen sollten - wie die modernen Früherkennungssysteme für die Privatwirtschaft - auf dem Konzept der schwachen Signale basieren. Mit Hilfe der im Rahmen des Environmental Scanning erfassten schwachen Signale lassen sich in einem frühen Stadium Veränderungen im Verwaltungsumfeld erkennen, die für die öffentlichen Verwaltungen von strategischer Bedeutung sind. Während die Früherkennung erwerbswirtschaftlicher Unternehmen auf das rechtzeitige Aufspüren von Chancen und Risiken im Unternehmensumfeld ausgerichtet ist, sollen die Früherkennungssysteme öffentlicher Verwaltungen frühzeitig Umweltentwicklungen erfassen, von denen ein nachhaltiger Einfluss auf die Erfüllung der öffentlichen Aufgaben durch die Verwaltungen ausgeht (vgl. z.B. Schmidberger 1994, S. 189 f.). Unter Berücksichtigung der erfassten und ausgewerteten Früherkennungsinformationen können die öffentlichen Verwaltungen auf wichtige Umweltveränderungen reagieren, indem sie neue Ziele und Strategien entwickeln oder vorhandene Ziel- und Strategievorgaben modifizieren.

Zu Beginn der Entwicklung strategischer Früherkennungssysteme für öffentliche Verwaltungen muss geklärt werden, ob eine ungerichtete oder eine gerichtete Umfeldbeobachtung sinnvoll ist. Bei einer ungerichteten Überwachung des Verwaltungsumfelds im Sinne eines „360-Grad-Radars" ist das Risiko relativ gering, dass strategisch relevante Veränderung nicht erkannt werden. Andererseits ist eine derart unstrukturierte Informationssuche recht aufwendig und erschwert aufgrund der zu erwartenden Datenfülle die anschließende Informationsauswertung. Folglich empfiehlt sich eine Konzentration der Umfeldbeobachtungen öffentlicher Verwaltungen auf bestimmte Beobachtungsbereiche, die für die öffentliche Aufgabenerfüllung durch die Verwaltungen und damit auch für ihre strategische Planung und Kontrolle von besonderer Bedeutung sind.

Bei der Auswahl der geeigneten Beobachtungsbereiche für die strategische Früherkennung sollte man sich an den Erfordernissen der strategischen Umweltanalyse orientieren (vgl. 3.3.1.1). Zum Zwecke der Umweltanalyse wird die Umwelt der öffentlichen Verwaltungen in eine Umwelt I (Aufgabenumwelt) und in eine Umwelt II (restliche Umwelt) gegliedert. Sowohl die Umwelt I als auch die Umwelt II gelten als wichtige Beobachtungsbereiche für die strategische Früherkennung in öffentlichen Verwaltungen.

Die Suche nach schwachen Signalen in den einzelnen Beobachtungsbereichen wird im Regelfall mit Hilfe geeigneter Indikatoren vorgenommen. Derartige Indikatoren sind quantitative und qualitative Größen, die in den einzelnen Beobachtungsbereichen frühzeitig auf strategierelevante Umweltveränderungen hinweisen. Mögliche Indikatoren mit Früherkennungseigenschaften für den Beobachtungsbereich Umwelt I (Aufgabenumwelt) sind z.B. Art und Umfang der Nachfrage nach Verwaltungsleistungen, Zusammensetzung des Abnehmer- bzw. Kundenkreises, Zufriedenheit der Verwaltungskunden, Preise und sonstige Konditionen der Anbieter von Produktionsfaktoren, Anzahl und Art der Interessengruppen. Für den Beobachtungsbereich Umwelt II (restliche Umwelt) kommen eine Vielzahl unterschiedlicher Indikatoren wie Wahlergebnisse, Zu- bzw. Abnahme der Bevölkerung, Ausländer- und Seniorenanteile an der Bevölkerung, Steueraufkommen, Arbeitslosenquote, Inflationsrate, Wachstumsrate, Umweltverschmutzung usw. in Betracht. Im Anschluss an die Bestimmung der Früherkennungsindikatoren für die Beobachtungsbereiche sind Sollvorgaben und Toleranzgrenzen für die einzelnen Indikatoren festzulegen, bei deren Überschreitung eine genauere Überprüfung der festgestellten Veränderungen zu erfolgen hat.

Der Aufgabenbereich der strategischen Früherkennungssysteme erwerbswirtschaftlicher Unternehmen kann neben der üblichen Umfeldbeobachtung auch die Früherkennung strategisch wichtiger Veränderungen innerhalb der Unternehmen umfassen (vgl. z.B. Weber 1998, S. 190 ff.). Dieses umfassende Konzept der strategischen Früherkennung ist grundsätzlich auch auf öffentliche Verwaltungen übertragbar. In diesem Fall sind neben den Beobachtungsbereichen, die sich auf das Verwaltungsumfeld beziehen, auch verwaltungsinterne Beobachtungsbereiche mit strategischer Relevanz festzulegen und für die betreffenden Bereiche jeweils Indikatoren mit Früherkennungseigenschaften auszuwählen. Als verwaltungsbezogene Beobachtungsbereiche kommen beispielsweise die Leistungen der Verwaltungen, die Verwaltungsführung sowie die Verwaltungsmitarbeiter in Betracht. Mögliche Früherkennungsindikatoren für den Beobachtungsbereich Leistungen sind z.B. Leistungsqualität, Struktur des Leistungsprogramms und Kosten der Leistungserstellung. Für den Beobachtungsbereich Verwaltungsführung kommen als Indikatoren unter anderem Qualifikation und Motivation der Führungskräfte sowie ihr Führungsverhalten in Frage. Für den Beobachtungsbereich Verwaltungsmitarbeiter sind beispielsweise Indikatoren wie Krankenstand, Fluktuation, Mitarbeiterzufriedenheit, Motivation und Qualifikation der Mitarbeiter zu nennen.

3.3 Strategische Planung und Kontrolle
3.3.1 Strategische Analyse

Die strategische Analyse, bei der es um die Bestimmung der strategischen Ausgangsposition der öffentlichen Verwaltung geht, ist eine wichtige Voraussetzung für die strategische Planung und Kontrolle. Die strategische Analyse einer öffentlichen Verwaltung bezieht sich auf die Verwaltungsumwelt und die Verwaltung selbst. Gegenstand der **Umweltanalyse** ist die systematische Untersuchung und Beurteilung von Einflussfaktoren aus dem Verwaltungsumfeld. Bei der **Verwaltungsanalyse** wird hingegen die interne Situation der Verwaltung erfasst und bewertet. Im Einzelnen werden die Stärken und Schwächen der jeweiligen Verwaltung bzw. ihre Leistungsunterschiede in Bezug zu ausgewählten Vergleichspartnern analysiert.

Die Aufgaben des strategischen Verwaltungscontrolling im Rahmen der strategischen Analyse umfassen zum einen die Auswahl, Entwicklung und Einführung der erforderlichen Analyseinstrumente. Zum anderen gehört es zu den Aufgaben des strategischen Verwaltungscontrolling, Serviceleistungen im Rahmen der laufenden Analysearbeit zu erbringen. Dabei handelt es sich in erster Linie um die Beratung der Verwaltungsführung bei der Durchführung von Umwelt- und Verwaltungsanalysen, um die Bereitstellung relevanter Daten für die strategische Analyse und um die Koordination der einzelnen Analyseschritte. In manchen Fällen werden vom strategischen Verwaltungscontrolling auch selbst Analysetätigkeiten übernommen.

3.3.1.1 Umweltanalyse

Erwerbswirtschaftliche Unternehmen setzen im Regelfall die **Chancen-Risiken-Analyse** ein, um diejenigen Umweltkräfte zu identifizieren und genauer zu untersuchen, die für ihre strategischen Planungen zukünftig von Bedeutung sind. Die Umweltkräfte können entweder als zukünftige Chancen oder als zukünftige

Risiken für das jeweilige Unternehmen eingestuft werden. Die Ergebnisse dieser Umweltanalyse haben den Charakter von Rahmenvorgaben für die strategische Planung. Mit Hilfe der Chancen-Risiken-Analyse sollen die wesentlichen Chancen und Bedrohungen für das gesamte Unternehmen und seine einzelnen Geschäftsbereiche in regelmäßigen Abständen erfasst und bewertet werden.

Die Analyse verwaltungsspezifischer Umweltentwicklungen ist auch für die öffentliche Verwaltungen eine wichtige Voraussetzung für ihre strategische Planung und Kontrolle. Es geht dabei jedoch nicht wie bei den erwerbswirtschaftlichen Unternehmen um das Erkennen möglicher Chancen und Risiken im Unternehmensumfeld, sondern um die Untersuchung von Umweltentwicklungen, von denen eine positive oder negative Beeinflussung der öffentlichen Aufgabenerfüllung ausgehen kann. Die im Rahmen einer Umweltanalyse gewonnenen Informationen sollen die öffentlichen Verwaltungen in die Lage versetzen, wichtige Entwicklungen in ihrem Umfeld rechtzeitig zu erkennen und mittels geeigneter Anpassungsmaßnahmen darauf zu reagieren (vgl. z.B. Budäus 1985, S. 572 f.).

Zum Zwecke der Umweltanalyse müssen die Verwaltungsumwelt in einzelne Teil- bzw. Umsysteme gegliedert und die abgegrenzten Teile der Verwaltungsumwelt jeweils systematisch untersucht werden. Es wird davon ausgegangen, dass die Verwaltungsumwelt aus den beiden Umsystemen Umwelt I und Umwelt II besteht (vgl. Abb. 3-2). Die **Umwelt I** wird auch als aufgabenspezifische Umwelt oder nähere Umwelt bezeichnet und bei der **Umwelt II** handelt es sich um die restliche Umwelt bzw. die globale Umwelt (vgl. z. B. Raffée 1979, S. 3 ff.).

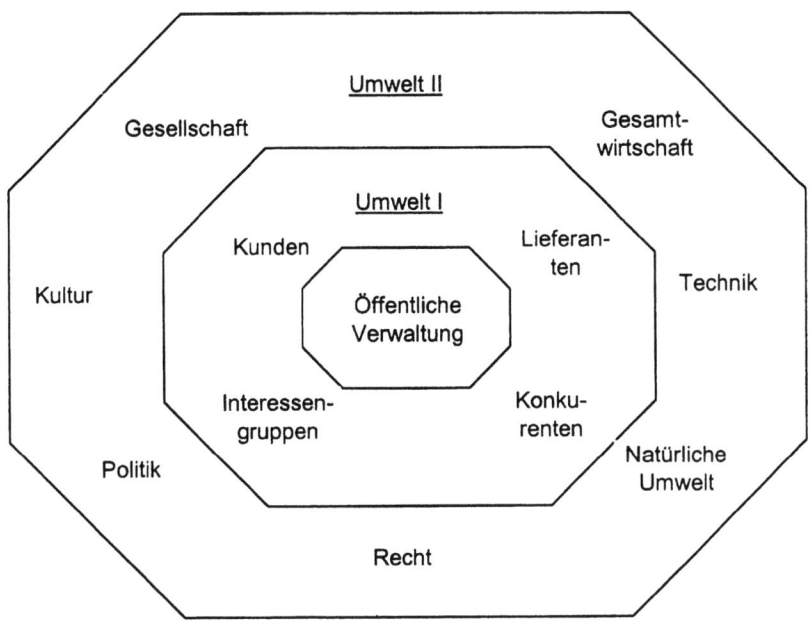

Abb. 3-2: Öffentliche Verwaltung und Verwaltungsumwelt

Ein Bestandteil der Umwelt I sind die Kunden bzw. Leistungsempfänger, zu denen die Verwaltungen im Rahmen der Erfüllung ihrer öffentlichen Aufgaben Leistungsbeziehungen unterhalten. Eine wichtige Aufgabe der Umweltanalyse ist in diesem Zusammenhang die Erforschung der Bedarfe, Motive und Einstellungen der Kunden sowie des Kundenverhaltens. Weiterhin umfasst die Aufgabenumwelt die Lieferanten, von denen die öffentlichen Verwaltungen die für die Aufgabenerfüllung erforderlichen Einsatzgüter beziehen. In diesem Fall müssen im Rahmen der Umweltanalyse die Erwartungen, Forderungen und das Verhalten der Lieferanten genauer untersucht werden. Darüber hinaus gehören Interessengruppen zur Aufgabenumwelt öffentlicher Verwaltungen. Es handelt sich dabei um jene Gruppen von Personen- und Institutionen, die ein Interesse an den öffentlichen Verwaltungen haben und die Verwaltungsaktivitäten beeinflussen bzw. beeinflussen können. Zu den Interessengruppen der öffentlichen Verwaltungen zählen z.B. Trägerparlamente, Aufsichtsbehörden, politische Parteien, Verbände, Vereine, Medien und unterschiedliche Bürgergruppen. Diese

Gruppen können auf vielfältige Weise wie z.B. durch Gesetze, Verordnungen, Beschlüsse, Weisungen, Finanzzuweisungen, Artikel, Eingaben, Unterschriftenaktionen und Demonstrationen auf die Entscheidungen der öffentlichen Verwaltungen einwirken. Folglich sind die Wertvorstellungen, Leitlinien und Ziele der Gruppenmitglieder, die Willensbildungs- und Entscheidungsprozesse innerhalb der Interessengruppen sowie die Ergebnisse dieser Prozesse ein wichtiger Gegenstand der Umweltanalyse. Sofern sich die öffentlichen Verwaltungen in einem Konkurrenzverhältnis befinden, sind auch die Konkurrenten ein Bestandteil der jeweiligen Aufgabenumwelt. Im Rahmen der Umweltanalyse müssen in erster Linie Ziele, Verhaltensweisen, Stärken und Schwächen der Konkurrenten untersucht werden.

Die äußerst heterogene Umwelt II beinhaltet eine Vielzahl von Faktoren, die von den öffentlichen Verwaltungen in der Regel nicht zu kontrollieren sind, von denen allerdings das Verwaltungshandeln beeinflusst werden kann. Es wird von einer Untergliederung der Umwelt II der öffentlichen Verwaltungen in die folgenden Umweltbereiche bzw. Subumwelten ausgegangen: Gesellschaft, Kultur, Politik, Recht, Gesamtwirtschaft, Technik und natürliche Umwelt (vgl. Abb. 3-2). Mögliche Einflussfaktoren aus den beiden Umweltbereichen Gesellschaft und Kultur, die für die Umweltanalyse öffentlicher Verwaltungen in Frage kommen, sind beispielsweise Einstellungen, Wertvorstellungen und Lebensstile der Bevölkerung sowie demographische Entwicklungen im Bevölkerungsaufbau. Zu den Einflussfaktoren aus den Umweltbereichen Politik und Recht zählen z.B. Ziele und Programme politischer Parteien, Art und Ausrichtung von Gesetzesvorhaben sowie Grundsatzurteile der Gerichte. Dabei sind die Übergänge von den Umweltbereichen Politik und Recht zur Umwelt I bzw. zur Aufgabenumwelt der öffentlichen Verwaltungen fließend. So sollte man z.B. die politischen und rechtlichen Einflussfaktoren, die unmittelbare Auswirkungen auf die Aufgabenerfüllung durch die öffentlichen Verwaltungen haben, als Bestandteile der Aufgabenumwelt ansehen. Darüber hinaus beeinflussen Faktoren aus der gesamtwirtschaftlichen Umwelt wie z.B. Wirtschaftswachstum, Arbeitslosigkeit und

Inflation im Allgemeinen die strategische Planung der öffentlichen Verwaltungen und sind im Rahmen der Umweltanalyse entsprechend zu berücksichtigen. Neben Veränderungen in der technologischen Umwelt wie z.B. technologische Neuerungen sind auch Entwicklungen in der natürlichen Umwelt wie z.B. eine Verknappung natürlicher Ressourcen und zunehmende Umweltbelastungen mögliche Untersuchungsobjekte im Rahmen der Umweltanalyse öffentlicher Verwaltungen.

Für die Umweltanalyse werden laufend Informationen aus den einzelnen Umweltbereichen der öffentlichen Verwaltungen benötigt, die vom jeweiligen Informationsversorgungssystem bereitgestellt werden. Von besonderer Bedeutung sind dabei **Früherkennungsinformationen**, mit deren Hilfe die einzelnen Verwaltungen frühzeitig strategisch relevante Veränderung in ihrem Umfeld erkennen sollen (vgl. 3.2.2). Im Rahmen der Umweltanalyse müssen die bereitgestellten Früherkennungsinformationen insbesondere daraufhin überprüft werden, ob und gegebenenfalls in welcher Art sowie in welchem Ausmaß die von ihnen signalisierten Umweltveränderungen die öffentlichen Verwaltungen betreffen. Bei Umweltinformationen, die auf besonders kritische Veränderungen hinweisen, sollte ein **Monitoring** vorgenommen werden. Darunter versteht man eine gerichtete und fokussierte Untersuchung einer kritischen Entwicklung zwecks Gewinnung vertiefender Informationen.

Für die Zwecke der strategischen Planung werden **Prognosen** benötigt. Demzufolge müssen auch im Rahmen der Umweltanalyse Prognosen erstellt werden, die sich auf die Verwaltungsumwelt beziehen. Bei Prognosen handelt es sich generell um Aussagen über zukünftige Ereignisse oder Entwicklungen, die Informationen über das Vergangenheitsgeschehen mit Überlegungen über die Zukunftsentwicklung verknüpfen. Mit Hilfe der Prognosen soll der Informationsstand bei Entscheidungen über geeignete Handlungsalternativen verbessert werden. Dabei ist zu berücksichtigen, dass es keine absolut sicheren Prognosen geben kann. Prognosen können nur mit einem mehr oder weniger hohen Sicherheitsgrad abgegeben werden. Allerdings lässt sich das Prognoserisiko durch die Anwendung geeigneter Prognoseverfahren reduzieren. Bei den Prognoseverfahren kann eine Unterscheidung nach qualitativen und quantitativen Verfahren vorgenommen werden. Während die **qualitativen Prognoseverfahren** auf Intuition, Erfahrungen, Kenntnissen und Meinungen von Auskunftspersonen über zukünftige Ereignisse oder Entwicklungen basieren und im Allgemeinen verbale Aussagen liefern, werden bei den **quantitativen Prognoseverfahren** mit Hilfe mathematischer Methoden rechnerische Ergebnisse (Zahlenwerte) ermittelt (vgl. zu den Prognoseverfahren z.B. Rogge 1972; Mag 1999, S. 26 ff.).

Für die strategische Planung sind die qualitativen Prognoseverfahren und vor allem die zu dieser Verfahrensgruppe zählende **Szenariotechnik** von besonderer Bedeutung (vgl. Horváth 2001, S. 409). Die Szenariotechnik ist auch für einen Einsatz im Rahmen der strategische Planung öffentlicher Verwaltungen geeignet (vgl. entsprechend Reichard 2001, S. 87), so dass diese Technik im Folgenden kurz behandelt werden soll.

Als Szenarien werden alternative Zukunftsbilder und die zu ihnen hinführenden Entwicklungspfade bezeichnet. Die Bildung von Szenarien kann mit Hilfe eines Trichtermodells (vgl. Abb. 3-3) veranschaulicht werden (vgl. z.B. Reibnitz 1989, Sp. 1984). Ausgehend von der gegenwärtigen Situation befinden sich alle denkbaren Entwicklungen innerhalb des Trichters. Das Feld möglicher Entwicklungen wird von den Extremszenarien begrenzt. Auf der Schnittfläche des Trichters befinden sich alle denkbaren möglichen Szenarien. Es wäre unwirtschaftlich, alle möglichen Szenarien zu entwickeln. Üblicherweise beschränkt man sich auf die Erarbeitung von vier bis fünf Szenarien. Bei diesem Trichtermodell sind es die beiden Extremszenarien, das besonders plausible Szenario A und das Szenario A*, bei dem ein Störereignis berücksichtigt wird. Beim Szenario A* ergibt sich zu einem bestimmten Zeitpunkt ein Störereignis, das zum Einsatz von Gegenmaßnahmen zu einem späteren Zeitpunkt führt.

Beobachtungsgröße

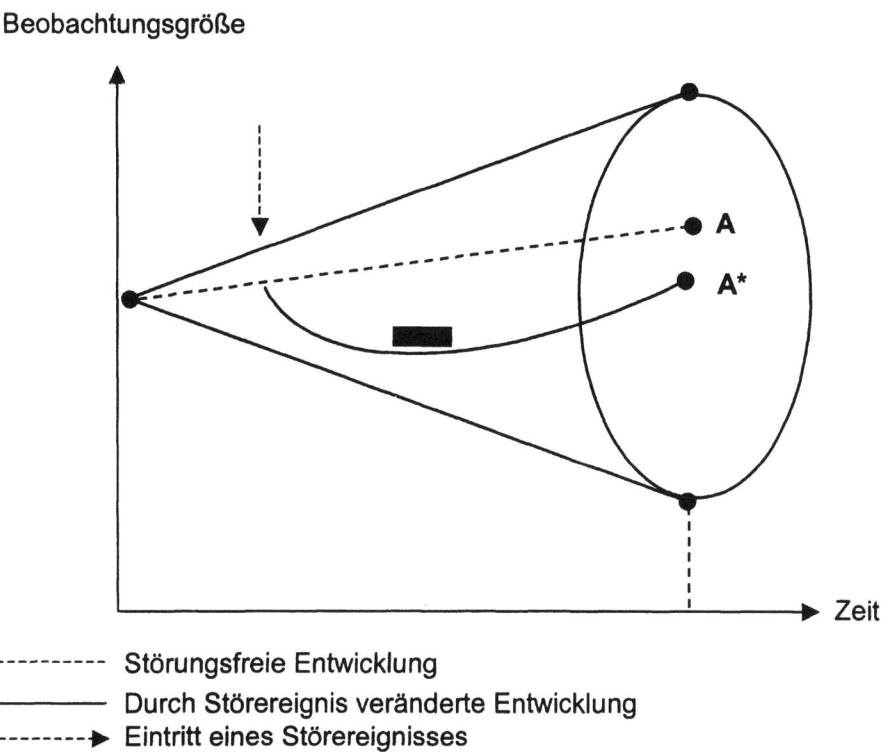

- - - - - - - - Störungsfreie Entwicklung
―――― Durch Störereignis veränderte Entwicklung
- - - - - ▶ Eintritt eines Störereignisses
▬ Einsatz von Gegenmaßnahmen

Abb. 3-3: Trichtermodell der Szenariobildung (Ziegenbein 1998, S. 349)

Die Entwicklung von Szenarien durchläuft mehrere Phasen, die sich in komprimierter Form folgendermaßen darstellen lassen (vgl. ähnlich Teichmann 1993, S. 625):

- Im Rahmen der Analysephase erfolgt eine möglichst genau Eingrenzung des Untersuchungsfeldes im Sinne einer zu lösenden Aufgabenstellung sowie eine Identifizierung und Strukturierung der externen Einflussbereiche (Umfelder), die auf das Untersuchungsfeld einwirken.
- In der Prognosephase wird der Rahmen für die zukünftige Entwicklung abgesteckt. Dabei betrachtet man die jeweils relevanten Einflussbereiche bzw. Umfelder getrennt und prognostiziert deren zukünftige Entwicklung. Man erstellt somit bereichs- bzw. umfeldbezogene Einzelszenarien.

- Im Rahmen der Synthesephase werden auf der Basis der einzelnen Umfeldszenarien die eigentlichen Szenarien für das anfänglich definierte Untersuchungsfeld entwickelt.

Die erstellten Szenarien dienen als Grundlage für die strategische Planung in dem relevanten Untersuchungsfeld. Sie liefern wichtige Hinweise für die Neuformulierung und Revision strategischer Ziele sowie für die Entwicklung und Überprüfung der Strategien. Außerdem bieten sie Anhaltspunkte für die Bewertung der Maßnahmen zur Strategieumsetzung.

3.3.1.2 Verwaltungsanalyse

Für die Analyse der Unternehmenssituation setzen erwerbswirtschaftliche Unternehmen vielfach die **Stärken-Schwächen-Analyse** ein. Bei diesem Verfahren werden die Ressourcen bzw. Leistungspotenziale eines Unternehmens erfasst und im Vergleich zu den wichtigsten Konkurrenten bewertet. Das Ziel dieser Unternehmensanalyse besteht darin, die gegenwärtige Position des Unternehmens zu bestimmen und mögliche strategische Handlungsspielräume zu identifizieren. Die Analyse kann sich sowohl auf das gesamte Unternehmen als auch auf einzelne strategische Geschäftsfelder beziehen. Dabei geht es nicht nur um die Analyse der im Produktionsprozess eingesetzten Ressourcen wie Personal, Betriebsmittel und Werkstoffe, sondern auch um die Ermittlung und Bewertung sämtlicher Leistungspotenziale wie z.B. finanzielle, organisatorische und technologische Ressourcen, Produktangebot, Marketingkonzept, Standort, Kostensituation und Innovationsfähigkeit.

Die für erwerbswirtschaftliche Unternehmen entwickelte Stärken-Schwächen-Analyse lässt sich in modifizierter Form auch im Rahmen der strategischen Analyse öffentlicher Verwaltungen einsetzen (vgl. z.B. Weber 1988 c, S. 179 ff.). Aus der Stärken-Schwächen-Analyse können wichtige Hinweise für die strategische Planung der öffentlichen Verwaltungen abgeleitet werden. Dabei kann sich die strategische Planung entweder im Rahmen der vorgegebenen Ressourcen bzw. Leistungspotenziale bewegen (defensive Ausrichtung) oder auf einen Ausbau der vorhandenen Stärken und eine Beseitigung der bestehenden Schwächen abzielen (offensive Ausrichtung).

Die Stärken-Schwächen-Analyse beginnt mit der Festlegung geeigneter Kriterien in Form von kritischen Ressourcen bzw. Leistungspotenzialen, mit deren Hilfe man die Stärken und Schwächen der zu untersuchenden öffentlichen Verwaltung ermitteln will. Im nächsten Schritt wird die jeweilige Verwaltung anhand der festgelegten Kriterien und unter Verwendung einer Punkteskala beurteilt. Die Beurteilung basiert sowohl auf subjektiven Einschätzungen als auch auf nachprüfbaren, objektiven Daten. Die Analyse und Bewertung der Stärken und Schwächen einer öffentlichen Verwaltung sollte nach Möglichkeit unter Einbeziehung anderer, vergleichbarer Verwaltungen vorgenommen werden. Demzufolge werden nicht nur für die zu untersuchende Verwaltung, sondern auch für eine oder mehrere zum Vergleich herangezogene Verwaltungen Stärken und Schwächen ermittelt und in Form von Stärken-Schwächen-Profilen dargestellt. In der Abb. 3-4 wird beispielhaft das Ergebnis einer Stärken-Schwächen-Analyse für eine öffentliche Verwaltung unter Einbeziehung einer anderen, vergleichbaren Verwaltung dargestellt.

Die Stärken-Schwächen-Analysen können nicht nur für die gesamte Verwaltung, sondern auch für einzelne Verwaltungsbereiche bzw. Teilverwaltungen durchgeführt werden. Auch in diesem Fall empfiehlt es sich, andere Verwaltungsbereiche bzw. -teile als Vergleichsbasis in die Analyse einzubeziehen. Falls die zu untersuchenden Teilverwaltungen in Konkurrenzbeziehungen zu anderen Leistungsanbietern stehen, sollte man ihre Stärken und Schwächen jedoch unter Berücksichtigung des bzw. der wichtigsten Konkurrenten ermitteln.

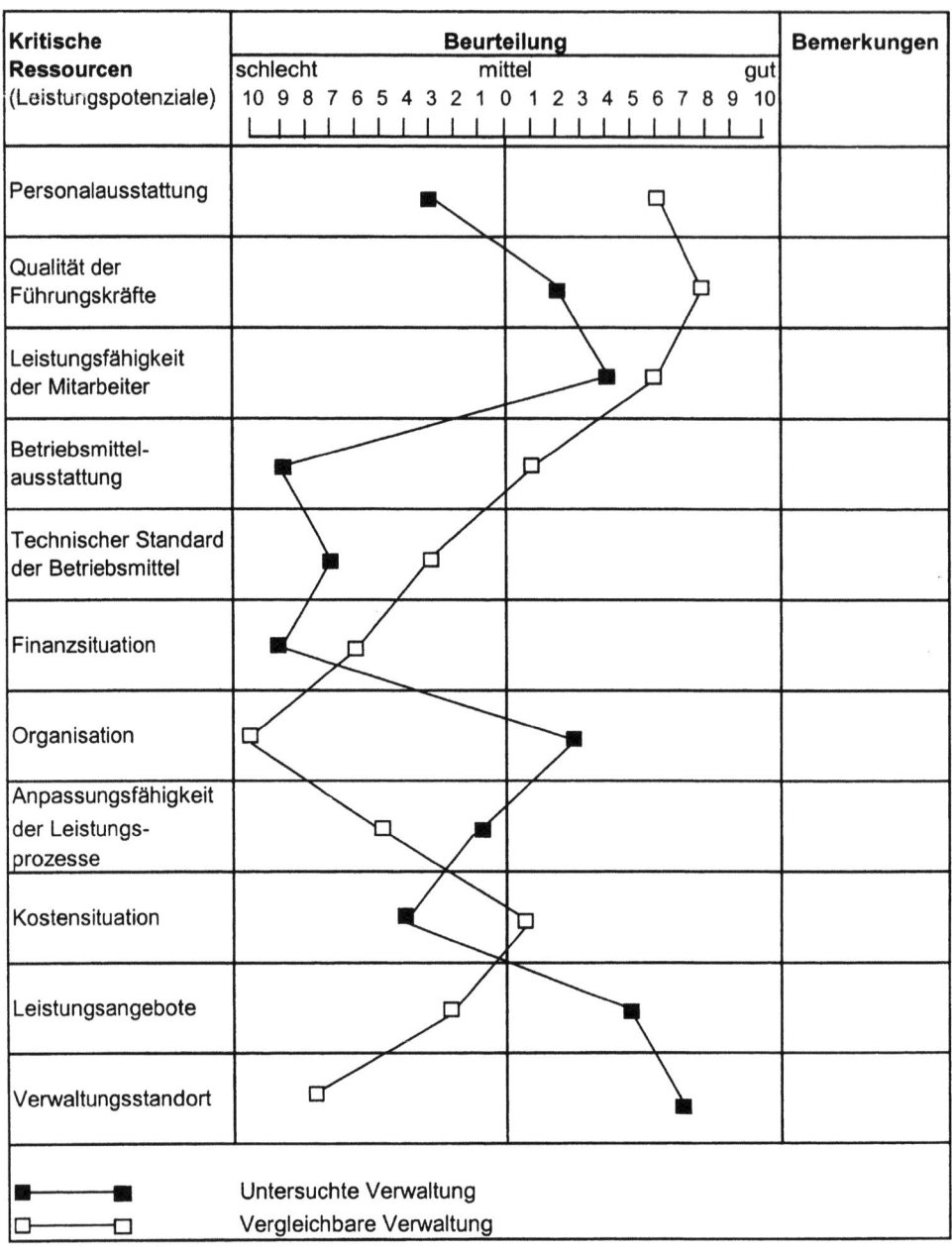

Abb. 3-4: Stärken-Schwächen-Profil einer öffentlichen Verwaltung

Zur Beurteilung der Situation eines Unternehmens sind Kenntnisse über mögliche Bestwerte bzw. Benchmarks von großer Bedeutung, die von anderen Unternehmen bereits erreicht wurden. Aus diesem Grunde wird von erwerbswirtschaftlichen Unternehmen in zunehmendem Maße das **Benchmarking** angewandt. Es handelt sich beim Benchmarking um ein Vergleichsverfahren, das zu einer Steigerung der Leistungsfähigkeit und zu einer Verbesserung der Wettbewerbsposition der Unternehmen führen soll (vgl. z.B. Horváth/Herter 1992, S. 4 ff.; Meyer 1996, S. 3 ff.;). Das Benchmarking ist langfristig angelegt und dient zum Aufspüren und Entwickeln neuer strategischer Lösungen. Im Rahmen dieses Verfahrens werden insbesondere Produkte, Prozesse und Methoden über mehrere Unternehmen hinweg kontinuierlich miteinander verglichen. Es sollen nicht nur die Leistungsunterschiede zwischen den Unternehmen aufgedeckt, sondern auch die Ursachen für diese Leistungsunterschiede ermittelt und Möglichkeiten zur Beseitigung etwaiger Leistungslücken entwickelt werden. Beim Benchmarking findet ein Vergleich mit den jeweils besten Unternehmen statt, d.h. mit den Unternehmen, die bezüglich der zu vergleichenden Produkte, Prozesse oder Methoden hervorragende Lösungen entwickelt haben. Ein am Benchmarking beteiligtes Unternehmen hat das Ziel, von den Unternehmen zu lernen, die auf einem bestimmten Gebiet über eine Best Practice verfügen. Es will die erforderlichen Anstrengungen unternehmen, um die Standards der Besten zu erreichen oder sogar zu übertreffen.

Es haben sich vielfältige Formen des Benchmarking entwickelt, die sich z.B. mit Hilfe unterschiedlicher Ausprägungen der drei Benchmarkingparameter Objekt, Ziel- bzw. Beurteilungsgröße und Vergleichspartner bestimmen lassen. Eine entsprechende Übersicht in Form eines morphologischen Kastens bietet die Abb. 3-5.

Parameter	Ausprägung des Parameters			
Objekt	Produkte	Methoden		Prozesse
Zielgröße	Kosten	Qualität	Kunden-zufrieden-heit	Zeit
Vergleichs-partner	andere Geschäfts-bereiche	Konku-renten	gleiche Branche	andere Branche

Abb. 3-5: Formen des Benchmarking (Horváth 2001, S. 417)

Der zeitliche Ablauf des Benchmarking lässt sich auf unterschiedliche Weise gliedern. Im Folgenden wird davon ausgegangen, dass der Benchmarkingprozess aus den drei Hauptphasen Vorbereitung, Analyse bzw. Durchführung und Umsetzung besteht, denen wiederum unterschiedliche Arbeitsschritte zugeordnet werden (vgl. z.B. Horváth/Herter 1992, S. 8; Weber 1998, S. 98; Ziegenbein 1998, S. 148 f.; Peemöller 2002, S. 137). Die Abb. 3-6 zeigt die drei Phasen des Benchmarkingprozesses mit den einzelnen Arbeitsschritten.

1. Vorbereitungsphase
- Festlegung der Benchmarkingobjekte und Beurteilungsgrößen
- Auswahl der Benchmarkingpartner
- Informationsgewinnung

↓

2. Analysephase
- Ermittlung der Leistungslücken
- Analyse der Ursachen der Leistungslücken

↓

3. Umsetzungsphase
- Formulierung von Zielen und Strategien
- Entwicklung von Aktionsplänen

Abb. 3-6: Ablauf des Benchmarking

Die Anwendung des Benchmarking ist auch in öffentlichen Verwaltungen möglich und sinnvoll. Dieses belegen unter anderem eine Reihe von Benchmarkingprojekten, die bereits in verschiedenen Bereichen der öffentlichen Verwaltungen durchgeführt wurden (vgl. zu entsprechenden Darstellungen und Literaturverweisen z.B. Nau/Wallner 1998, S. 36 f, S. 169 ff.; Richter 2000, S. 122 f.; Sandberg 2001, S. 169 f.). Mit Hilfe des Benchmarking können die öffentlichen Verwaltungen im Rahmen eines Vergleichs ihre aktuelle Situation analysieren und mögliche Leistungslücken aufspüren. Die Analyseergebnisse versetzen sie in die Lage, in weiteren Schritten Vorschläge zur Verbesserung der eigenen Leistungsfähigkeit zu entwickeln und die notwendigen Aktivitäten zu ihrer Umsetzung zu planen.

Der Benchmarkingprozess öffentlicher Verwaltungen kann gleichfalls in die drei Hauptphasen Vorbereitung, Analyse und Umsetzung gegliedert werden. In der Vorbereitungsphase müssen die öffentlichen Verwaltungen zunächst entscheiden, was untersucht bzw. verglichen werden soll. Als Benchmarkingobjekte kommen auch bei öffentlichen Verwaltungen vor allem Leistungen, Prozesse und Methoden in Frage. Bei den Entscheidungen über die jeweils relevanten Benchmarkingobjekte muss man sich an den aktuellen Problemlagen und Zielsetzungen der betreffenden Verwaltungen orientieren. In engem Zusammenhang mit der Auswahl der Benchmarkingobjekte steht die Suche nach geeigneten Beurteilungsgrößen. Für das Benchmarking öffentlicher Verwaltungen sind in erster Linie Kosten-, Qualitäts- und Zeitgrößen relevant, die man nach Möglichkeit um Wirkungskriterien ergänzen sollte (vgl. z.B. Richter 2000, S. 121 f.; Sandberg 2001, S. 170).

Nachdem Klarheit über die Benchmarkingobjekte und die jeweils relevanten Beurteilungskriterien besteht, müssen die geeigneten Benchmarkingpartner bestimmt werden. Es ist dabei wichtig, die jeweils besten bzw. leistungsfähigsten Vergleichspartner zu identifizieren und auszuwählen. Außerdem sollte man sich nur auf wenige Partner beschränken, damit sich der Auswertungsaufwand in Grenzen hält. Unter Bezug auf die Art der ausgewählten Vergleichspartner kann man zwischen einem internen und einem externen Benchmarking öffentlicher Verwaltungen unterscheiden. Für das interne Benchmarking ist charakteristisch, dass Bereiche bzw. Teile einer öffentlichen Verwaltung miteinander verglichen werden. Allerdings ist bei einem derart eingeschränkten Benchmarking eine Orientierung an den tatsächlich erreichten Spitzenleistungen vielfach nicht möglich. Um einen Vergleich mit dem jeweiligen „Klassenbesten" vornehmen zu können, ist im Regelfall ein externes Benchmarking notwendig. Bei einem externen Benchmarking können sowohl andere öffentliche Verwaltungen als auch private Unternehmen und Nonprofit Organisation mögliche Benchmarkingpartner sein.

Auf die Auswahl der Benchmarkingpartner folgt die Informationsgewinnung. Im Allgemeinen wird mit der Sekundärforschung begonnen, indem man schon vorhandene Informationen über die jeweiligen Vergleichspartner aufbereitet, analysiert und interpretiert. Des Weiteren müssen mit Hilfe der Primärforschung zusätzliche, neue Informationen über die zu vergleichenden öffentlichen Verwaltungen erhoben werden. Für Benchmarkingzwecke kommen als Erhebungsmethoden insbesondere die Befragung in schriftlicher, mündlicher oder telefonischer Form sowie die Beobachtung z.B. im Rahmen von Verwaltungsbesichtigungen in Betracht.

Nach Abschluss der Vorbereitungen wird im Rahmen der Analysephase das eigentliche Benchmarking vorgenommen. Es müssen die Unterschiede zwischen der eigenen Verwaltung und den Vergleichspartnern erfasst und analysiert werden. Im Mittelpunkt stehen dabei die spezifischen Leistungslücken der eigenen Verwaltungen im Vergleich mit den jeweils besten Partnern und die Aufdeckung ihrer Ursachen. Die Ergebnisse sollten in einem standardisierten Benchmarkingbericht zusammengefasst werden. Ein Benchmarkingbericht enthält eine Zusammenstellung der Ausprägungen der relevanten Beurteilungskriterien für die eigene Verwaltung und die Vergleichspartner sowie eine Übersicht über das Ausmaß der Leistungslücken zwischen der eigenen Verwaltungen und den jeweils besten Vergleichspartnern. Außerdem muss das Datenmaterial um eine verbale Erläuterung der Abweichungsursachen ergänzt werden.

In der Umsetzungsphase sind auf der Basis der Benchmarkingergebnisse konkrete Verbesserungsvorschläge zu entwickeln. Um die jeweils ermittelten Leistungslücken schließen zu können, müssen im Einzelnen vorhandene Ziele und Strategien modifiziert bzw. neue Ziele und Strategien formuliert sowie Maßnahmenpläne zur Strategieumsetzung festgelegt werden. Da in der Umsetzungsphase des Benchmarking über Ziele, Strategien und Maßnahmen entschieden wird, kann sie nicht mehr als eindeutiger Bestandteil der Verwaltungsanalyse angesehen werden. Mit der Umsetzung des Benchmarking wird der Übergang von der Analysephase zu den nachfolgenden Phasen der strategischen Planung vollzogen.

3.3.2 Formulierung strategischer Ziele

Ziele haben den Charakter von Sollvorgaben. Mit Hilfe der Ziele legen die Entscheidungsträger fest, welche zukünftigen Zustände sie als wünschenswert ansehen und durch Entscheidungen erreichen wollen. Ziele sind somit Entscheidungskriterien. Bei den strategischen Zielen handelt es sich um Kriterien für Entscheidungen, die sich auf die Entwicklung, Bewertung und Umsetzung von Strategien beziehen. Die strategische Ziele sind jedoch nicht nur Ausgangs- und Orientierungspunkt für die weitere strategische Planung, sondern dienen auch als Vergleichsgrößen für die strategische Kontrolle. Bevor auf die strategischen Ziele öffentlicher Verwaltungen näher eingegangen wird, sollen kurz die Besonderheiten der Zielbildung bei öffentliche Verwaltungen betrachtet werden.

Öffentliche Verwaltungen legen ihre Ziele nicht autonom fest. Vielmehr sind sie bei der Zielbildung vielfältigen Auflagen, Vorgaben und Einflüssen ausgesetzt. Die Bildung der Verwaltungsziele vollzieht sich in einem zeitaufwendigen und mehrstufigen Prozess, an dem zahlreiche Interessengruppen aktiv beteiligt sind (vgl. z.B. Schneider 1978, S. 572 ff.). Die einzelnen Gruppen versuchen, ihre Zielvorstellungen durch unmittelbaren oder mittelbaren Einfluss auf den Zielbildungsprozess durchzusetzen. Im Hinblick auf ihre Einflussmacht kann man zwischen Kern- und Satellitengruppen unterscheiden (vgl. z.B. Kirsch 1973, S. 129 ff.). Die Kerngruppen sind zur Zielbildung legitimiert. Die Satellitengruppen können die Zielbildung hingegen nur beeinflussen, indem sie auf die Zielentscheidungen in den Kerngruppen einwirken. Hinsichtlich der Zielbildung bei öffentlichen Verwaltungen sind die gewählten Gremien der Legislative, die Verwaltungsführung und zum Teil auch andere, übergeordnete öffentliche Verwaltungen als wichtige Kerngruppen anzusehen, während als Satellitengruppen insbesondere Bürgergruppen bzw. Bürgerinitiativen, Parteien, Verbände, Vereine und Verwaltungsmitarbeiter in Frage kommen

Von den verwaltungsexternen Kerngruppen werden ein Großteil der Oberziele der öffentlichen Verwaltungen sowie ein Teil der Ziele auf den nachgeordneten Zielebenen festgelegt. Die Zielbildungskompetenz der verwaltungsinternen Kerngruppe Verwaltungsführung ist somit eingeschränkt. Allerdings ergeben sich auch für die Verwaltungsführung vielfältige Möglichkeiten zur eigenständigen Zielbildung. Bezüglich der Oberziele kann die Verwaltungsführung immer dann eigenständig Ziele festlegen, wenn die zuständigen externen Kerngruppen keine entsprechenden Zielvorgaben gemacht haben oder die vorgegebenen Ziele sehr allgemein formuliert sind, so dass eine Zielinterpretation bzw. Zielkonkretisierung durch die Verwaltungsführung erforderlich ist. Weitgehende Freiräume für die Zielbildung ergeben sich für die Verwaltungsführung bei den Zwischen- und Unterzielen der Verwaltung. Im Hinblick auf diese Rollenverteilung bei der Zielbildungskompetenz wird auch von den **Zielen für die Verwaltung** (Ziele, die der Verwaltung durch legitimierte Instanzen zur Bewältigung vorgegeben werden) und den **Zielen der Verwaltung** (Ziele, die von der Verwaltungsführung festgelegt werden) gesprochen (vgl. z.B. Braun 1988, S. 127).

Bei den strategischen Zielen der öffentlichen Verwaltungen handelt es sich um Kriterien für die langfristigen strategischen Entscheidungen der Verwaltungen, die sich auf die Erfüllung der ihnen übertragenen öffentlichen Aufgaben beziehen. Die strategischen Verwaltungsziele haben den Charakter von Oberzielen. Insbesondere die Oberziele öffentlicher Verwaltungen sind vielfach sehr allgemein, vage und unverbindlich formuliert. Dafür gibt es zum einen politische Gründe (vgl. z.B. Schmidberger 1994, S. 176 ff.; Meyer-Pries 1997, S. 10 ff.). Unpräzise Zielvorgaben sind häufig der gemeinsame Nenner, auf den sich die am Zielprozess beteiligten Gruppen mit ihren unterschiedlichen Interessen einigen können bzw. wollen. Außerdem verringern unverbindlich formulierte Ziele das Risiko des politischen Scheiterns. Zum anderen lassen sich die relativ ungenauen Zielformulierungen bei den Oberzielen der öffentlichen Verwaltungen auch sachlich begründen. Die Oberziele der Verwaltungen werden unmittelbar aus den öffentlichen Aufgaben abgeleitet und sind somit auf die Erfüllung umfassender und komplexer öffentlicher Aufgaben ausgerichtet. Derartige Oberziele wie z.B. „Verbesserung der Gesundheit der Bürger", „Steigerung der Verkehrssicherheit der Bevölkerung" oder „Erhöhung der Attraktivität einer Kommune" können somit nur sehr pauschal und zumeist nur in verbaler Form festgelegt werden.

Die strategischen Verwaltungsziele dienen als Vorgaben für die strategische Planung und werden zudem als Sollgrößen für die strategische Kontrolle benötigt. Da die strategischen Oberziele im Regelfall keine konkreten Vorgaben für Planung und Kontrolle liefern, müssen im Rahmen der operativen Zielplanung möglichst konkrete Orientierungsgrößen erarbeitet werden. Um hinreichend präzise Zielvorgaben zu erhalten, werden aus den strategische Oberzielen operative Unterziele abgeleitet (vgl. 4.3.1). Derartige Unterziele, die schon zum Gegenstandsbereich der operativen Planung zählen, stehen in enger Beziehung zu den Instrumenten bzw. Maßnahmen zur Zielrealisation. Für diese Unterziele können im Allgemeinen konkrete Zielinhalte vorgegeben werden. Man kann bei diesen Zielen das Zielausmaß in der Regel mittels quantitativer Indikatoren bestimmen sowie die zumeist kurzfristige Zielperiode eindeutig festlegen. Außerdem dienen auch Strategien in gewisser Hinsicht zur Konkretisierung der strategischen Zielvorgaben. Strategien haben den Charakter von Richtlinien. Innerhalb vorgegebener Handlungsbahnen oder -korridore zeigen sie konkrete Möglichkeiten zur Zielerreichung auf (vgl. z.B. Becker 1992, S. 113).

Eine Aufgabe des strategischen Verwaltungscontrolling im Rahmen der Formulierung strategischer Verwaltungsziele ist die Erhebung und Analyse der bestehenden strategischen Ziele. In der vom strategischen Verwaltungscontrolling zu erstellenden Zieldokumentation sind alle gegenwärtig existierenden strategischen Ziele aufzuführen. Darüber hinaus muss auch dargelegt werden, wie die Ziele entstanden sind bzw. von wem sie festgelegt wurden und welchen Verbindlichkeitsgrad die Ziele haben. Im Rahmen der sich anschließenden Zielanalyse sind vor allem sehr allgemein gehaltene Ziele und konfligierende Ziele herauszustellen. Sofern die Verwaltungsführung bezüglich dieser Ziele über eine eigene Zielbildungskompetenz verfügt, hat das strategische Verwaltungscontrolling Vorschläge zur Ergänzung bzw. Konkretisierung der Ziele und zur Lösung von Zielkonflikten zu erarbeiten und der Verwaltungsführung zu unterbreiten. Eine weitere Aufgabe des strategischen Verwaltungscontrolling besteht in der Unterstützung der Verwaltungsführung bei der Festlegung neuer strategischer Ziele. Das strategische Verwaltungscontrolling muss die Verwaltungsführung mit zielbildungsrelevanten Informationen versorgen und ihr gegebenenfalls Vorschläge für Zielformulierungen unterbreiten, um die Position der Kerngruppe Verwaltungsführung im Zielbildungsprozess zu stärken. Außerdem sollte das strategische Verwaltungscontrolling für eine angemessene Beteiligung von Satellitengruppen wie z.B. Bürgerinitiativen und Verwaltungsmitarbeiter an den Zielbildungsprozessen sorgen, um deren Sachverstand zu nutzen und eine angemessene Partizipation dieser Gruppen zu gewährleisten.

3.3.3 Entwicklung und Bewertung von Strategien

Im Anschluss an die Formulierung der strategischen Ziele sind Entscheidungen über Strategien zu treffen. Bei Strategieentscheidungen geht es um die Frage, auf welchen möglichen Wegen sich die bereits festgelegten Ziele realisieren lassen. Mit Hilfe von Strategien sollen ein konkreter Aktivitätsrahmen sowie eine bestimmte Stoßrichtung für die Verwirklichung der Zielvorgaben festgelegt werden (vgl. z.B. Hinterhuber 1989, S. 24). Entsprechend dem Strategiebegriff, der den folgenden Ausführungen zugrunde liegt, stellen Strategien ein Bindeglied zwischen den strategischen Zielen einerseits und den operativen Planungen andererseits dar. Als weitere charakteristische Merkmale für Strategien sind ihr Markt- bzw. Umweltbezug und ihre Ausrichtung auf einen längeren Planungshorizont zu nennen.

Die für erwerbswirtschaftliche Unternehmen entwickelten Strategien lassen sich auf sehr unterschiedliche Weise systematisieren. In einem weit verbreiteten Systematisierungsansatz wird z.B. zwischen Gesamtunternehmens-, Geschäftsfeld- und Funktionalstrategien unterschieden (vgl. Hofer/Schendel 1989, S. 27 ff.). Die **Gesamtunternehmensstrategien** geben die generelle Entwicklungsrichtung für die Unternehmen vor. Es ist dabei im Einzelnen zu bestimmen, in welchen Märkten bzw. Marktsegmenten das jeweilige Unternehmen tätig sein will und welche strategische Stoßrichtung für die Geschäftsfelder des Unternehmens, die in den vorher festgelegten Märkten bzw. Marktsegmenten tätig sind, relevant sind. Die für die einzelnen Geschäftsfelder definierte strategische Stoßrichtung muss nicht in jedem Fall mit der festgelegten Entwicklungsrichtung des gesamten Unternehmens übereinstimmen. Es reicht, wenn die strategische Ausrichtung der Mehrheit der Geschäftsfelder mit derjenigen des Gesamtunternehmens übereinstimmt. Die Vorgaben aus der Gesamtunternehmensstrategie werden für die einzelnen Geschäftsfelder konkretisiert und es werden entsprechende **Geschäftsfeldstrategien** entwickelt. Im Rahmen der Geschäftsfeldstrategien muss vor allem festgelegt werden, mit welchen Produkten das Unternehmen auf welchen Märkten operieren will und welche Wettbewerbspositionen man dabei erreichen will. Die Strategien auf der Ebene des Gesamtunternehmens sowie auf der Ebene der Geschäftsfelder stecken den Rahmen ab, innerhalb dessen **Funktionalstrategien** zu formulieren sind. Sie geben die Stoßrichtung für die Entscheidungen in den einzelnen Funktionsbereichen des Unternehmens wie z.B. Forschung und Entwicklung, Beschaffung, Produktion und Absatz vor. Für die öffentlichen Verwaltungen ist eine Systematisierung von Strategien sinnvoller, die von zwei unterschiedlichen Ebenen, nämlich der Ebene der Gesamtverwaltung und der Ebene der einzelnen Aufgaben- bzw. Leistungsfelder der Verwaltung, ausgeht (vgl. ähnlich Budäus/Finger 2001, S. 44 f.). Demzufolge wird im Weiteren zwischen Gesamtverwaltungs- und Leistungsfeldstrategien unterschieden.

Die **Gesamtverwaltungsstrategien** legen die generelle Entwicklungsrichtung für die einzelnen öffentlichen Verwaltungen fest. Wie bei den Entscheidungen über die strategischen Ziele vollziehen sich auch die Strategieentscheidungen im Rahmen eines komplexen und mehrstufigen Prozesses, an dem mehrere unterschiedliche Interessengruppen mitwirken. Insbesondere an der Formulierung der grundlegenden Gesamtverwaltungsstrategien sind verwaltungsexterne Gruppen in erheblichem Ausmaß beteiligt. Vielfach legen verwaltungsexterne Kerngruppen wie z.B. die politischen Gremien auf der Bundes-, Landes- und Gemeindeebene die Strategien für die öffentlichen Verwaltungen selbst fest oder steuern die Strategieentscheidungen der Verwaltungsführung durch entsprechende Vorgaben. Außerdem beeinflussen Satellitengruppen wie Parteien, Vereine, Verbände, Bürgerinitiativen usw. die Strategieentscheidungen der verwaltungsexternen und verwaltungsinternen Kerngruppen. Im Rahmen der Gesamtverwaltungsstrategien müssen neben der Festlegung einer generellen strategischen Ausrichtung für die öffentlichen Verwaltungen wie z.B. Wachstum, Stagnation oder Schrumpfung auch Aussagen darüber gemacht werden, welche Konsequenzen die strategische Entwicklungsrichtung der Gesamtverwaltungen für ihre einzelnen Aufgabenbereiche haben sollen. Es sind folglich auch die strategischen Stoßrichtungen für die einzelnen Aufgaben- bzw. Leistungsfelder der Verwaltungen zu bestimmen.

Zur Festlegung der Entwicklungsrichtungen für ihre strategischen Geschäftsfelder verwenden erwerbswirtschaftliche Unternehmen vielfach die **Portfolio-Ana-**

lyse und die daraus abgeleiteten **Normstrategien** (vgl. z.B. Szyperski/Winand 1978, S. 123 ff.; Albach 1978, S. 702 ff.; Dunst 1983, S. 90 ff.). Die jeweiligen strategischen Geschäftsfelder der Unternehmen ergeben sich aus der Kombination eines bestimmten Produkts oder einer bestimmten Produktgruppe mit dem entsprechenden Absatzmarkt. Diese Geschäftsfelder sind relativ autonome Unternehmensbereiche, für die man eigenständige Strategien entwickeln und realisieren kann. Die Portfolio-Analyse beginnt mit der Bewertung der einzelnen Geschäftsfelder mittels erfolgsbeeinflussender Schlüsselfaktoren, die sich zum einen auf das Unternehmen und zum anderen auf die Unternehmensumwelt beziehen. Zur Beurteilung der Geschäftsfelder verwendet man im Allgemeinen eine zweidimensionale Portfolio-Matrix, deren Abszisse eine unternehmensbezogene Beurteilungsdimension enthält und auf deren Ordinate eine umweltbezogene Beurteilungsdimension abgetragen ist. Wenn man die beiden Dimensionen in unterschiedliche Größenordnungen unterteilt, ergeben sich mehrere Matrixfelder. Entsprechend ihrem jeweiligen Erfolg werden nun die Geschäftsfelder des Unternehmens den einzelnen Feldern der Portfolio-Matrix zugeordnet. Auf diese Weise erhält man ein Ist-Portfolio des Unternehmens bzw. eine strategische Bestandsaufnahme.

Mit den einzelnen Matrixfeldern sind bestimmte Strategieempfehlungen verbunden, die als Normstrategien bezeichnet werden. Unter Berücksichtigung der jeweiligen Position der Geschäftsfelder innerhalb der Portfolio-Matrix lassen sich für die einzelnen Geschäftsfelder die geeigneten Normstrategien bestimmen. Auf der Grundlage des jeweiligen Ist-Portfolios des Unternehmens kann auch ein Soll-Portfolio entwickelt werden. In diesem Fall werden die zukünftig anzustrebenden Positionen der einzelnen Geschäftsfelder in der Portfolio-Matrix vermerkt.

Die am häufigsten angewandten Methoden der Portfolio-Analyse sind das **Marktwachstum-Marktanteil-Portfolio** der Boston Consulting Group und das von General Electric und McKinsey entwickelte **Marktattraktivität-Wettbewerbsvorteil-Portfolio** (vgl. z.B. Albach 1978, S. 705 ff., Dunst 1983, S. 94 ff.).

Bei der folgenden Prüfung einer möglichen Übertragung der Portfolio-Analyse auf öffentliche Verwaltungen soll von dem differenzierten Marktattraktivität-Wettbewerbsvorteil-Portfolio ausgegangen werden, das als eine Weiterentwicklung des Marktwachstum-Marktanteil-Portfolios gelten kann.

Im Rahmen des Marktattraktivität-Wettbewerbsvorteil-Portfolio ist die Beurteilungsdimension Marktattraktivität eine umweltbezogene Größe. Sie bezieht sich auf die Märkte, auf denen das Unternehmen aktiv ist, und wird durch eine Reihe unterschiedlicher Faktoren wie Marktwachstum, Marktgröße, Branchenrentabilität, Wettbewerbssituation usw. bestimmt. Die zweite Beurteilungsdimension relative Wettbewerbsvorteile ist eine unternehmensbezogene Größe und gibt die jeweilige Position des Unternehmens auf den von ihm bearbeiteten Märkten im Vergleich zum stärksten Konkurrenten wieder. Sie ergibt sich aus einer Reihe von Faktoren wie Marktanteil, Rentabilität, Risiko, Marketingpotential usw. Wenn man die beiden Beurteilungskriterien jeweils in drei Klassen aufteilt, ergibt sich eine Neun-Felder-Matrix (vgl. Abb. 3-7). Die Positionierung der Geschäftsfelder des Unternehmens innerhalb dieser Matrix erfolgt auf der Basis von Punktbewertungen, wobei man den einzelnen Faktoren bzw. Faktorenbündeln auch unterschiedliche Gewichte zuordnen kann.

Mit dem Marktattraktivität-Wettbewerbs-Portfolio sind die drei Strategiegruppen **Investitions- und Wachstumsstrategien, Abschöpfungs- und Desinvestitionsstrategien** sowie **selektive Strategien** verbunden. Die Investitions- und Wachstumsstrategien sind für die strategischen Geschäftsfelder angebracht, deren Marktattraktivität und relative Wettbewerbsvorteile jeweils mittel bis hoch zu bewerten sind (Matrixfelder B,C und F). Die Abschöpfungs- und Desinvestitionsstrategien sind für die strategischen Geschäftsfelder von Relevanz, die durch niedrige und mittlere Marktattraktivität und durch kleine bis mittlere Wettbewerbsvorteile gekennzeichnet sind (Matrixfelder D, G und H). Die Ableitung von Normstrategien für die Geschäftsfelder, die in den mittleren Matrixfeldern A, E und I positioniert sind, gestaltet sich schwierig. In diesen Fällen kommen - je nach der Positionierung der einzelnen Geschäftsfelder - selektive Strategien in der Form von Investitions-, Desinvestitions-, Übergangs- oder Abschöpfungsstrategien in Frage. Die Strategieempfehlungen für einzelne Geschäftsfelder können von der vorgegebenen strategischen Stoßrichtung für das gesamte Unternehmen abweichen. Die Mehrheit der Geschäftsfeldstrategien muss jedoch mit der generellen strategischen Ausrichtung des Unternehmens übereinstimmen.

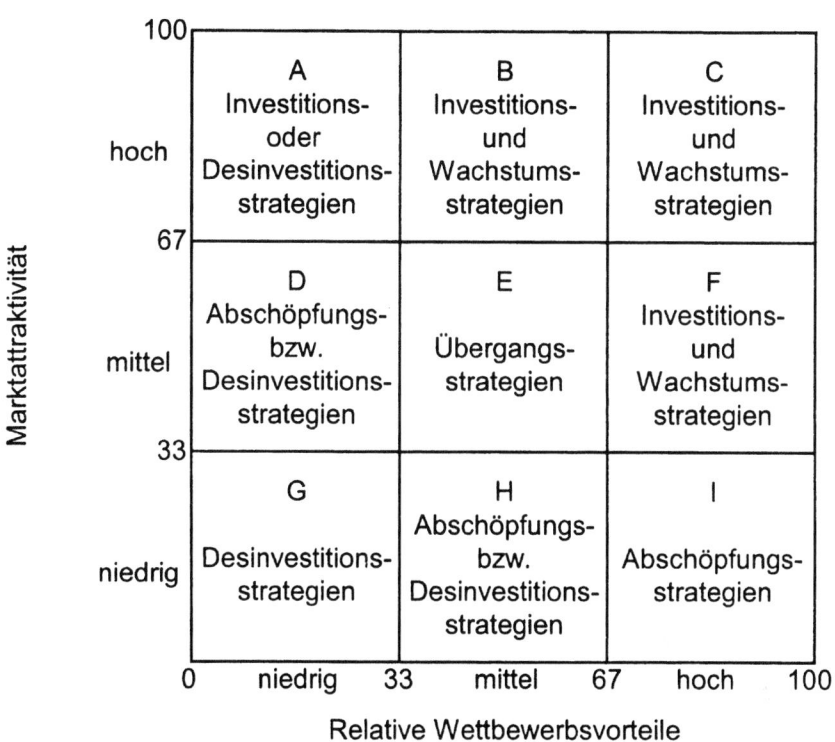

Abb. 3-7: *Schema der Neun-Felder-Matrix mit Normstrategien*

Bei einer Übertragung des Marktattraktivität-Wettbewerbsvorteil-Portfolios auf die öffentliche Verwaltungen sind Veränderungen dieses Ansatzes erforderlich, die sich insbesondere auf die strategischen Geschäftsfelder, die Beurteilungsdimensionen der Portfolio-Matrix und die ableitbaren Normstrategien beziehen (vgl. z.B. Homann 1995, S. 195 ff.). An die Stelle der strategischen Geschäftsfelder der erwerbswirtschaftlichen Unternehmen treten die strategischen Leistungsfelder der öffentlichen Verwaltungen. Strategische Leistungsfelder einer

Verwaltung sind Kombinationen aus Verwaltungsleistungen, die für die Aufgabenumwelt der Verwaltung bestimmt sind, und den jeweils relevanten Leistungsempfängern in der Aufgabenumwelt. Bei diesen strategischen Leistungsfeldern handelt es sich um relativ autonome Verwaltungsbereiche, für die eine Entwicklung eigenständiger Strategie- und Instrumentalkonzepte sinnvoll ist. Die beiden Beurteilungsdimensionen Marktattraktivität und relative Wettbewerbsvorteile können durch die umweltbezogene Beurteilungsdimension Leistungsartattraktivität und die verwaltungsbezogene Beurteilungsdimension relative Leistungsfeldvorteile ersetzt werden. Die umweltbezogene Dimension Leistungsartattraktivität dient zur Beurteilung der Attraktivität der Leistungsarten, zu denen die von den einzelnen strategischen Leistungsfeldern der Verwaltung angebotenen Leistungen zählen. Diese Beurteilungsdimension kann eine Vielzahl unterschiedlicher Erfolgsfaktoren wie z.B. gegenwärtiger Bedarf, zukünftige Bedarfsentwicklung, Umfang und Struktur der Empfängergruppe, Einstellungen der Leistungsempfänger und weiterer Interessenten, Bedeutung und Verhalten möglicher Konkurrenten umfassen. Mit Hilfe der verwaltungsbezogenen Dimension relative Leistungsfeldvorteile soll die Position der jeweiligen Verwaltung in den einzelnen Leistungsfeldern im Vergleich zu einem anderen, besonders leistungsfähigen Anbieter vergleichbarer Leistungen beurteilt werden. Auch diese Beurteilungsdimension wird von einer Reihe von Erfolgfaktoren wie z.B. Leistungsabgabemengen, Zufriedenheit der Leistungsempfänger, mögliche Wettbewerbsvorteile, Umfang und Qualität der verfügbaren Ressourcen bestimmt. Wenn man die beiden Beurteilungsdimensionen jeweils in drei Klassen unterteilt, ergibt sich eine Neun-Felder-Matrix (vgl. Abb. 3-8).

Für die in dieser Portfolio-Matrix positionierten strategischen Leistungsfelder der öffentlichen Verwaltungen lassen sich Normstrategien in Form von **Investitions- und Wachstumsstrategien, Desinvestitions- und Stagnationsstrategien** sowie **selektive Strategien** ableiten. Für die strategischen Leistungsfelder, die sich in den Matrixfeldern B, C und F befinden, kommen aufgrund der mittleren bis hohen Leistungsartattraktivität und Leistungsfeldvorteile Investitions- und Wachstumsstrategien in Betracht. Demgegenüber sind für die strategischen Leistungsfelder, die in den Matrixfeldern D, G und H positioniert sind, wegen der eingeschränkten Leistungsartattraktivität und Leistungsfeldvorteile Desinvestitions- bzw. Stagnationsstrategien zu empfehlen. Diese Leistungsfelder sollten nach Möglichkeit aufgegeben werden. Falls eine Aufgabe jedoch ausgeschlossen ist, sollten die Leistungsfelder auf dem gegenwärtigen Niveau weiter betrieben werden. Für die auf der Diagonalen der Portfolio-Matrix liegenden Leistungsfelder sind selektive Strategien angebracht. Sie umfassen Investitions- und Wachstumsstrategien für die im Matrixfeld A positionierten Leistungsfelder und Stagnationsstrategien für die Leistungsfelder im Matrixfeld I. Für die im Matrixfeld E befindlichen Leistungsfelder sind Übergangsstrategien von Relevanz, die auf eine Sicherung der mittleren Leistungsfeldvorteile ohne großen Ressourceneinsatz ausgerichtet sind.

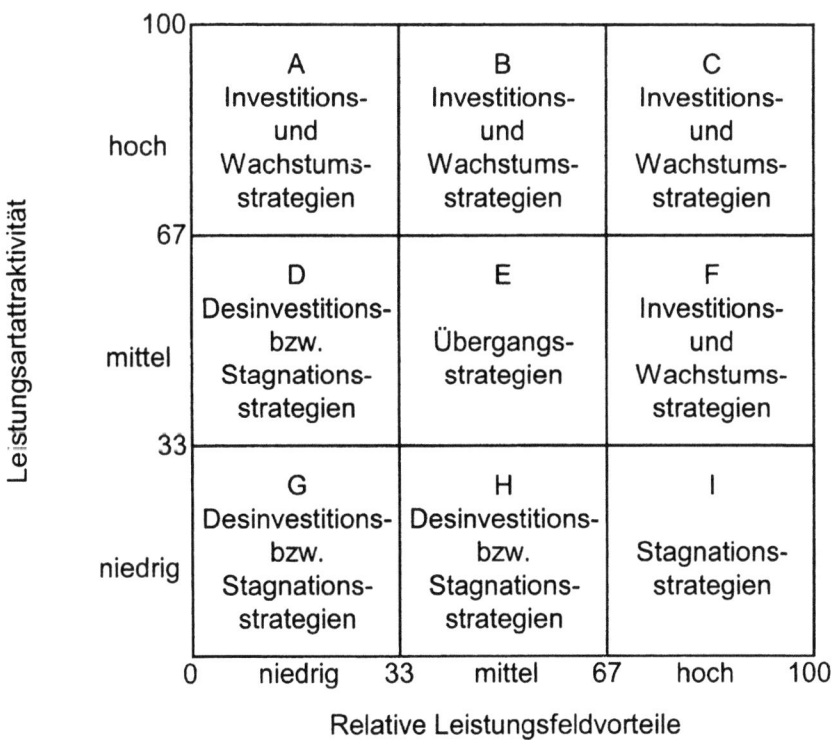

Abb. 3-8: Portfolio-Matrix für öffentliche Verwaltungen mit Normstrategien

Die bisherigen Ausführungen haben gezeigt, dass die Portfolio-Analyse in modifizierter Form auf öffentliche Verwaltungen übertragbar ist (zur Anwendung der Portfolio-Analyse in öffentlichen Verwaltungen vgl. auch Seidel-Kwem 1983, S. 138 ff.; Weber 1988 b, S. 39 f.; Schmidberger 1994, S. 197 f. Richter 2000, S.62 ff.). Mit Hilfe dieser Technik können die gegenwärtigen Positionen der strategischen Leistungsfelder einer Verwaltung offengelegt, geeignete Normstrategien entwickelt und erstrebenswerte zukünftige Positionen für die einzelnen Leistungsfelder im Rahmen eines Soll-Portfolios bestimmt werden. Allerdings dürfen die Schwächen dieser Technik nicht übersehen werden. So beschränkt sich die Portfolio-Analyse nur auf vorhandene Leistungsfelder. Neue Tätigkeitsfelder bleiben im Rahmen der strategischen Planung unberücksichtigt. Außerdem handelt es sich bei den Normstrategien nicht um detaillierte Strategieempfehlungen, sondern ausschließlich um globale Richtlinien. Demzufolge müssen diese Normstrategien in einem nächsten Schritt weiterentwickelt und konkretisiert werden.

Die Entscheidungen über die strategischen Stoßrichtungen für die Gesamtverwaltungen und ihre einzelnen Leistungsfelder sind nun auf der nachgeordneten Ebene der Leistungsfelder in entsprechende **Leistungsfeldstrategien** umzusetzen. Die Entwicklung von Leistungsfeldstrategien für öffentliche Verwaltungen kann unter Rückgriff auf eine Reihe möglicher Strategieformen für erwerbswirtschaftliche Unternehmen erfolgen. Bei den strategischen Leistungsfeldern, die einen Wachstumskurs verfolgen sollen, kann man sich bei der Strategieformulierung z.B. an den vier Strategievarianten orientieren, die sich aus der **Produkt-Markt-Matrix nach Ansoff** (vgl. Abb. 3-9) ableiten lassen (Ansoff 1966, S. 132).

Märkte / Produkte	gegenwärtige	neue
gegenwärtige	Marktdurchdringung	Marktentwicklung
neue	Produktentwicklung	Diversifikation

Abb. 3-9: *Produkt-Markt-Strategien nach Ansoff*

Die **Strategie der Marktdurchdringung** ist dadurch gekennzeichnet, dass das Unternehmen einen höheren Absatz der gegenwärtig angebotenen Produkte auf den gegenwärtig bearbeiteten Märkten anstrebt. Im Rahmen der **Strategie der Marktentwicklung** soll ein höherer Absatz erreicht werden, indem man die gegenwärtigen Produkte auf neuen Märkten anbietet. Die **Strategie der Produktentwicklung** zielt darauf ab, eine höheren Absatz durch das Angebot neuer Produkte auf den gegenwärtigen Märkten zu erreichen. Mit Hilfe der **Diversifikationsstrategie** will man schließlich eine Absatzsteigerung durch das Angebot neuer Produkte auf neuen Märkten erreichen.

Von den vier möglichen Strategievarianten kommen für die strategischen Leistungsfelder öffentlicher Verwaltungen insbesondere die Marktdurchdringungs- und die Produktentwicklungsstrategie in Betracht. Die Durchdringungsstrategie wird im Allgemeinen zunächst ausgewählt, da man bei ihrer Verfolgung von einem vorhandenen Leistungsangebot und einer bekannten Zielgruppe ausgeht. Wachstumsziele können im Rahmen dieser Strategie auf zwei möglichen Wegen erreicht werden. Zum einen kann man die bisherigen Abnehmer der Verwaltungsleistungen zu einer intensiveren Inanspruchnahme des Leistungsangebots bewegen. Zum anderen besteht die Möglichkeit, neue Leistungsabnehmer aus der jeweiligen Zielgruppe zu gewinnen. Um zusätzliche Wachstumsimpulse zu erzielen, kann man im nächsten Schritt die Produktentwicklungsstrategie anwenden. Ihr Einsatz ist jedoch mit einem relativ hohen Aufwand verbunden. Es müssen neue Verwaltungsleistungen entwickelt und die notwendigen personellen, materiellen und organisatorischen Voraussetzungen für die Bereitstellung dieser Leistungen geschaffen werden. Außerdem ist die Einführung neuer Leistungen mit höheren Risiken verbunden als die Förderung der Inanspruchnahme bereits eingeführter und bewährter Leistungen. Da die Produktentwicklungsstrategie sowohl die Bereitstellung neuer Produkte als auch die nachhaltige Verbesserung vorhandener Produkte umfasst, kann sie auch von den strategischen Leistungsfeldern öffentlicher Verwaltungen verwendet werden, deren Leistungsprogramme eindeutig vorgegeben sind und die folglich keine neuen Verwaltungsleistungen einführen können. Die Strategien der Marktentwicklung und Diversifikation sind für die strategischen Leistungsfelder öffentlicher Verwaltungen nur in seltenen Fällen anwendbar. Im Regelfall sind öffentliche Verwaltungen für einen eindeutig festgelegten Adressatenkreis tätig und können sich somit keine zusätzlichen Zielgruppen für das vorhandene Leistungsangebot bzw. für neu entwickelte Leistungen erschließen.

Die Leistungsfelder öffentlicher Verwaltungen, denen ein Erhaltungs- oder ein Schrumpfungskurs vorgegeben wurde, können sich bei der Entwicklung ihrer Leistungsfeldstrategien nicht an den ausschließlich auf Wachstum ausgerichteten Produkt-Markt-Strategien orientieren. Bei einer derartigen strategischen Ausrichtung müssen Leistungsfeldstrategien in der Form von **Stabilisierungs-, Konzentrations- und Rückzugsstrategien** konzipiert werden. Bei der Verfolgung einer Stabilisierungsstrategie haben die betreffenden Leistungsfelder die Aufgabe, ihre gegenwärtige Position bei den für sie relevanten Abnehmergruppen zu erhalten. Demzufolge müssen sie ihre Aktivitäten darauf ausrichten, das erreichte Leistungsniveau bezüglich Leistungsprogramm, Leistungsumfang und Leistungsqualität zu sichern. Für die Umsetzung einer Konzentrationsstrategie ergeben sich grundsätzlich drei strategische Ansatzpunkte. Erstens können die Leistungsfelder mit mehreren Leistungen im Angebot ihr bisheriges Leistungsprogramm reduzieren und sich auf eine Leistung oder einige wenige Leistungen konzentrieren. Zweitens können sich die Leistungsfelder unter Beibehaltung ihres bisherigen Leistungsangebots auf ein Segment oder einige ausgewählte Segmente ihres Abnehmerkreises beschränken. Drittens können die Leistungsfelder die beiden ersten strategischen Optionen miteinander kombinieren und sowohl eine Konzentration bei ihrem Leistungsangebot als auch eine Konzentration bei ihrem Abnehmerkreis vornehmen. Bei der Rückzugsstrategie geht es um die Aufgabe des betreffenden Leistungsfelds und den vollständigen Verzicht auf das jeweilige Leistungsangebot. Neben einer kurzfristigen Aufgabe des betreffenden Leistungsfelds besteht auch die Möglichkeit, dass das Leistungsangebot während einer längeren Übergangszeit bestehen bleibt. Zudem kann nach der Leistungsfeldaufgabe eine Leistungsübertragung bzw. eine Leistungsverlagerung von der öffentlichen Verwaltung auf andere Anbieter erfolgen.

Im Allgemeinen werden für die Gesamtverwaltung und für ihre Leistungsfelder mehrere strategische Alternativen entwickelt. Diese Strategiealternativen müssen nun im Hinblick auf ihre Vor- und Nachteile bewertet werden. Unter Berücksichtigung der Ergebnisse der Strategiebewertung ist dann die jeweils beste Strategieoption auszuwählen. Die Strategiebewertung kann prinzipiell in quantitativer und qualitativer Form erfolgen. Für den Einsatz in erwerbswirtschaftlichen Unternehmen sind eine Reihe von Verfahren zur Beurteilung von Strategien unter Verwendung quantitativer bzw. monetärer Kriterien entwickelt worden, die beispielsweise mit Erfolgsgrößen wie **Shareholder-Value, Economic Value Added, Cash-flow Return on Investment** und **Cash Value Added** arbeiten (vgl. zu einer Verfahrensübersicht z.B. Peemöller 2002, S. 166 ff.). Aufgrund ihrer Ausrichtung auf derartige Zielgrößen sind diese quantitativen Bewertungsansätze für eine Anwendung in öffentlichen Verwaltung ungeeignet. Demgegenüber können einige Verfahren der qualitativen Strategiebewertung, die für erwerbswirtschaftliche Unternehmen konzipiert wurden, in modifizierter Form zur Strategiebewertung in öffentlichen Verwaltungen herangezogen werden.

Im Folgenden soll die qualitative Bewertung von Strategien in öffentlichen Verwaltungen am Beispiel des **Checklisten-Verfahrens** verdeutlicht werden (vgl. z.B. Florin 1988, S. 24 ff.; Hoffmann/Klien/Unger 1996, S. 224 f.). Bei der Anwendung dieses Verfahrens wird ein Katalog von Kriterien aufgestellt, mit deren

Hilfe die entwickelten Strategien im Einzelnen bewertet werden. Sofern bei einer Strategiealternative alle Bewertungskriterien oder zumindest die Mehrzahl der Kriterien erfüllt sind, gilt diese Strategie als empfehlenswert. Ein Kriterienkatalog, der für die qualitative Strategiebewertung in öffentlichen Verwaltungen geeignet ist, sollte zumindest Kriterien enthalten, die sich auf die drei Dimensionen Durchführbarkeit, Stimmigkeit und Wirkung beziehen. Als Kriterien mit Bezug zur Durchführbarkeit der Strategien sind z.B. ausreichende Kompetenz der Verwaltungsführung, ausreichende Fähigkeiten der Verwaltungsmitarbeiter, hohe Flexibilität der Verwaltungsorganisation und angemessene Ressourcenausstattung zu nennen. Mögliche Kriterien, die sich auf die Stimmigkeit der Strategien beziehen, sind u.a. Übereinstimmung mit den Zielvorgaben, Widerspruchsfreiheit zwischen den einzelnen Strategien, Vereinbarkeit mit dem Auftrag bzw. den Aufgaben der Verwaltung, mit dem Selbstverständnis der Verwaltung und mit der grundsätzlichen Werthaltung in der Verwaltung, Übereinstimmung mit den gesetzlichen Vorgaben, mit den politischen Beschlüssen sowie mit den Bedürfnissen, Einstellung und Forderungen unterschiedlicher Interessengruppen. Als geeignete Kriterien für die Bewertung der Strategiewirkung kommen z.B. hoher Zielerreichungsgrad, Zielerreichung innerhalb eines angemessenen Zeitraums und geringer Risikograd in Frage.

Das strategische Verwaltungscontrolling hat den Prozess der Entwicklung, Bewertung und Auswahl von Strategien zu begleiten und die Verwaltungsführung in angemessener Weise zu unterstützen. Als mögliche Aufgaben des Verwaltungscontrolling sind in diesem Zusammenhang die Einführung geeigneter Methoden zur Strategieentwicklung, die Formulierung eigener Strategievorschlägen, die Bereitstellung von verwaltungsspezifischen Verfahren der Strategiebewertung und die eigenständige Vornahme der Strategiebewertung im Bedarfsfall zu nennen.

3.3.4 Implementierung der strategischen Vorgaben

Unter Implementierung soll ein Prozess verstanden werden, durch den die abstrakten und langfristig ausgerichteten strategischen Planungen in konkrete und kurzfristig orientierte operative Ziel- und Maßnahmenpläne umgesetzt werden. Bei der Implementierung handelt es sich nicht um einen einmaligen Vorgang, sondern um eine kontinuierliche Berücksichtigung der strategischen Planvorgaben bei allen operativen Aktivitäten.

Als ein wichtiges Konzept, mit dessen Hilfe die Implementierung bzw. Umsetzung von strategischen Vorgaben in operative Größen vorgenommen werden kann, hat sich die von Kaplan und Norton für die Anwendung in erwerbswirtschaftlichen Unternehmen entwickelte **Balanced Scorecard** erwiesen (vgl. z.B. Kaplan/Norton 1997, Norton/Kappler 2000). Bei der Balanced Scorecard (ausbalancierter bzw. ausgewogener Berichtsbogen) handelt es sich zunächst einmal um ein Kennzahlensystem, bei dem die häufig anzutreffende einseitige Ausrichtung auf finanzielle Kennzahlen durch die zusätzliche Berücksichtigung nicht monetärer quantitativer und qualitativer Größen überwunden wird. Um eine ausgewogene Betrachtung der Unternehmensaktivitäten zu gewährleisten, haben Kaplan und Norton für das Grundmodell der Balanced Scorecard die folgenden vier Perspektiven vorgesehen, in denen die einzelnen Kennzahlen zusammengefasst werden:

- Finanzperspektive,
- Kundenperspektive,
- Perspektive interner Geschäftsprozesse,
- Lern- und Entwicklungsperspektive.

Mit Hilfe der Kennzahlen der Finanzperspektive soll überprüft werden, ob die im Unternehmen umgesetzten Strategien zu den erwarteten finanziellen Ergebnissen führen. Die typischen Finanzkennzahlen beziehen sich auf Rentabilität, Wachstum und Unternehmenswert. Die Kennzahlen der Kundenperspektive sollen offen legen, wie das Unternehmen aus Kundensicht eingeschätzt wird.

Mögliche Kennzahlen dieser Perspektive sind z.B. Marktanteil, Kundentreue und Kundenzufriedenheit. Die zur Perspektive interner Geschäftsprozesse zählenden Kennzahlen dienen zur Information über betriebsinterne Prozesse, die in besonderem Maße Einfluss auf die Kundenzufriedenheit haben. Als charakteristische Messgrößen sind z.B. Durchlaufzeiten eines Auftrags, Prozesskosten eines Auftrags, Ausfall- oder Fehlerraten zu nennen. Die Kennzahlen der Lern- und Entwicklungsperspektive sollen über die Fähigkeit des Unternehmens, sich zu verbessern und Innovationen vorzunehmen, Auskunft geben. Es geht dabei vor allem um die Qualifizierung der Mitarbeiter, ihre Motivation und die Leistungsfähigkeit der Informationssysteme des Unternehmens. Als mögliche Kennzahlen kommen beispielsweise Fluktuationsrate, Mitarbeiterzufriedenheit, Anzahl der Verbesserungsvorschläge und Weiterbildungstage pro Mitarbeiter in Frage.

Außerdem soll die Ausgewogenheit im Berichtsbogen durch eine integrierte Betrachtung und sinnvolle Verknüpfung von strategischen und operativen Größen, finanziellen und nicht finanziellen Kennzahlen, Früh- und Spätindikatoren sowie internen und externen Aspekten innerhalb der vier Perspektiven erreicht werden.

Zusätzlich zu ihrer Funktion als normales Kennzahlensystem hat die Balanced Scorecard die Aufgabe, die Lücke zwischen der Entwicklung bzw. Formulierung von Strategien und ihrer operativen Umsetzung zu schließen (vgl. z.B. Norton/Kappler 2000, S. 15). Die Strategieumsetzung erfolgt dabei in vier Schritten. Für jede Perspektive der Balanced Scorecard müssen in der entsprechenden Reihenfolge Ziele, Kennzahlen, Vorgaben und Maßnahmen festgelegt werden (vgl. Abb. 3-10). Zunächst sind die strategischen Ziele zu formulieren. Im Rahmen des Balanced Scorecard-Konzepts zeigt die Strategie den allgemeinen Weg zur Erreichung der Unternehmensvision auf und ist der Ausgangspunkt für die Ableitung strategischer Ziele (vgl. demgegenüber zu dem in diesem Buch verwendeten Strategiebegriff 3.3.3). Bei der Balanced Scorecard geben die strategischen Ziele vor, auf welche Weise die Strategieumsetzung in den einzelnen Perspektiven erfolgen soll. Sie dienen demnach zur weiteren Operationalisierung der Strategie. Im nächsten Schritt ordnet man den vorgegebenen strategischen Zielen einzelne oder mehrere Kennzahlen zu. Auf diese Weise sollen die verbal formulierten strategischen Ziele mit Hilfe quantitativer betriebswirtschaftlicher Größen konkretisiert werden. Danach werden für die jeweils festgelegten Messgrößen Vorgaben bezüglich zukünftiger Zustände gemacht, die man innerhalb eines bestimmten Zeitraums erreichen will. Derartige normative Kennzahlen haben den Charakter von operativen Zielen. Abschließend werden geeignete Maßnahmen erarbeitet, mit deren Hilfe man die jeweiligen Vorgaben realisieren bzw. den bestehenden Unterschied zwischen dem aktuellen Kennzahlenwert und der Vorgabe verringern will.

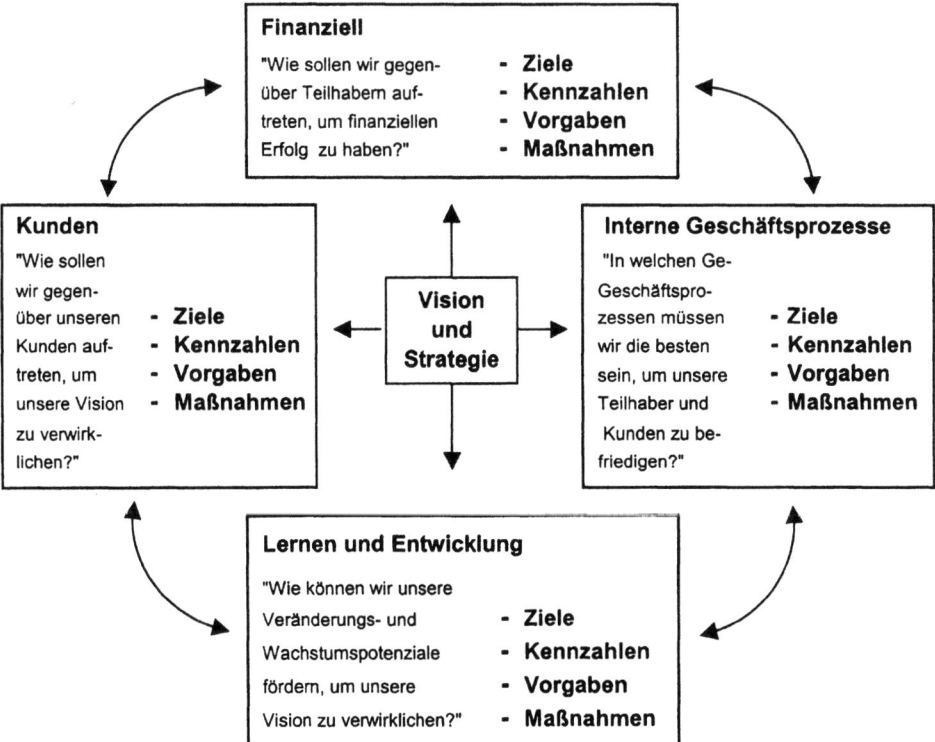

Abb. 3-10: *Umsetzung von Strategien in operative Maßnahmen im Rahmen der Balanced Scorecard (Kaplan/Norton 1997, S. 9)*

Bei der Balanced Scorecard wird angenommen, dass die Beziehungen zwischen den einzelnen Perspektiven den Charakter von Ursache-Wirkungs-Beziehungen haben. Die Verknüpfung von Zielen und Messgrößen in Form von Ursache-Wirkungs-Ketten über alle vier Perspektiven der Balanced Scorecard hinweg, an deren Ende ein finanzielles Ziel steht, wird mit Hilfe eines Beispiels in Abb. 3-11 verdeutlicht. Außerdem wird davon ausgegangen, dass auch zwischen den einzelnen Schritten der Strategieumsetzung innerhalb der Perspektiven Ursache-Wirkungs-Beziehungen bestehen. Demzufolge muss bei den Entscheidungen über die einzelnen operativen Schritte immer darauf geachtet werden, dass sie einen möglichst positiven Einfluss auf den jeweils nächsthöheren Schritt in Richtung Strategie und Vision ausüben (vgl. Reichmann 2001, S. 595 f.).

Das Kennzahlensystem für öffentliche Verwaltungen sollte ein mehrdimensionales System sein, das sowohl finanzielle als auch nicht finanzielle Größen enthält. Nur mit Hilfe finanzieller Kennzahlen lässt sich die Situation öffentlicher Verwaltungen nicht umfassend beurteilen. Zumal die klassischen Finanzkennzahlen wie z.B. Gewinn, Umsatz oder Rentabilität für öffentliche Verwaltungen keine Bedeutung haben. Deshalb erscheint die Balanced Scorecard für eine Anwendung in öffentlichen Verwaltungen besonders geeignet, weil sie nicht ausschließlich auf finanzielle Kennzahlen ausgerichtet ist, sondern Kennzahlen finanzieller und nicht finanzieller Art in systematischer Weise miteinander verbindet. Darüber hinaus sind beim Balanced Scorecard-Konzept keine strikten Vorgaben bezüglich Art und Anzahl der Perspektiven vorgesehen. Die vier Perspektiven des Standardmodells können folglich verändert, um zusätzliche Perspektiven erweitert und/oder durch andere Perspektiven ersetzt werden. Diese Variabilität des Konzepts erleichtert die notwendige Anpassung der Balanced Scorecard an die spezifischen Bedingungen der öffentlichen Verwaltungen.

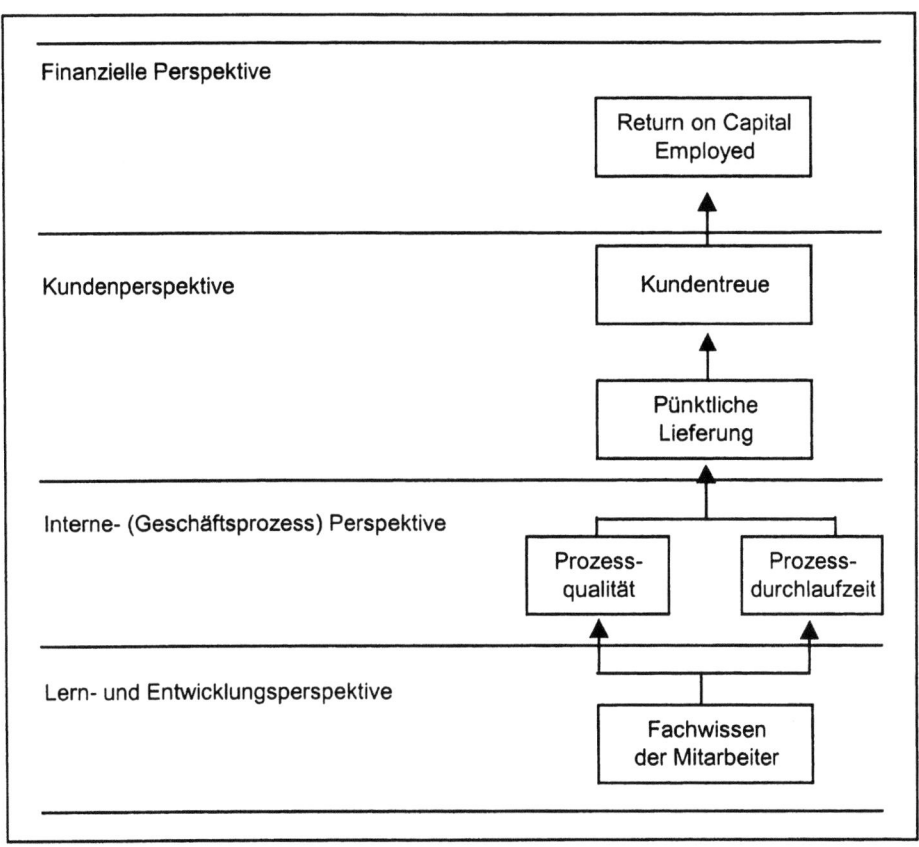

Abb. 3-11 : Ursache-Wirkungs-Beziehungen zwischen den einzelnen Perspektiven der Balanced Scorecard (Kaplan/Norton 1997, S. 29)

Zwischenzeitlich sind schon einige Konzepte für eine Balanced Scorecard öffentlicher Verwaltungen entwickelt worden (vgl. z.B. Hilbertz 1996, S. 238 ff.; Brokemper 1997, S. 20 f.; Richter 2000, S. 73 f.; Dumont du Voitel 2001, S. 186 ff.; Berens/Hoffjan 2004, S. 112 ff.). In den meisten Konzepten hat die Kunden- bzw. Bürgerperspektive ein besonderes Gewicht. Berens und Hoffjan (2004, S. 114) schlagen z.B. die Aufteilung dieser Perspektive in eine Perspektive der Leistungswirkung und in eine Perspektive der Leistungserbringung vor, um ihre Bedeutung zu unterstreichen. In einigen Konzepten wird auch eine Ergänzung der Bürgerperspektive um eine Politikperspektive empfohlen (vgl. z.B. Brokemper 1997, S. 21; Richter 2000, S. 73; Dumont du Voitel 2001, S. 190 f.). Die interne Prozessperspektive und die Lern- und Entwicklungsperspektive bzw. Zukunftsperspektive werden in fast allen Konzepten als notwendige Bestandteile einer Balanced Scorecard für öffentliche Verwaltungen angesehen. Im Hinblick auf die große Bedeutung des Produktionsfaktors Arbeitsleistung in öffentlichen Verwaltungen ist in zwei Konzepten vorgesehen, die verwaltungsinterne Prozessperspektive um eine Mitarbeiterperspektive zu ergänzen (vgl. Dumont du Voitel 2001, S. 193; Berens/Hoffjan 2004, S. 115). Außerdem hält man zum Teil eine Finanzperspektive (vgl. Richter 2000, S. 73; Dumont du Voitel 2001, S. 193; Berens/Hoffjan 2004, S. 114) und eine Wirtschaftlichkeitsperspektive (vgl. Hilbertz 1996, S. 247) für erforderlich.

Die Balanced Scorecard lässt sich zum einen als normales Kennzahlensystem in öffentlichen Verwaltungen verwenden (vgl. 4.2.3). Zum anderen können die öffentliche Verwaltungen die Balanced Scorecard als Instrument zur Implementierung ihrer strategischen Planungen nutzen. Durch die Zuordnung geeigneter Kennzahlen zu den strategischen Verwaltungszielen kann die Umsetzung der strategischen Vorgaben in operative Ziele und die Auswahl von Maßnahmen zur Zielverwirklichung erleichtert werden (vgl. z.B. Dumont du Voitel 2001, S. 194 ff.).

Im Rahmen der Implementierung hat das strategische Verwaltungscontrolling die Koordination zwischen der strategischen und der operativen Planungsebene zu gewährleisten und für einen möglichst reibungslosen Übergang von den strategischen zu den operativen Plänen zu sorgen (vgl. z.B. Weber 1998, S. 13 ff.). Die Controllingaufgaben bestehen sowohl in der Auswahl und Einführung geeigneter Instrumente zur Strategieumsetzung wie z.B. der Balanced Scorecard als auch in der laufenden Unterstützung der Verwaltungsführung bei der Übertragung der strategischen Vorgaben in operative Pläne.

3.3.5 Strategische Kontrolle

Die Führungsfunktion Kontrolle steht in enger Beziehung zur Planung. Sie kann als eine notwendige Ergänzung der Planung angesehen werden. Mit Hilfe der Kontrolle soll überprüft werden, ob bzw. auf welche Weise die von der Planung vorgegebenen Sollwerte tatsächlich erreicht wurden. Es ist somit ein Soll-Ist-Vergleich vorzunehmen, um den Grad der Übereinstimmung von aufgestelltem Soll und realisiertem Ist zu ermitteln. Bei der Kontrolle handelt es sich um einen systematischen informationsverarbeitenden Prozess, der in der Regel die folgenden Prozessphasen umfasst:

1. Erfassung der Istwerte nach Abschluss der Realisationsphase,
2. Vornahme von Soll-Ist-Vergleichen und Ermittlung von Abweichungen,
3. Analyse der Abweichungsursachen,
4. Entwicklung von Anpassungsmaßnahmen und Einleitung von Rückkopplungsvorgängen.

Der dargestellte Kontrollprozess ist Ausdruck eines Kontrollkonzepts, das als **Feedback-Kontrolle** bezeichnet wird. In diesem Fall erfolgt die Kontrolle nach Abschluss von Planung und Realisation. Sofern bei der nachträglichen Überprüfung Abweichungen zwischen Soll- und Istwerten festgestellt werden, müssen die aufgedeckten Fehler in den Planungs- und Realisationsphasen im Nachhinein korrigiert werden. Die Feedback-Kontrolle ist für die Planungs- und Realisationsprozesse auf der operativen Ebene vielfach ausreichend, da diese Prozesse relativ kurz sind und im Regelfall häufiger wiederkehren. Allerdings ist dieses Kontrollkonzept für die strategische Planung, die langfristig angelegt und auf eine komplexe und unsichere Umwelt ausgerichtet ist, im Allgemeinen nicht geeignet. Gegen die Anwendung der Feedback-Kontrolle auf der strategischen Ebene werden insbesondere zwei Argumente angeführt (vgl. Schreyögg/Steinmann 1985, S. 393 f.). Zum einen werden die Informationen von der Feedback-Kontrolle zu spät bereitgestellt, so dass die erforderlichen Anpassungen der Pläne nicht rechtzeitig vorgenommen werden können. Zum anderen kann auch bei einer Übereinstimmung von Soll- und Istwerten eine Plananpassung notwendig sein, weil sich die der Planung zugrunde liegenden Prämissen verändert haben. Eine Veränderung der Planungsprämissen kann jedoch nicht mit Hilfe der Feedback-Kontrolle erfasst werden.

Dementsprechend empfiehlt sich für die strategische Kontrolle das Konzept der **Feedforward-Kontrolle**. Es handelt sich dabei um eine kontinuierliche Überwachung des gesamten Planungs- und Realisierungsprozesses. Auf diese Weise sollen mögliche Störfaktoren frühzeitig erkannt und die daraus resultierenden Veränderungen rechtzeitig signalisiert werden. Für eine strategische Kontrolle nach dem Feedforward-Konzept ist charakteristisch, dass sie den gesamten Planungsprozess von der strategischen Analyse bis zur Strategieimplementierung begleitet. Es wird nicht erst dann kontrolliert, wenn die Strategien bereits operativ umgesetzt wurden. Die Aufgabe der strategischen Kontrolle besteht darin, die strategische Planung laufend zu überprüfen, um rechtzeitig Anhaltspunkte für eine erforderliche Revision der Planungsannahmen, der Zielvorgaben und der Strategien zu erhalten.

Ausgehend von den möglichen Objekten der Kontrolle unterscheidet man üblicherweise zwischen verfahrens-, verhaltens- und ergebnisorientierten Kontrollen. Im Rahmen der **verfahrensorientierten Kontrollen** wird ein Vergleich zwischen dem geplanten und dem tatsächlich vollzogenen Zielerreichungsprozess vorgenommen. Mögliche Abweichungen werden hinsichtlich ihres Einflusses auf den Zielerreichungsgrad analysiert, um auf diese Weise Schwachstellen aufdecken und beseitigen zu können. Derartige Verfahrenskontrollen sind in öffentlichen Verwaltungen weit verbreitet. Im Regelfall handelt es sich um formale Kontrollen, bei denen es um die Überprüfung der Recht- und Ordnungsmäßigkeit der Verwaltungsverfahren geht. Die **verhaltensorientierten Kontrollen** dienen zur Überprüfung des Verhaltens der Mitarbeiter, die an den Zielerreichungsprozessen beteiligt waren. Es soll der jeweilige Beitrag der Mitarbeiter zur Zielerreichung erfasst und bewertet werden. Aufgrund der großen Bedeutung des Einsatzgutes Arbeitsleistung für öffentlichen Verwaltungen hat die Kontrolle der Mitarbeiterleistungen in den Verwaltungen einen hohen Stellenwert. Mit Hilfe der **ergebnisorientierten Kontrollen** wird geprüft, ob bzw. in welchem Umfang die geplanten Handlungsergebnisse realisiert wurden. Es kann zwischen drei Ausprägungen ergebnisorientierter Kontrollen unterschieden werden: Prämissenkontrollen, Planfortschrittskontrollen und Ergebniskontrollen i.e.S. (vgl. z.B. Horváth 2001, S. 177). Die Prämissen- und Planfortschrittskontrollen sind wichtige Bestandteile der strategischen Kontrolle. Die erst nach Abschluss der Realisation vorzunehmenden Ergebniskontrollen i.e.S. werden vor allem im Rahmen der operativen Kontrolle angewendet (vgl. 4.3.4). Auch in öffentlichen Verwaltungen werden ergebnisorientierte Kontrollen vorgenommen. In diesem Zusammenhang sind insbesondere die Erfolgskontrollen des Verwaltungshandelns zu nennen, bei denen der Zielerreichungsgrad von Verwaltungsprogrammen ermittelt und beurteilt wird (vgl. z.B. Derlien 1976, Bohne/König 1976, Volz 1980).

Die strategische Kontrolle besteht üblicherweise aus der Prämissenkontrolle, der Durchführungskontrolle und der strategischen Überwachung, deren Zusammenwirken der Abb. 3-12 zu entnehmen ist (vgl. Schreyögg/Steinmann 1985, S. 404).

Im Rahmen der **Prämissenkontrolle** werden die prognostizierten Ausgangsannahmen für die strategische Planung einer ständigen Überprüfung unterzogen. Falls sich die bisher gültigen Planungsprämissen als nicht mehr zutreffend erweisen, muss man die bisherigen Annahmen revidieren und die strategische Planung unter Beachtung der veränderten Planungsprämissen anpassen. Die **Durchführungskontrolle** untersucht die Ergebnisse bereits realisierter strategischer Teilpläne und will mit Hilfe dieser Zwischenergebnisse eine prognostische Aussage über die spätere Realisierung der gesamten strategischen Planung machen. Es handelt sich somit um eine **Planfortschrittskontrolle**. Man geht von der Teilbarkeit der strategischen Pläne in einzelne Planungsabschnitte bzw. Teilpläne aus und weist diesen Teilplänen Zwischenziele in Form von operablen und leicht messbaren Vorgabewerten zu, die man auch als Meilensteine bezeichnet. Die schrittweise Verwirklichung der einzelnen Teilpläne wird unter

Verwendung dieser Meilensteine analysiert. Auf der Basis dieser Ergebnisse wird dann eine Prognose darüber abgegeben, inwieweit das vorgegebene strategische Endziel voraussichtlich erreicht werden kann. Sofern eine erhebliche Abweichungen von der Zielvorgabe zu erwarten ist, muss eine Änderung der bisherigen strategischen Planung vorgenommen werden. Während sich die Prämissenkontrolle und die Durchführungskontrolle auf bestimmte Kontrollobjekte beziehen und somit selektiv vorgehen, handelt es sich bei der **strategischen Überwachung** um eine ungerichtete und kontinuierliche Beobachtung möglicher Einflussfaktoren für die strategische Planung. Sie kann als eine Ergänzung der beiden anderen strategischen Kontrollarten angesehen werden. Die strategische Überwachung verfolgt insbesondere die Aufgabe, kritische Entwicklungen zu identifizieren, die im Kontrollprozess bisher nicht berücksichtigt wurden und die möglicherweise eine Bedrohung für die strategische Planung darstellen.

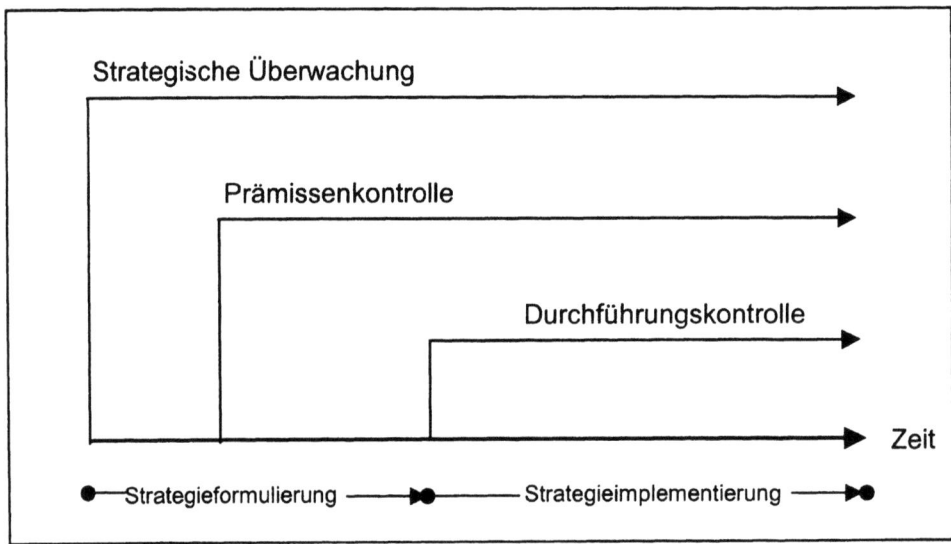

Abb. 3-12: Überblick über die Arten der strategischen Kontrolle

Generell lassen sich die für erwerbswirtschaftliche Unternehmen entwickelten Arten der strategischen Kontrolle auf die öffentlichen Verwaltungen übertragen.

Die strategische Planung öffentlicher Verwaltungen kann nur dann erfolgreich sein, wenn die Planungsprämissen einer laufenden Kontrolle unterzogen werden und gegebenenfalls eine Anpassung der Planung an die veränderte Situation vorgenommen wird. Ein wichtiges Hilfsmittel für die Prämissenkontrolle stellen entsprechend konzipierte Früherkennungssysteme dar (vgl. 3.2.2). Außerdem ist es auch für öffentliche Verwaltungen erforderlich, anhand der Ergebnisse bereits realisierter Teilpläne zu prüfen, ob die strategische Gesamtrichtung beibehalten werden kann oder ob eine Strategieanpassung erforderlich ist. Schließlich müssen auch öffentliche Verwaltungen mit Hilfe einer ungerichteten Beobachtung kritische Entwicklungen innerhalb der Verwaltung und in der Verwaltungsumwelt identifizieren, von denen bedrohliche Wirkungen auf die strategische Planung ausgehen können. Hinsichtlich der Art des Vorgehens und der zu verwendenden Daten bestehen Parallelen zwischen der strategischen Überwachung und der strategischen Analyse (vgl. 3.3.1).

Das strategische Verwaltungscontrolling kann die Verwaltungsführung im Rahmen der strategischen Kontrollen in mehrerer Hinsicht unterstützen. Eine Aufgabe ist die Bereitstellung der Informationen, die von den jeweiligen Kontrollinstanzen für die Vornahme der Prämissen- und Durchführungskontrolle sowie der strategischen Überwachung benötigt werden. Außerdem besteht die Möglichkeit, das strategische Verwaltungscontrolling unmittelbar am Kontrollprozess zu beteiligen und ihm bestimmte Teilaufgaben zu übertragen. Vom Controlling können z.B. geeignete Zwischenziele bzw. Meilensteine für die Durchführungskontrolle formuliert, Abweichungsanalysen vorgenommen und mögliche Maßnahmen für eine notwendige Anpassung der strategischen Planung entwickelt werden. Die maßgebliche Kompetenz und Verantwortung für die strategische Kontrolle verbleibt jedoch bei den zuständigen Kontrollinstanzen.

3.4 Fragen und Aufgaben

1. Welche Aufgaben soll das strategischen Verwaltungscontrolling erfüllen?
2. Welche Merkmale sind für die strategischen Informationen charakteristisch?
3. Erläutern Sie die einzelnen Teilaufgaben im Rahmen der Informationsversorgung.
4. Was versteht man unter strategischen Früherkennungssystemen und dem Konzept der schwachen Signale?
5. Grenzen Sie die Umwelt- von der Verwaltungsanalyse ab.
6. Was will man mit dem Einsatz der Chancen-Risiken-Analyse erreichen?
7. Beschreiben Sie die einzelnen Teil- bzw. Umsysteme einer Verwaltungsumwelt.
8. Erläutern Sie die Vorgehensweise bei der Anwendung des Instruments der Stärken-Schwächen-Analyse im Rahmen der Verwaltungsanalyse.
9. Begründen Sie die Notwendigkeit einer Anwendung von Benchmarking in öffentlichen Verwaltungen und erläutern Sie die einzelnen Phasen des Benchmarkingprozesses in öffentlichen Verwaltungen.
10. Charakterisieren Sie die strategischen Ziele öffentlicher Verwaltungen.
11. Die Strategien öffentlicher Verwaltungen lassen sich in Gesamtverwaltungs- und Leistungsfeldstrategien untergliedern. Grenzen Sie diese beiden Strategievarianten voneinander ab.
12. Geben Sie an, welche Vor- und Nachteile mit dem Einsatz der Portfolio-Analyse in öffentlichen Verwaltungen verbunden sind.
13. Gehen Sie auf mögliche Strategievarianten ein, auf die öffentliche Verwaltungen im Rahmen der Leistungsfeldstrategien zurückgreifen können.
14. Wie geht man bei einer Bewertung von Strategien öffentlicher Verwaltungen mit Hilfe des Checklisten-Verfahrens vor?
15. Erläutern Sie das Grundmodell der Balanced Scorecard.
16. Beurteilen Sie die einzelnen Vorschläge für eine Balanced Scorecard öffentlicher Verwaltungen und legen Sie dar, welche Perspektiven eine Ba-

lanced Scorecard für öffentliche Verwaltungen Ihrer Meinung nach umfassen sollte.

17. Welche Anwendungsbereiche gibt es für die Balanced Scorecard in öffentlichen Verwaltungen?
18. Was versteht man unter einer Feedback-Kontrolle und unter einer Feedforward-Kontrolle?
19. Begründen Sie die besondere Eignung des Konzepts der Feedforward-Kontrolle für die strategische Kontrolle.
20. Grenzen Sie die drei strategischen Kontrollarten Prämissenkontrolle, Durchführungskontrolle und strategische Überwachung voneinander ab und gehen Sie auf ihre Anwendungsmöglichkeiten in öffentlichen Verwaltungen ein.

4. Operatives Controlling für öffentliche Verwaltungen
4.1 Aufgaben eines operativen Controlling

Das operative Verwaltungscontrolling unterstützt die Verwaltungsführung bei ihren Führungsaufgaben in den Bereichen operative Planung, Kontrolle und Informationsversorgung. Die Controllingaktivitäten beziehen sich auf einen kurz- bis mittelfristigen Zeitraum und sind vor allem intern, d.h. auf die sich innerhalb der Verwaltung vollziehenden Prozesse, ausgerichtet. Das operative Verwaltungscontrolling zielt auf eine Verbesserung der Effektivität und Effizienz des Verwaltungshandelns unter Beachtung der vorgegebenen Oberziele und Strategien und im Rahmen der bestehenden Aufgaben- bzw. Tätigkeitsfelder der Verwaltung. Deshalb ist für das operative Verwaltungscontrolling vor allem die Frage relevant: „Tun wir die Dinge richtig?"

Eine Aufgabe des operativen Verwaltungscontrolling ist die Sicherstellung der Informationsversorgung für die Zwecke der operativen Planung und Kontrolle. Für die operative Planung und Kontrolle einer öffentlichen Verwaltung werden insbesondere verwaltungsinterne Informationen benötigt. Als Hauptquelle für die operativen Führungsinformationen kann das Rechnungswesen der öffentlichen Verwaltungen angesehen werden. Im Rahmen seiner Unterstützungsfunktion übernimmt das operative Verwaltungscontrolling zum einen die Auswahl, Entwicklung und Einführung eines operativen Informationsversorgungssystems (systembildende Koordination). Zum anderen gewährleistet das operative Verwaltungscontrolling die laufende Informationsversorgung für die operative Planung und Kontrolle (systemkoppelnde Koordination).

Eine weitere Aufgabe des operativen Verwaltungscontrolling besteht in der Unterstützung der operativen Planung und Kontrolle. Die operative Planung muss an den strategischen Planvorgaben ausgerichtet werden und sollte zudem die logische Abfolge von Ziel-, Maßnahmen- und Ressourcenplanung beachten. Demzufolge müssen zunächst auf der Basis der vorgegebenen Oberziele und

Strategien operative Ziele formuliert werden. Danach sind geeignete Maßnahmen zur Umsetzung der operativen Ziele zu planen. Im Anschluss an die Maßnahmenplanung werden unter Beachtung der Entscheidungen über die zu treffenden Maßnahmen die erforderlichen Ressourcen geplant. Als Gegenstand der Ressourcenplanung wird im Allgemeinen die Allokation der personellen, sachlichen und finanziellen Ressourcen auf die zu realisierenden Maßnahmen angesehen. In diesem Kapitel über das operative Verwaltungscontrolling soll jedoch im Folgenden von einer Ressourcenplanung ausgegangen werden, die sich ausschließlich auf die finanziellen Ressourcen beschränkt. Auf die Planung der personellen und sachlichen Ressourcen wird zum Teil im Rahmen der operativen Maßnahmenplanung sowie bei der späteren Behandlung des Investitions- und Personalcontrolling öffentlicher Verwaltungen näher eingegangen (vgl. 5.1 und 5.2). Bei der operativen Kontrolle handelt es sich im Regelfall um eine Ergebniskontrolle. Dabei werden zur Feststellung der Zielerreichung Sollgrößen mit den tatsächlich erreichten Ergebnissen verglichen. Im Rahmen der operativen Kontrolle geht es im Einzelnen um die Identifikation von Abweichungen, die Durchführung von Abweichungsanalysen und die Erarbeitung von Korrekturvorschlägen.

Die Hilfestellungen des operativen Verwaltungscontrolling für die operativen Planungs- und Kontrollaktivitäten des Verwaltungsmanagements setzen auf zwei Ebenen an. Zum einen ist es die Aufgabe des operativen Verwaltungscontrolling, ein für operative Zwecke geeignetes Planungs- und Kontrollsystems zu entwickeln und einzuführen (systembildende Koordination). Zum anderen gehört die permanente Abstimmung und Störungsbeseitigung innerhalb des bestehenden Planungs- und Kontrollsystems zum Aufgabenbereich des operativen Verwaltungscontrolling (systemkoppelnde Koordination).

4.2 Operative Informationsversorgung

4.2.1 Gegenstand und Aufgaben der operativen Informationsversorgung

Die vom Informationsversorgungssystem für die Zwecke der operativem Planung und Kontrolle bereitzustellenden operativen Informationen sind im Regelfall präzise Daten, die sich unter Verwendung von Mengen-, Wert und Zeitgrößen quantifizieren lassen. Operative Informationen betreffen vor allem verwaltungsinterne Prozesse bzw. Sachverhalte. Sie beziehen sich im Regelfall auf kurzfristige Perioden und sind folglich mit einer geringeren Unsicherheit behaftet als strategische Informationen.

Bezüglich der Informationsversorgungsaufgaben lässt sich auch bei der operativen Informationsversorgung eine Differenzierung nach den folgenden Teilaufgaben bzw. Teilphasen des Informationsversorgungsprozesses vornehmen (vgl. 3.2.1):

1. Informationsbedarfsermittlung,
2. Informationsbeschaffung,
3. Informationsverarbeitung und -speicherung,
4. Informationsübermittlung.

Zur **Ermittlung des Informationsbedarfs** für die Zwecke der operativen Planung und Kontrolle in öffentlichen Verwaltungen kann man im Allgemeinen die Methoden der Informationsbedarfsermittlung heranziehen, die in erwerbswirtschaftlichen Unternehmen gebräuchlich sind (vgl. z.B. die Übersicht über die unterschiedlichen Methoden der Informationsbedarfsermittlung bei Küpper 2001, S. 144 ff.). Für die Feststellung des Bedarfs an operativen Informationen in öffentlichen Verwaltungen erscheinen insbesondere die folgenden Verfahren geeignet:

- **Datentechnische Analyse**: Mit ihrer Hilfe können die laufend erhobenen und verwendeten Daten in den einzelnen Verwaltungsbereichen ausgewertet werden. Auf diese Weise erhält man einen recht guten Überblick über das Informationsangebot und die Informationsverwendung in den unterschiedlichen Teilbereichen der Verwaltung.

- **Organisationsanalyse**: Es wird eine Bestandsaufnahme der gegenwärtigen Aufgaben- und Tätigkeitsstruktur der Verwaltung vorgenommen, die sich sowohl auf die gesamte Verwaltung als auch auf einzelne Teilbereiche erstrecken kann. Dabei werden die wichtigsten Mengen, Wert- und Zeitgrößen der Prozesse in den untersuchten Verwaltungsbereichen erfasst und gemessen. Darüber hinaus analysiert man die Kommunikationsbeziehungen in den jeweiligen Untersuchungsbereichen. Mit Hilfe der Organisationsanalyse kann der Informationsbedarf für die jeweiligen Entscheidungs- und Handlungsprozesse und das tatsächlich verfügbare Informationsangebot ermittelt werden.
- **Befragung**: Auf diese Weise lässt sich der subjektive Informationsbedarf der Informationsnutzer bzw. Entscheidungsträger in der Verwaltung am besten ermitteln. Die Befragungen des betreffenden Personenkreises können in mündlicher und schriftlicher Form durchgeführt werden.
- **Ziel- und Aufgabenanalyse**: Bei dieser Erhebungsform wird der sachlich notwendige Informationsbedarf aus den Zielen und Aufgaben der Gesamtverwaltung sowie der einzelnen Verwaltungsbereiche abgeleitet. Im Einzelnen werden die Informationen, die für die jeweilige Zielerfüllung und Aufgabenlösung erforderlich sind, durch logische Deduktion gewonnen.

Der jeweils ermittelte Bedarf an operativen Informationen wird im nächsten Schritt einer Bewertung unterzogen. Für die Informationsbewertung sind vor allem die Kriterien Nützlichkeit der Informationen und Wirtschaftlichkeit ihrer Beschaffung von Bedeutung. Der endgültige Informationsbedarf kann erst nach dem Abschluss des Bewertungsverfahrens festgelegt werden. Das operative Verwaltungscontrolling unterstützt das Verwaltungsmanagement bei der Festlegung des Bedarfs an operativen Informationen und der anschließenden Bewertung des Informationsbedarfs.

Die wichtigste Informationsbasis für die **Beschaffung operativer Informationen** ist in erwerbswirtschaftlichen Unternehmen das betriebliche Rechnungswesen. Mit seiner Hilfe werden quantitative Unternehmensdaten für vergangene und zukünftige Abrechnungsperioden erfasst und zweckbezogen aufbereitet. Beim Rechnungswesen handelt es sich um das am weitesten entwickelte und differenzierteste Subsystem innerhalb des Informationsversorgungssystems eines Unternehmens. Es soll einerseits unternehmensinterne Adressaten (insbesondere die Führungskräfte des Unternehmens) und andererseits unternehmensexterne Adressaten (Gläubiger, Aktionäre, Verbände, Finanzbehörden, Medien usw.) informieren. Für das betriebliche Rechnungswesen sind unterschiedliche Gliederungsmöglichkeiten entwickelt worden (vgl. zu den Systematisierungsansätzen z.B. Coenenberg 1997, S. 27 ff.). Vielfach orientiert man sich bei der Gliederung des Rechnungswesens an der adressatenorientierten Sichtweise und unterscheidet zwischen externem und internem Rechnungswesen (vgl. z.B. Wöhe 2002, S. 823 ff.). Das externe Rechnungswesen entspricht der Finanz- bzw. Geschäftsbuchhaltung mit ihrem Jahresabschluss. Die Ausgestaltung des externen Rechnungswesens ist gesetzlich geregelt. Das interne Rechnungswesen umfasst die Kosten- und Leistungsrechnung sowie die Planungsrechnung. Dieser Teil des betrieblichen Rechnungswesens lässt sich frei gestalten.

Beim öffentlichen Rechnungswesen besteht gleichfalls die Möglichkeit, eine Unterscheidung zwischen externen und internen Informationsfunktionen bzw. Informationsadressaten vorzunehmen (vgl. z.B. Reichard 1987, S. 283). Zum einen dienen die Informationen aus dem öffentlichen Rechnungswesen der Rechenschaftslegung gegenüber verwaltungsexternen Adressaten (Parlament, Gerichte, Rechnungshof, übergeordnete Verwaltungen, allgemeine Öffentlichkeit usw.). Zum anderen stellt das öffentliche Rechnungswesen verwaltungsinternen Adressaten - insbesondere den Führungskräften der öffentlichen Verwaltung - Informationen für Planungs- und Kontrollzwecke zur Verfügung. Folgerichtig wird auch für das öffentliche Rechnungswesen angeregt, im Hinblick auf die unterschiedlichen Informationsempfänger zwischen externem und internem Rechnungswesen zu unterscheiden (vgl. z.B. Budäus 1997, S. 3 f.). Das externe Rechnungswesen des öffentlichen Sektors entspricht der Buchhaltung der öffentlichen Verwaltungen. Zum internen Rechnungswesen des öffentlichen Sektors zählen die Kosten- und Leistungsrechnung und die Planungsrechnung (z.B. im Rahmen der Investitions- und Finanzplanung). Eine derartige adressatenorientierte Einteilung des öffentlichen Rechnungswesen führt allerdings zu einigen Überschneidungen und Abgrenzungsproblemen. So sind die Informationen aus dem externen Rechnungswesen nicht nur für die verwaltungsexternen Adressaten von Bedeutung, sondern stellen vielfach auch eine wichtige Entscheidungsgrundlage für das Verwaltungsmanagement dar. Außerdem benötigen neben dem Verwaltungsmanagement auch verwaltungsexterne Institutionen wie z.B. Parlament und Rechnungshof Informationen aus dem internen Rechnungswesen für ihre Arbeit. Für die Beschaffung von Informationen zum Zwecke der operative Planung und Kontrolle in öffentlichen Verwaltungen sind folglich beide Teilbereiche des öffentlichen Rechnungswesens relevant.

Obwohl das öffentliche Rechnungswesen im Vergleich zum betrieblichen Rechnungswesen erwerbswirtschaftlicher Unternehmen noch erhebliche Entwicklungsdefizite aufweist, ist es für die operative Informationsbeschaffung öffentlicher Verwaltungen von zentraler Bedeutung. Dementsprechend wird im Folgenden auf die Buchführung, die Kostenrechnung – ergänzt um ausgewählte Ansätze eines Kostenmanagements – und die Leistungsrechnung öffentlicher Verwaltungen eingegangen. Auf die Behandlung der Planungsrechnung wird im Rahmen der operativen Informationsversorgung verzichtet, da die Planungsrechnung im Allgemeinen quantitative Informationen für Planungsaktivitäten mit einer längerfristigen Ausrichtung bereitstellt (vgl. zur Anwendung der Planungsrechnung innerhalb des Investitionscontrolling 5.1.1).

Im Rahmen der **Informationsverarbeitung und -speicherung** erfolgt die Aufbereitung der beschafften operativen Informationen. In diesem Zusammenhang spielen **Kennzahlen** und **Kennzahlensysteme** eine wichtige Rolle. Deshalb werden im Anschluss an die Ausführungen über die Informationsbeschaffung mit Hilfe des öffentlichen Rechnungswesens die Kennzahlen und Kennzahlensysteme zur operativen Informationsversorgung öffentlicher Verwaltungen behandelt.

In der Phase der **Informationsübermittlung** müssen die aufbereiteten operativen Informationen an die jeweiligen Informationsempfänger, d.h. in erster Linie an die für die operative Planung und Kontrolle zuständigen Führungskräfte in den öffentlichen Verwaltungen, weitergeleitet werden. Für die Weiterleitung der in Berichtsform zusammengefassten Informationen ist das **Berichtswesen** zuständig. Nach der Behandlung der Kennzahlen und Kennzahlensysteme wird auf den Einsatz des Berichtwesens in öffentlichen Verwaltungen zum Zwecke der Übermittlung operativer Informationen eingegangen.

4.2.2 Operative Informationen aus dem öffentlichen Rechnungswesen
4.2.2.1 Buchführung
4.2.2.1.1 Kameralistische Buchführung

Die Kameralistik in ihrer Ausprägung als **Verwaltungskameralistik** ist das traditionelle Buchführungssystem der öffentlichen Verwaltungen in Deutschland. Es handelt sich dabei um eine finanzwirtschaftliche Rechnung, die darauf ausgerichtet ist, die Einnahmen und Ausgaben in den einzelnen Haushaltsperioden systematisch zu erfassen und zu dokumentieren. Buchungstechnisch gesehen wird jeder Geschäftsvorfall nur auf einem Konto verbucht. Dabei werden auf dem betreffenden Konto im Allgemeinen zwei Buchungen pro Geschäftsvorfall vorgenommen. Zum einen erfolgt eine Sollstellung bei Fälligkeit der Zahlung. Zum anderen wird eine Istbuchung bei Zahlungseingang oder Zahlungsausgang durchgeführt. Die Stärke der Kameralistik liegt in der systematischen Dokumentation des Haushaltsvollzugs, und ihr vorrangiges Erfolgkriterium ist das Deckungsziel, d.h. der Ausgleich von Einnahmen und Ausgaben.

Die Kameralistik als ein zahlungsorientiertes Buchführungssystem ist dem Geldverbrauchskonzept verpflichtet, d.h. sie soll den Geldverbrauch der öffentlichen Verwaltungen dokumentieren. Es zählt nicht zu ihren Aufgaben, den Ressourcenverbrauch der Verwaltungen vollständig zu erfassen und periodengerecht abzugrenzen. So liefert die kameralistische Buchführung z.B. keine Informationen über den nicht zahlungswirksamen Ressourcenverbrauch. Folglich können auf der Grundlage der von der Kameralistik bereitgestellten Daten keine verlässlichen Aussagen über die Effizienz des Verwaltungshandelns gemacht werden. Um die Bereitstellung von Informationen über Ressourcenverbrauch und Leistungen durch die Verwaltungsbuchführung zu gewährleisten, bieten sich grundsätzlich zwei Lösungswege an. Zum einen kann man eine Ergänzung der vorhandenen Verwaltungskameralistik vornehmen. Zum anderen besteht die Möglichkeit einer vollständigen Ablösung der Kameralistik durch die doppelte Buchführung (Doppik).

Wenn man sich für die Beibehaltung und entsprechende Ergänzung der Verwaltungskameralistik entscheidet, empfiehlt sich die Anwendung der **Erweiterten Kameralistik**, die bisher vor allem von den kostenrechnenden Einrichtungen der Gemeinden genutzt wird. Bei der Erweiterten Kameralistik wird die Sollspalte der Haushaltsrechnung um die folgenden Zusatzspalten ergänzt (vgl. z.B. Fuchs 1989, Sp. 139):

1. Betriebsrechnung (Kosten bzw. Leistungen),
2. Neutrale Rechnung (Neutrale Aufwendungen bzw. Erträge),
3. Vermögens-Veränderungs-Rechnung
    a) Anlagenrechnung (Vermehrung bzw. Verminderung des Anlagevermögens)
    b) Lagerrechnung (Lagerzugang bzw. -abgang)
    c) Zeitliche Rechnungsabgrenzung
    d) Sonstiges (Rücklagen, Haushaltsreste)

Jede Buchung in der Sollspalte der Haushaltsrechnung führt gleichzeitig zu einer Buchung in einer der Zusatzspalten. Dabei muss die Summe der Zusatzspalten der Summe in der Sollspalte der Haushaltsrechnung entsprechen. Durch die Buchungen in den Zusatzspalten der Erweiterten Kameralistik können Kosten und Leistungen erfasst bzw. abgegrenzt und damit die notwendigen Informationen für die Durchführung einer Kosten- und Leistungsrechnung bereitgestellt werden. Außerdem lässt sich durch die Gegenüberstellung der Kosten und Leistungen das betriebliche Ergebnis ermitteln.

Aufgrund der Ergänzung der üblichen Haushaltsrechnung durch mehrere Nebenrechnungen, die nicht systematisch miteinander verbunden sind, ist die Erweiterte Kameralistik umständlich in der Handhabung und fehleranfällig. Bei der doppelten Buchführung handelt es sich hingegen um ein geschlossenes und systematisches Buchungssystem. Dementsprechend ist sie flexibler, zuverlässiger und fehlerresistenter als die Erweiterte Kameralistik. Darüber hinaus ist die Doppik im Vergleich zur Erweiterten Kameralistik einfacher anzuwenden, vor allem bei der Verbuchung nicht zahlungswirksamer Vorgänge. Außerdem spricht für die Doppik, dass sie eine weitaus größere Verbreitung gefunden hat als die Kameralistik und demzufolge ein umfangreiches, leistungsfähiges und vergleichsweise preisgünstiges Softwareangebot für eine Buchführung auf doppischer Grundlage zur Verfügung steht. Weiterhin kann durch die Einführung der doppelten Buchführung in den öffentlichen Verwaltungen eine Vereinheitlichung der Buchführungssysteme von Kernverwaltung und ausgegliederten Einrichtungen erreicht werden. Als Konsequenzen eines einzigen Buchführungssystems für alle Verwaltungsteile sind insbesondere Kosteneinsparungen, mehr Transparenz für Politik und Verwaltungsführung und eine einheitliche Rechnungslegung für die Gesamtverwaltung zu nennen. Im Hinblick auf die dargestellten Vorteile der Doppik im Vergleich zur Erweiterten Kameralistik empfiehlt sich für die öffentlichen Verwaltungen der zweite Lösungsweg, nämlich die vollständige Ablösung der Kameralistik durch die doppelte Buchführung.

4.2.2.1.2 Reformansätze auf doppischer Grundlage

Die bisher entwickelten Ansätze einer **Verwaltungsbuchführung auf doppischer Grundlage** beziehen sich in erster Linie auf Kommunalverwaltungen und sind Bestandteil eines output- und ressourcenorientierten kommunalen Haushalts- und Rechnungswesens (vgl. insbesondere Lüder 1995, 1996; KGSt 1995; Modellprojekt „Doppischer Kommunalhaushalt in NRW" 2000). Die von Lüder entwickelten Vorschläge für eine Reform des öffentlichen Rechnungswesens haben sich als besonders bedeutungsvoll erwiesen, so dass die Umgestaltung der Verwaltungsbuchführung zu einem doppischen Buchführungssystem am Beispiel des Ansatzes von Lüder dargestellt werden soll.

Nach den Vorstellungen von Lüder soll das neue öffentliche Haushalts- und Rechnungswesen drei Bereiche umfassen: ein Buchführungssystem auf doppischer Grundlage, eine damit verbundene Kosten- und Leistungsrechnung und eine auf das Buchführungssystem und die Kosten- und Leistungsrechnung abgestimmte Haushaltsplanung (vgl. Lüder 2001, S. 36 f.). Im Mittelpunkt des neuen Haushalts- und Rechnungswesens steht das Buchführungssystem, das auch als finanzielles Rechnungswesen bezeichnet wird. Es besteht aus den drei Hauptrechnungen Vermögensrechnung, Ergebnisrechnung und Finanzrechnung, die im doppischen Verbund geführt werden. Die beiden Komponenten Vermögensrechnung und Ergebnisrechnung entsprechen der Bilanz und der Gewinn- und Verlustrechnung. Neu hinzugekommen ist die Finanzrechnung als dritte Komponente, mit deren Hilfe eine Überwachung des Haushaltsvollzugs und der Liquidität ermöglicht wird. Bei diesem Buchführungssystem handelt es sich folglich um ein **Drei-Komponenten-System** (vgl. dazu auch Chmielewicz 1982).

Die **Vermögensrechnung** umfasst neben dem Vermögen die Schulden und das Eigenkapital, das im Ansatz von Lüder als Nettoposition bezeichnet wird. Die **Ergebnisrechnung** weist die Veränderungen der Nettoposition aus, wobei eine Differenzierung nach Aufwands- und Ertragsarten vorgenommen wird.

Sämtliche ergebniswirksamen Vorgänge werden auf unterschiedlichen Aufwands- und Ertragskonten der Ergebnisrechnung verbucht. Der Saldo der Ergebnisrechung bzw. die Änderung der Nettoposition wird auf das Bestandskonto „Nettoposition" der Vermögensrechnung übertragen. Auf den Konten der **Finanzrechnung** werden alle zahlungswirksamen Vorgänge differenziert nach Arten gebucht. Der Abschluss des Saldos der Finanzrechnung erfolgt in das Bestandskonto „Liquide Mittel" der Vermögensrechnung. Mit Hilfe der nachfolgenden Abb. 4-1 sollen die drei Hauptrechnungen und der zwischen ihnen bestehende doppische Rechnungsverbund verdeutlicht werden (Lüder 2001, S. 37).

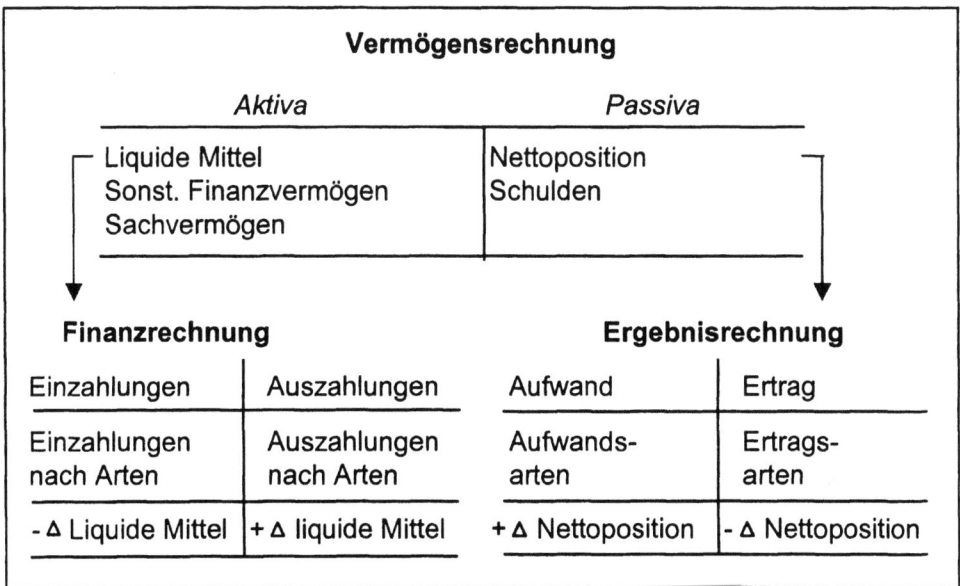

Abb. 4-1: Drei-Komponenten-Buchführungssystem

Die Aufgabe des operativen Verwaltungscontrolling besteht in erster Linie darin, Vorschläge für eine Verwaltungsbuchführung auf doppischer Grundlage zu erarbeiten und den Prozess der Einführung eines neuen Buchführungssystems in den öffentlichen Verwaltungen unterstützend zu begleiten.

4.2.2.2　Kostenrechnung

4.2.2.2.1　Überblick über die Kostenrechnungssysteme

Die Kostenrechnung ist eine wichtige Informationsquelle für die operative Planung und Kontrolle. Bei den von der Kostenrechnung bereitgestellten Informationen handelt es sich um vergangenheits- und zukunftsbezogene Kostengrößen. Diese Daten werden mit Hilfe unterschiedlicher Kostenrechnungssysteme gewonnen. Im Allgemeinen gliedert man die Kostenrechnungssysteme nach zwei unterschiedlichen Gesichtspunkten. Zum einen wird nach dem zeitlichen Bezug der Kosten zwischen Ist-, Normal und Plankostenrechnung unterschieden. Zum anderen kann man nach dem Umfang der Kostenzurechnung zwischen Vollkostenrechnung und Teilkostenrechung differenzieren. Im Folgenden werden die Kostenrechnungssysteme betrachtet, die insbesondere für öffentliche Verwaltungen von Bedeutung sind. Es handelt sich dabei um die Vollkostenrechnung als Istkostenrechnung, die Teilkostenrechnung als Istkostenrechnung, die Plankostenrechnung und die Prozesskostenrechnung. Die Aufgabe des operativen Verwaltungscontrolling besteht in erster Linie darin, geeignete Kostenrechnungssysteme auszuwählen, an die verwaltungsspezifischen Gegebenheiten anzupassen und zu implementieren. Außerdem erbringt das operative Verwaltungscontrolling vielfach Serviceleistungen im Rahmen der laufenden Kostenrechnung.

4.2.2.2.2　Vollkostenrechnung als Istkostenrechnung

Im Rahmen der traditionellen Vollkostenrechnung als Istkostenrechnung werden alle angefallenen Kosten pro Periode (Vollkosten) verrechnet. Außerdem werden die tatsächlich angefallenen Kosten einer Rechnungsperiode (Istkosten) ermittelt. Dieses Kostenrechnungssystem wird normalerweise in drei Stufen vollzogen. Es handelt sich dabei um die Kostenarten-, die Kostenstellen- und die Kostenträgerrechnung. Auf diese drei Abrechnungsstufen soll im Weiteren kurz eingegangen werden. Auf eine ausführlichere Behandlung dieses weit verbreiteten Kostenrechungssystems wird hier verzichtet (vgl. dazu z.B. Haberstock 1987, Freidank 1997, Klook/Sieben/Schildbach 1999).

Bei der **Kostenartenrechnung**, welche die Basis für die Kostenstellen- und Kostenträgerrechnung darstellt, geht es um die Erfassung und Kategorisierung der Kosten. Demzufolge lautet ihre typische Fragestellung: „Welche Kosten sind angefallen?" Zum einen besteht die Aufgabe der Kostenartenrechnung darin, die in einer Abrechungsperiode anfallenden Kosten fortlaufend zu erfassen. Zum anderen müssen die gesamten Kosten einer Abrechnungsperiode unter Verwendung ausgewählter Kriterien gegliedert und entsprechende Kostenarten gebildet werden.

Die **Kostenstellenrechnung** als zweite Stufe der Kostenrechnung soll die im Rahmen der Kostenartenrechnung erfassten und gegliederten Kosten auf die Bereiche ihrer Entstehung verteilen. Die Kostenstellenrechnung gibt somit Antwort auf die Frage: „Wo sind die Kosten angefallen?" Die Kosten werden entsprechend dem Verursachungsprinzip den einzelnen Betriebsbereichen zugeordnet. Die für kostenrechnerische Zwecke abgegrenzten Teilbereiche des Betriebes werden als Kostenstellen bezeichnet. Die eigentliche Kostenstellenrechnung vollzieht sich in zwei Arbeitsschritten. Der erste Schritt besteht in der Verteilung der aus der Kostenartenrechnung stammenden Kosten auf die jeweils gebildeten Kostenstellen. Man spricht in diesem Zusammenhang auch von der **primären Kostenverrechnung**. In privatwirtschaftlichen Unternehmen verrechnet man im Allgemeinen nur die Gemeinkosten auf die Kostenstellen und ordnet die Einzelkosten den jeweiligen Kostenträgern direkt zu. Demgegenüber ist es in öffentliche Verwaltungen in der Regel üblich, sämtliche Kosten auf die Kostenstellen zu verrechnen. Im zweiten Arbeitsschritt erfolgt die Verrechnung der Kostenstellen untereinander, d.h. man führt die innerbetriebliche Leistungsverrechnung bzw. die **sekundäre Kostenverrechnung** durch. In diesem Zusammenhang ist die Abgrenzung der Kostenstellen nach abrechnungstechnischen Gesichtspunkten von Bedeutung. Man unterscheidet zwischen Endkostenstellen einerseits und Vorkostenstellen andererseits. Die Kosten der Endkostenstellen werden nicht auf andere Kostenstellen, sondern direkt auf die Kostenträger umgelegt. Bei den Vorkostenstellen werden deren Kosten nicht direkt auf die Kostenträger, sondern auf andere Kostenstellen verrechnet. Im Rahmen der innerbetrieblichen Leistungsverrechnung erfolgt eine Verteilung der Kosten der Vorkostenstellen auf die Endkostenstellen. Nach Abschluss des Verrechnungsprozesses sind die Vorkostenstellen völlig entlastet, während die Endkostenstellen mit den kompletten Gemeinkosten bzw. mit den gesamten Kosten der Periode belastet sind.

Die **Kostenträgerrechnung** bildet die dritte und letzte Stufe der Kostenrechnung. Sie hat die Aufgabe, die auf die einzelnen Kostenstellen verrechneten Kosten den Leistungen bzw. Kostenträgern zuzuweisen, die von diesen Kostenstellen erstellt wurden. Demzufolge lautet in dieser Abrechnungsstufe die Fragestellung: „Wofür sind die Kosten entstanden?" Die Kostenträgerrechnung umfasst zwei Verfahrensvarianten. Bei der **Kostenträgerzeitrechnung** werden die Kosten ermittelt, die - nach Leistungsarten gegliedert - in einer Abrechnungsperiode insgesamt angefallen sind. Im Rahmen der **Kostenträgerstückrechnung** errechnet man die Kosten für eine einzelne Leistungseinheit bzw. für ein Stück. Diese Variante wird auch als Kalkulation bezeichnet.

Im öffentlichen Sektor sind die meisten Anwendungsbeispiele für die Vollkostenrechnung als Istkostenrechnung derzeit im Bereich der Kommunalverwaltung anzutreffen. Sie wird dort in erster Linie zum Zwecke der Entgeltkalkulation eingesetzt. Folglich sind nur solche Teilbereiche der Kommunalverwaltungen in die Kostenrechnung einbezogen, die Gebühren oder andere Entgelte erheben. Die Vollkostenrechnung als Istkostenrechnung ermöglicht einen Einblick in die Kostenstrukturen (Umfang und Art der angefallenen Kosten, Verrechnung der Kosten auf die Kostenstellen, Zuordnung der Kosten auf die Kostenträger) und liefert wichtige Basisgrößen für die Entgeltkalkulation und -kontrolle. Allerdings werden bei der Vollkostenrechnung als Istkostenrechnung die fixen Kosten den variablen Kosten gleichgestellt und auf die Kostenträger verrechnet. Diese Vorgehensweise entspricht nicht dem Verursachungsprinzip, da die fixen Kosten nicht direkt durch die betreffenden Leistungen verursacht werden. Ein weiterer Kritikpunkt ist die im Rahmen der traditionellen Vollkostenrechnung übliche Schlüsselung der Gemeinkosten. Für die Verrechnung der Gemeinkosten stehen im Regelfall mehrere Schlüssel zur Verfügung und die Entscheidung für einen dieser Verrechnungsschlüssel ist stets mit Willkür behaftet. Außerdem werden für die operative Planung und Kontrolle zukunftsbezogene Kostengrößen benötigt, die dieses Kostenrechnungssystem auf Istkostenbasis nicht bereitstellen kann. Deshalb erscheint eine Weiterentwicklung der traditionellen Vollkostenrechnung in Richtung Teilkostenrechnung, Plankostenrechnung und auch Prozesskostenrechnung erforderlich.

4.2.2.2.3 Teilkostenrechnung als Istkostenrechnung

Das entscheidende Merkmal von Teilkostenrechnungssystemen ist, dass nur Teile der insgesamt angefallenen Kosten den Kostenträgern zugerechnet werden und die übrigen Kosten direkt ins Betriebsergebnis eingehen. Die gebräuchlichsten Verfahren der Teilkostenrechnung als Istkostenrechnung sind das Direct Costing (einstufige Deckungsbeitragsrechnung), die stufenweise Fixkostendeckungsrechnung (mehrstufige Deckungsbeitragsrechnung) und die Deckungsbeitragsrechnung auf der Basis von relativen Einzelkosten.

Im Rahmen des **Direct Costing** bzw. der einstufigen Deckungsbeitragsrechnung erfolgt die Ermittlung der Deckungsbeiträge in einer Rechenstufe. Die Deckungsbeiträge für die einzelnen Produkte bzw. Kostenträger eines Unternehmens ergeben sich jeweils als Unterschiedsbetrag zwischen den direkt zurechenbaren variablen Kosten und den zugehörigen Erlösen. Im Gegensatz zu den variablen Kosten werden die fixen Kosten nicht weiter differenziert. Zur Ermittlung des Betriebsergebnisses müssen von der Summe aller Deckungsbeiträge die gesamten Fixkosten als Kostenblock subtrahiert werden.

Die **stufenweise Fixkostendeckungsrechnung** bzw. mehrstufige Deckungsbeitragsrechnung (vgl. Agthe 1959, S. 404 ff.; Mellerowicz 1977, S. 133 ff.) stellt eine Weiterentwicklung und Verbesserung der einstufigen Deckungsbeitragsrechnung dar. Bei diesem Verfahren werden die gesamten Fixkosten eines Unternehmens nicht mehr als homogener Block behandelt, sondern in mehrere Fixkostenschichten aufgeteilt. Die Aufteilung des Fixkostenblocks in verschiedene Schichten von Fixkosten wird im Hinblick auf ihre Zurechenbarkeit zu bestimmten Bezugsgrößen (z.B. Produkt, Produktgruppe, Unternehmensteilbereich und Unternehmen als Ganzes) vorgenommen. Zum Betriebsergebnis gelangt man im Rahmen eines mehrstufigen Verfahrens. Wie beim Direct Costing berechnet man in der ersten Stufe die Deckungsbeiträge für die einzelnen Produkte bzw. Kostenträger durch Subtraktion der jeweiligen variablen Kosten von den entsprechenden Erlösen. Danach werden in weiteren Rechenstufen die einzelnen Fixkostenanteile vom jeweiligen Restbetrag subtrahiert, um zusätzliche Deckungsbeitrage und schließlich das Betriebsergebnis zu ermitteln. Die stufenweise Fixkostendeckungsrechnung liefert einen genaueren Einblick in die Kostenstruktur eines Unternehmens als das Direct Costing. Die Unternehmensführung wird darüber informiert, ob bzw. in welchem Umfang die einzelnen Produkte bzw. Kostenträger in der Lage sind, zusätzlich zur Deckung der ihnen zurechenbaren variablen Kosten weitere fixe Kosten zu decken und damit zum Betriebsergebnis beizutragen.

Bei der **Deckungsbeitragsrechnung auf der Basis von relativen Einzelkosten** (vgl. insbesondere Riebel 1994) werden ausschließlich Einzelkosten verrechnet. Im Rahmen dieses Kostenrechnungssystems werden zunächst Bezugsgrößen wie z.B. Produkt, Produktgruppe, Kostenstelle, Kostenstellengruppe, Unternehmensteilbereich und das Unternehmen als Ganzes ausgewählt und in einer Bezugsgrößenhierarchie dargestellt. Danach werden die gesamten Kosten eines Unternehmens den Bezugsgrößen auf den einzelnen Hierarchiestufen als relative Einzelkosten zugerechnet. Somit kann auf eine Schlüsselung von Gemeinkosten verzichtet werden. Der Begriff „relative Einzelkosten" lässt sich damit erklären, dass die Kosten jeweils in Bezug auf eine bestimmte Bezugsgröße und Hierarchiestufe Einzelkosten darstellen. Wie bei der Fixkostendeckungsrechnung wird auch in diesem Kostenrechnungssystem eine stufenweise Ermittlung der Deckungsbeiträge durchgeführt. Ausgehend von den Erlösen werden nach und nach die jeweils zurechenbaren relativen Einzelkosten auf den einzelnen Stufen der Bezugsgrößenhierarchie subtrahiert. Auf diese Weise erhält man die jeweiligen Deckungsbeiträge für die Bezugsgrößen auf den einzelnen Hierarchiestufen und letztlich das Betriebsergebnis.

Da man im Rahmen der Deckungsbeitragsrechnung auf der Basis von relativen Einzelkosten auf eine Gemeinkostenschlüsselung verzichtet, werden die üblichen Fehler einer derartigen Kostenverrechnung vermieden. Darüber hinaus liefert dieses Kostenrechungssystem der Unternehmensführung umfassende und differenzierte Einblicke in die Kostenstrukturen auf den verschiedenen Stufen der gebildeten Bezugsgrößenhierarchie. Allerdings wird die praktische Anwendbarkeit dieser Variante der Deckungsbeitragsrechnung durch die hohe Komplexität des Systems erschwert.

Die Deckungsbeitragsrechnung kann von den öffentlichen Verwaltungen grundsätzlich nur in ausgewählten Teilbereichen eingesetzt werden. Es handelt sich dabei um Verwaltungsbereiche, die ihre Leistungen gegen ein direktes Entgelt abgeben und somit über die für die Deckungsbeitragsrechnung erforderlichen Erlöse verfügen. In den betreffenden Verwaltungsbereichen lässt sich mit Hilfe der Deckungsbeitragsrechnung die Entgeltauskömmlichkeit der einzelnen Leistungen und Leistungsgruppen ermitteln. Dabei wird geprüft, ob bzw. in welchem Umfang die Verwaltungsleistungen in der Lage sind, mit ihren Erlösen die jeweils anfallenden Kosten zu decken. Diese von der Deckungsbeitragsrechnung bereitgestellten Informationen sind insbesondere wichtige Entscheidungshilfen für Entscheidungen über die Subventionierung möglicher Deckungslücken, Entscheidungen über Leistungseinstellungen und die sich daraus möglicherweise ergebenden Outsourcing- und Privatisierungskonsequenzen sowie Entscheidungen über Leistungsausweitungen. Die Ergebnisse der Deckungsbeitragsrechnung sind jedoch wenig aussagekräftig, wenn es sich um Verwaltungsbereiche mit hohen Fixkosten- bzw. Gemeinkostenanteilen handelt und eine Zurechnung dieser Kostenanteile allenfalls in späteren Rechenstufen möglich ist. In diesen Fällen sollte man auf die Anwendung der Deckungsbeitragsrechnung verzichten, da hierdurch kaum zusätzliche Erkenntnisse gewonnen werden können

4.2.2.2.4 Plankostenrechnung

Die Plankostenrechnungen dient zur Ermittlung und Vorgabe der Kosten einer zukünftigen Abrechnungsperiode. In der Plankostenrechnung werden die Kosten nicht unter Berücksichtigung von Vergangenheitswerten, sondern auf der Basis eines angestrebten optimalen Betriebsverlaufs für die jeweilige Abrechnungsperiode geplant. Ausgangspunkt für die Kostenplanung sind geeignete Bezugsgrößen zur Messung der Beschäftigung in den einzelnen Kostenstellen (z.B. Ausbringungsmengen, Fertigungsstunden, Maschinenlaufzeiten). Nachdem für jede Kostenstelle eine geeignete Bezugsgröße ausgewählt wurde, erfolgt die Festlegung der Planbeschäftigung. Danach werden auf der Grundlage der vorgegebenen Planbeschäftigung die Plankosten möglichst getrennt nach Kostenarten ermittelt (vgl. zur Kostenplanung z.B. Kilger 1993, S. 231 ff.; Haberstock 1999, S. 203 ff.). Nach Abschluss der Planperiode werden Abweichungen erfasst und Abweichungsanalysen zwecks Aufdeckung von Unwirtschaftlichkeiten vorgenommen.

Für die Durchführung der Plankostenrechnung stehen mehrere Verfahren zur Verfügung (vgl. Abb. 4-2). Bezüglich der Annnahmen zur Beschäftigung kann man zwischen einer starren und einer flexiblen Plankostenrechnung unterscheiden. Die starre Plankostenrechnung ist grundsätzlich eine Vollkostenrechnung. Die flexible Plankostenrechnung kann entweder auf Voll- oder auf Teilkosten basieren.

Bei der **starren Plankostenrechnung** werden die Plankosten für nur einen einzigen Beschäftigungsgrad, nämlich für die Planbeschäftigung, berechnet. Dieser Planbeschäftigungsgrad wird auch bei veränderter Beschäftigungslage während des gesamten Periodenverlaufs beibehalten. Neben der Beschäftigung sind auch die anderen Kosteneinflussgrößen (z.B. Produktionsverfahren, Faktorqualitäten) unverändert bzw. starr. Ein wichtiges Instrument der starren Plankostenrechnung ist der Plankostenkalkulationssatz. Er ergibt sich aus der Division der Plankosten durch die Planbeschäftigung. Hierbei handelt es sich um einen Vollkostensatz, da bei diesem Verfahren der Plankostenrechnung keine Trennung in fixe und variable Kosten vorgenommen wird. Die verrechneten Plankosten, d.h. die auf die jeweiligen Kostenträger verrechneten Plankosten, werden ermittelt, indem man den Plankostenkalkulationssatz mit der jeweiligen Istbeschäftigung multipliziert.

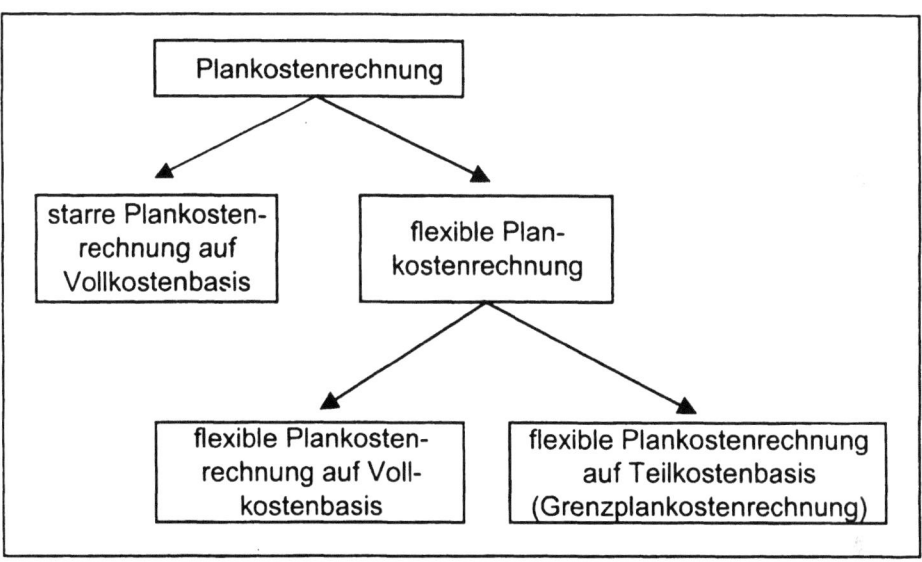

Abb. 4-2: *Verfahren der Plankostenrechnung*

Mit Hilfe der Plankosten, der verrechneten Plankosten und der Istkosten lassen sich im Rahmen der Kostenkontrolle mögliche Kostenabweichungen ermitteln und analysieren. Dabei können die Differenz zwischen Istkosten und Plankosten sowie die Differenz zwischen Istkosten und verrechneten Plankosten herangezogen werden. Die erste Kostendifferenz ist allerdings nur eine sinnvolle Kontrollgröße, sofern Plan- und Istbeschäftigung übereinstimmen. Bei einer fehlenden Übereinstimmung ist eine derartige Kostenabweichung wenig aussagefähig und kann nicht auf mögliche Ursachen hin analysiert werden. Auch die zweite Kostendifferenz ist von eingeschränkter Aussagefähigkeit. Bei der Ermittlung der verrechneten Plankosten wird eine Proportionalität zwischen der Planbeschäftigung und den Plankosten unterstellt. Die Plankosten verhalten sich jedoch im Regelfall nicht proportional zur Beschäftigung. In den Plankosten sind normalerweise fixe Kosten enthalten, die sich im Gegensatz zu den variablen Kosten nicht in gleichem Maße wie die Beschäftigung verändern.

Wegen der fehlenden Anpassung der Plankosten an wechselnde Beschäftigungsgrade und dem Verzicht auf eine Aufspaltung der Plankosten in fixe und variable Kostenbestandteile bieten die jeweils ermittelten Kostenabweichungen im Allgemeinen keine ausreichenden Ansatzpunkte für die Analyse möglicher Abweichungsursachen.

Im Rahmen der **flexible Plankostenrechnung als Vollkostenrechnung** werden sowohl die Plankosten für eine bestimmte Planbeschäftigung als auch die Sollkosten für alle anderen möglichen Beschäftigungsgrade ermittelt. Es erfolgt also ein flexible Anpassung der Plankosten an die jeweilige Istbeschäftigung einer Abrechnungsperiode. Eine wesentliche Voraussetzung dafür ist die Aufspaltung der Kosten in fixe und variable Kostenbestandteile. Die flexible Plankostenrechnung berücksichtigt im Allgemeinen nur die Beschäftigung als variable Kosteneinflussgröße und geht bei allen anderen Kosteneinflussfaktoren von konstanten Größen aus. Die Sollkosten setzen sich aus den fixen Plankosten und dem Produkt aus Istbeschäftigung und variablem Plankostenkalkulationssatz zusammen. Der variable Plankostenkalkulationssatz ergibt sich aus der Division der variablen Plankosten durch die Planbeschäftigung. In der Kostenträgerrechnung verwendet man weiterhin die verrechneten Plankosten, die sich bekanntlich durch die Multiplikation des gesamten Plankostenkalkulationssatzes mit der Istbeschäftigung ergeben.

Für die Kostenkontrolle sind insbesondere zwei Abweichungsarten, nämlich die Verbrauchs- und die Beschäftigungsabweichung, von Bedeutung. Die Verbrauchsabweichung ergibt sich als Differenz zwischen Istkosten und Sollkosten. Derartige Verbrauchsabweichungen können zwei unterschiedliche Ursachen haben. Zum einen ergeben sie sich aufgrund einer Abweichung zwischen den geplanten und den tatsächlichen Faktorpreisen. In diesem Fall liegt eine Preisabweichung vor. Zum anderen werden sie durch eine Diskrepanz zwischen den geplanten und den tatsächlichen Faktorverbrauchsmengen verursacht ein. Man spricht dann von einer Mengenabweichung. Vielfach sind sowohl Preis- als auch Mengenabweichungen ursächlich für eine Verbrauchsabweichung. Die Differenz zwischen Sollkosten und verrechneten Plankosten wird als Beschäftigungsabweichung bezeichnet. Sie ergibt sich, wenn Ist- und Planbeschäftigung voneinander abweichen. Die Beschäftigungsabweichung ist eine Folge der Proportionalisierung der Fixkosten. Liegt die Istbeschäftigung unter der Planbeschäftigung, werden Teile der Fixkosten nicht den Leistungseinheiten zugeteilt. Es ergibt sich eine positive Beschäftigungsabweichung. Man spricht in diesem Zusammenhang auch von Leerkosten. Sofern die Istbeschäftigung die Planbeschäftigung übersteigt, werden hingegen zu viele Fixkosten kalkuliert. Die Folge ist eine negative Beschäftigungsabweichung.

Die flexible Plankostenrechnung als Vollkostenrechnung ermöglicht eine wirksame Kostenkontrolle im Bereich der Kostenarten- und Kostenstellenrechnung. Allerdings wird bei diesem Verfahren die Fixkostenproblematik in der Kostenträgerrechnung nicht richtig gelöst. Die fixen Kosten haben zusammen mit den variablen Kosten die gleichen Bezugsgrößen, so dass sich auch in diesem Fall die problematische Proportionalisierung der Fixkosten ergibt.

Bei der **flexiblen Plankostenrechnung als Teilkostenrechnung,** für die sich der Begriff **Grenzplankostenrechnung** weitgehend durchgesetzt hat, erfolgt sowohl in der Kostenstellen- als auch in der Kostenträgerrechnung eine konsequente Trennung zwischen fixen und variablen Kostenbestandteilen. Auf eine Verteilung der fixen Kosten auf die einzelnen Kostenstellen wird verzichtet. Außerdem wird keine Weiterverrechnung der fixen Kosten auf die einzelnen Kostenträger vorgenommen. Die fixen Kosten einer Abrechnungsperiode werden direkt auf das Betriebsergebniskonto gebucht. Da auf eine Proportionalisierung und Weiterverrechnung der fixen Kosten verzichtet wird, stimmen die verrechneten Plankosten und die Sollkosten grundsätzlich überein. Es ergibt sich deshalb auch keine Beschäftigungsabweichung.

Die aufgezeigten Mängel der starren Plankostenrechnung und der flexiblen Plankostenrechnung als Vollkostenrechnung sind bei der Grenzplankostenrechnung behoben. Somit wird bei diesem Verfahren nicht nur im Bereich der Kostenarten- und Kostenstellenrechnung, sondern auch im Bereich der Kostenträgerrechnung eine wirksame Kostenkontrolle ermöglicht. Allerdings können aufgrund des Verzichts auf eine Proportionalisierung der Fixkosten keine Beschäftigungsabweichungen ausgewiesen werden. Kostenabweichungen sind stets Verbrauchsabweichungen.

Bei der klassischen Grenzplankostenrechnung, die derzeit als das leistungsfähigste Verfahren der Plankostenrechnung gilt, stehen die variablen Kosten und ihre Verrechnung im Vordergrund. Die fixen Kosten gelten hingegen als nicht entscheidungsrelevant und werden bei diesem Verfahren nur unzureichend und undifferenziert berücksichtigt. Folglich hat sich die Grenzplankostenrechnung insbesondere in Unternehmen der industriellen Fertigung bewährt, die durch einen hohen Anteil direkter Produktionsprozesse gekennzeichnet sind und deren Fertigungskostenstellen hohe variable Kostenanteile aufweisen. Weniger geeignet ist die Grenzplankostenrechnung hingegen für die fixkostenintensiven indirekten Bereiche der Unternehmen, wie z.B. Beschaffungs-, Verwaltungs- und Vertriebsbereich. Eine eingeschränkte Einsatzmöglichkeit für die Grenzplankostenrechnung ergibt sich auch bei den Betrieben des Dienstleistungssektors. Die Dienstleistungsbetriebe, zu denen bekanntlich auch die öffentlichen Verwaltungen zählen, weisen im Allgemeinen hohe Fixkostenblöcke (z.B. Personalkosten, kalkulatorische Kosten) und relative niedrige Anteile variabler Kosten (z.B. Materialkosten) auf. Demzufolge ergibt sich bei einem Einsatz der Grenzplankostenrechnung im Dienstleistungsbereich die Notwendigkeit, dieses Kostenrechnungsverfahren an die dienstleistungsspezifischen Erfordernisse anzupassen. Von besonderer Bedeutung erscheint in diesem Zusammenhang das von Vikas entwickelte Konzept einer modifizierten Grenzplankostenrechnung für den Dienstleistungsbereich (vgl. Vikas 1988; Vikas 1990, S. 265 ff.).

4.2.2.2.5 Prozesskostenrechnung

Bei der **Prozesskostenrechnung** handelt sich um eine Vollkostenrechnung mit der üblichen Untergliederung in eine Kostenarten-, eine Kostenstellen- und eine Kostenträgerrechnung. Sie kann als Istkosten- und als Plankostenrechnung durchgeführt werden. Die Prozesskostenrechnung wurde insbesondere für Unternehmensbereiche mit hohen Gemeinkostenanteilen entwickelt und soll in erster Linie die Nachteile der traditionellen Vollkostenrechnung bei der Gemeinkostenverrechnung ausgleichen. Die traditionelle Kostenrechnung verrechnet die Gemeinkosten mit Hilfe von Verteilungsschlüsseln über die Kostenstellen bis auf die Kostenträger. Eine derartige Gemeinkostenschlüsselung ist letztlich willkürlich und kann insbesondere bei hohen Gemeinkostenanteilen zu erheblichen Kostenverzerrungen führen. Demgegenüber verzichtet man im Rahmen der Prozesskostenrechnung auf die in der traditionellen Kostenrechnung üblichen indirekten Zuschlagsgrößen. Stattdessen werden die Gemeinkosten über Prozessbezugsgrößen und Prozesskostensätze auf die Kostenträger verrechnet.

Die Prozesskostenrechnung besteht aus den folgenden Arbeitsschritten:
- Tätigkeitsanalyse und Verdichtung zu Teilprozessen,
- Zusammenfassung der Teilprozesse zu Hauptprozessen,
- Bestimmung der Prozessbezugsgrößen,
- Festlegung der Prozessmengen und Erfassung der Prozesskosten,
- Ermittlung der Prozesskostensätze.

Im Rahmen der Tätigkeitsanalyse werden die einzelnen Tätigkeiten bzw. Aktivitäten der zu untersuchenden Kostenstellen erfasst und analysiert. Als mögliche

Erhebungstechniken kommen dabei die Auswertung vorhandener Unterlagen, die Selbstaufzeichnung von Daten durch die Mitarbeiter und die Befragung der Mitarbeiter in Betracht. Darüber hinaus kann man auf die Ergebnisse durchgeführter Gemeinkostenanalysen zurückgreifen. Danach werden die sachlich zusammenhängenden Tätigkeiten innerhalb einer Kostenstelle zu Teilprozessen zusammengefasst. Diese Teilprozesse können grundsätzlich jeweils einer Kostenstelle zugeordnet werden.

Im nächsten Schritt werden die kostenstellenbezogenen Teilprozesse zu kostenstellenübergreifenden Hauptprozessen zusammengefasst. Dabei werden im Regelfall die Teilprozesse in den einzelnen Kostenstellen, die demselben Kosteneinflussfaktor unterliegen, jeweils zu Hauptprozessen gebündelt. Das Ergebnis der ersten beiden Arbeitsschritte ist eine Prozesshierarchie, die der Abb. 4-3 entnommen werden kann (Mayer 1991, S. 86).

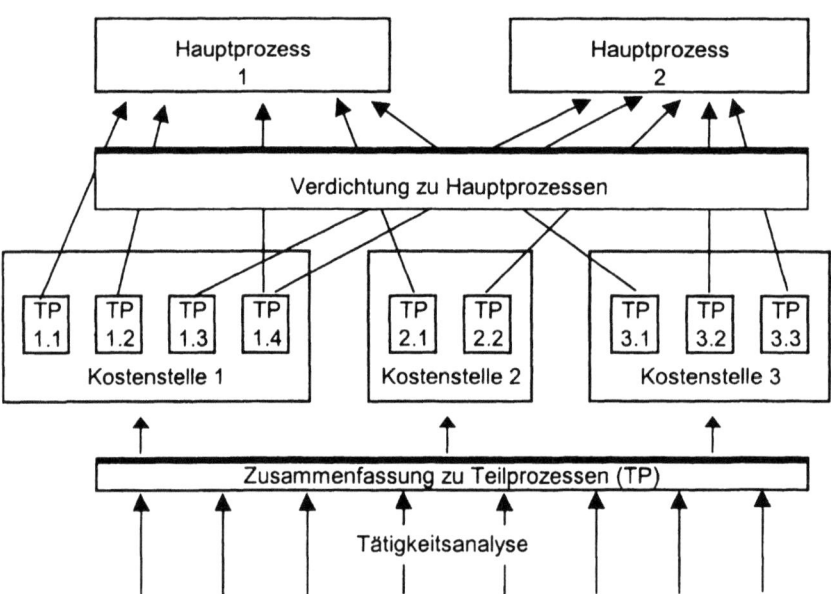

Abb. 4-3: Prozesshierarchie

Der nächste Arbeitsschritt umfasst die Auswahl der Prozessbezugsgrößen, die für die Höhe der Kosten verantwortlich sind und bei der Quantifizierung der Prozessleistungen Verwendung finden. Diese Bezugsgrößen, die auch als Kostentreiber bezeichnet werden, sind die eigentliche Basis für die Verrechnung der Gemeinkosten. Für die Auswahl geeigneter Kostentreiber ist es von Bedeutung, ob es sich um leistungsmengeninduzierte oder leistungsmengenneutrale Prozesse handelt. Leistungsmengeninduzierte Prozesse bzw. Imi-Prozesse sind vom jeweiligen Leistungsvolumen abhängig. Derartige Prozesse sind z. B. „Bestellungen vornehmen" und „Material einlagern". Als geeignete Kostentreiber kommen in diesen Fällen „Anzahl der Bestellungen" und „Anzahl/Dauer der Einlagerungen" in Frage. Diesen Beispielen kann man entnehmen, dass es sich bei den Kostentreibern sowohl um Mengen- als auch um Zeitgrößen handeln kann. Leistungsmengenneutrale Prozesse bzw. Imn-Prozesse sind dagegen vom Leistungsvolumen unabhängig. Ein typisches Beispiel für derartige Prozesse ist der Prozess „Abteilung leiten". Für die Imn-Prozesse lassen sich in der Regel keine Kostentreiber bestimmen.

Im Anschluss an die Bestimmung der Kostentreiber müssen die Prozessmengen geplant werden. Bei einer Prozessmenge handelt es sich um die einem Kostentreiber zugeordnete messbare Leistung. Auf der Basis der Planprozessmengen sind danach für jeden Prozess die jeweiligen Kosten zu planen. Sofern es sich um eine Istkostenrechnung handelt, lassen sich die jeweiligen Istmengen und Istkosten für die einzelnen Prozesse im Allgemeinen direkt erfassen.

Unter Verwendung der Prozessmengen und Prozesskosten können nun die Prozesskostensätze ermittelt werden. Man erhält die Prozesskostensätze, indem man die Prozesskosten durch die jeweilige Prozessmenge dividiert. Auf diese Weise können nur die Prozesskostensätze für die Imi-Prozesse berechnet werden. Für die Weiterverrechnung der leistungsmengenneutralen Kosten gibt es unterschiedliche Lösungen. In vielen Fällen wird die Umlage der Kosten der Imn-Prozesse proportional zu den Kosten der Imi-Prozesse durchgeführt. Dementsprechend ermittelt man für jeden Imi-Prozess einen Prozesskostensatz und einen Umlagesatz. Die Addition dieser beiden Sätze ergibt dann den Gesamtprozesskostensatz für die einzelnen Imi-Prozesse. Die ermittelten Prozesskostensätze können für die Kosten- bzw. Wirtschaftlichkeitskontrolle auf der Ebene der Kostenstellen sowie bei den kostenstellenübergreifenden Hauptkostenstellen herangezogen werden. Außerdem lässt sich mit Hilfe dieser Kostensätze eine prozessorientierte Ermittlung der Kosten pro Kostenträger vornehmen.

Die ursprünglich für die Gemeinkostenbereiche erwerbswirtschaftlicher Unternehmen entwickelte Prozesskostenrechnung ist grundsätzlich auch für öffentliche Verwaltungen geeignet (vgl. z.B. Zimmermann 1992, S. 200 ff.; Reichmann/Haiber 1994, S. 186 ff.; Schmidberger 1994, S. 286 f.; Drees-Behrens 1999, S. 33 ff.; von Witten 2000, S. 41 f.). Die Eignung dieses Kostenrechnungssystems für den öffentlichen Sektor wird insbesondere damit begründet, dass die öffentlichen Verwaltungen im Allgemeinen durch hohe Gemeinkostenanteile gekennzeichnet sind und man mit Hilfe der Prozesskostenrechnung die Leistungserstellung in öffentlichen Verwaltungen kostenrechnerisch gut abbilden kann.

Die Prozesskostenrechnung führt zu einer hohen Transparenz in gemeinkostenintensiven Verwaltungsbereichen und bietet folglich gute Ansatzpunkte für eine Kostenkontrolle und die Nutzung möglicher Einsparpotenziale. Außerdem lässt sich mit Hilfe der Prozesskostenrechnung eine relativ genaue Zuordnung der Kosten auf die sie auslösenden Verwaltungsleistungen vornehmen. Auf diese Weise kann eine verursachungsgerechtere Entgeltkalkulation erreicht werden, als es im Rahmen der traditionellen Vollkostenrechnung möglich ist. Allerdings beeinträchtigen eine Reihe von Prämissen der Prozesskostenrechnung die verursachungsgerechte Erfassung und Weiterverrechnung der Kosten. So wird z.B. unterstellt, dass ein proportionaler Zusammenhang zwischen den leistungsmengeninduzierten Prozesskosten und den Bezugsgrößenmengen besteht. Von dieser Annnahme kann jedoch nicht in jedem Fall ausgegangen werden. Außerdem ist die vielfach übliche proportionale Verrechnung der leistungsmengenneutralen Prozesskosten auf die Imi-Prozesse als ungenau zu kritisieren. Da die Implementierung und der laufende Betrieb der Prozesskostenrechnung sehr aufwändig sind, ist eine flächendeckende Einführung dieses komplexen Kostenrechnungssystems in öffentlichen Verwaltungen zur Zeit nicht empfehlenswert. Man sollte deshalb die Prozesskostenrechnung nur in besonders gemeinkostenintensiven Verwaltungsbereichen zusätzlich zur üblichen Standardkostenrechnung (z.B. in Form der traditionellen Vollkostenrechnung) betreiben.

4.2.2.3 Ergänzung der Kostenrechnung um ein Kostenmanagement
4.2.2.3.1 Formen und Verfahren des Kostenmanagements

Im Regelfall wird die traditionelle Kostenrechnung, die sich mit der Erfassung und Zuordnung von Kosten auf Bezugsobjekte befasst, um ein Kostenmanagement ergänzt. Unter dem Begriff **Kostenmanagement** werden alle Maßnahmen zusammengefasst, die auf eine zielgerichtete Steuerung und Beeinflussung der Kosten ausgerichtet sind. Das Kostenmanagement ist grundsätzlich zukunftsorientiert. Es geht dabei folglich um die Steuerung und Beeinflussung von Plankosten. Mögliche Gestaltungsobjekte des Kostenmanagements sind das Kostenniveau, der Kostenverlauf und die Kostenstruktur (vgl. Reiß/Corsten 1992, S. 1478 ff.). Dementsprechend kann man zwischen einem Kostenniveau-, einem Kostenverlaufs- und einem Kostenstrukturmanagement unterscheiden.

Im Rahmen des **Kostenniveaumanagements** erfolgt eine Beeinflussung der Kostenhöhe. Im Regelfall wird eine Reduzierung der Kosten angestrebt, wobei man sowohl an der Mengen- als auch an der Wertkomponente ansetzen kann. Das **Kostenverlaufsmanagement** befasst sich mit der Steuerung der Kostenverläufe. Es geht dabei vor allem um einen möglichst vorteilhaften Kostenverlauf und die Realisierung von Degressionseffekten. So lässt sich z.B. eine Fixkostendegression erreichen, indem man für hohe Outputmengen und eine gute Auslastung der vorhandenen Kapazitäten sorgt. Beim **Kostenstrukturmanagement** wird auf die Zusammensetzung der Kosten aus unterschiedlichen Kostenblöcken, -kategorien und -arten abgehoben. Bei den Bemühungen um eine möglichst vorteilhafte Kostenstruktur geht es in erster Linie um das Verhältnis von fixen und variablen Kosten sowie von Einzel- und Gemeinkosten. Das Kostenstrukturmanagement kann z.B. eine Umwandlung von fixen in variable Kosten und damit einen höheren Anteil der variablen Kosten an den Gesamtkosten anstreben, um die Anfälligkeit des Unternehmens gegenüber Nachfrageschwankungen zu vermindern.

Das Kostenmanagement kann auf eine Reihe unterschiedlicher Verfahren zur Steuerung und Beeinflussung der Kosten zurückgreifen (vgl. z. B. Burger 1999, S. 11 ff.; Corsten 2001, S. 265 ff.; Joos-Sachse 2002, S. 201 ff.). Die Verfahren des Kostenmanagements können nach den beiden Bezugsobjekten Unternehmensbereich und Leistung bzw. Produkt gegliedert werden (vgl. Franz 1992, S. 1493 ff.). Mögliche Methoden zur Kostensteuerung in den zumeist indirekten Unternehmensbereichen sind die Gemeinkostenwertanalyse, das Zero-Base-Budgeting und das prozessorientierte Kostenmanagement. Für die Steuerung der Kosten der einzelnen Leistungen eines Unternehmens kommen vor allem die Lebenszykluskostenrechnung, das Zielkostenmanagement (Target Costing), das Benchmarking (insbesondere Cost Benchmarking), die entwicklungsbegleitende Kalkulation, die Wertanalyse (Value Management) und das prozessorientierte Kostenmanagement in Betracht.

Grundsätzlich empfiehlt sich auch für öffentliche Verwaltungen die Einführung eines Kostenmanagements als Ergänzung zu einer vorhandenen Kostenrechnung. Vor allem Verfahren des Kostenmanagements wie die Gemeinkostenwertanalyse und das Zero-Base-Budgeting, die für die Gestaltung der Gemeinkosten in den indirekten Bereichen privater Unternehmen entwickelt wurden, erscheinen für eine Anwendung in öffentlichen Verwaltungen geeignet. Diese Ansätze können beispielsweise in besonders gemeinkostenintensiven Verwaltungsbereichen im Rahmen eines Kostenniveaumanagements verwandt werden, um die Kosten in diesen Verwaltungsbereichen zu reduzieren. Deshalb wird im Weiteren auf diese beiden klassischen Verfahren des Kostenmanagements näher eingegangen.

Für das operative Verwaltungscontrolling stellt sich in diesem Zusammenhang die Aufgabe, geeignete Verfahren des Kostenmanagements auszuwählen, an die verwaltungsspezifischen Gegebenheiten anzupassen und in den öffentlichen Verwaltungen einzuführen. Außerdem sollte sich das operative Verwaltungscontrolling intensiv an den laufenden Aktivitäten zur Kostengestaltung als Berater und Moderator beteiligen.

4.2.2.3.2 Gemeinkostenwertanalyse

Die **Gemeinkostenwertanalyse** (GWA) ist eine Weiterentwicklung der Overhead-Value-Analysis, die von der Beratungsfirma McKinsey & Company in den USA konzipiert wurde. Mit der GWA will man die Kosten und Nutzen der Leistungen in den untersuchten Unternehmensbereichen analysieren, um eine deutliche Kosteneinsparung ohne Nutzeneinbußen zu erreichen (vgl. im Einzelnen zur Gemeinkostenwertanalyse z.B. Roever 1980, S. 686 ff.; Roever 1982, S. 249 ff.; Huber 1987). Der Einsatz der GWA erfolgt in den indirekten Unternehmensbereichen. Es handelt sich dabei um Unternehmensbereiche wie z.B. Forschungs- und Entwicklungs-, Vertriebs- und Verwaltungsabteilungen, in denen nur oder fast ausschließlich Gemeinkosten anfallen. Die GWA ist kein Instrument der laufenden Gemeinkostenplanung und -kontrolle. Sie wird in unregelmäßigen Abständen und in Form eines Projekts durchgeführt.

Im Rahmen der GWA wird eine Kostensenkung in den Gemeinkostenbereichen der Unternehmen zum einen über eine Steigerung der Effizienz und zum anderen über eine Verbesserung der Effektivität angestrebt. Bei der Effizienzsteigerung wird darauf abgestellt, die Leistungen in den Gemeinkostenbereichen mit den geringsten Kosten zu erbringen. Die hier relevante Frage lautet: „Werden die Dinge richtig getan?" Bei der Effektivitätsverbesserung stehen die Beiträge der einzelnen Leistungen zur Erreichung der Unternehmensziele im Mittelpunkt.

Es geht dabei um das Infragestellen einzelner Leistungen bzw. den Abbau nicht zielgerechter Leistungen. In diesem Fall stellt sich die Frage: „Werden die richtigen Dinge getan?"

Der Ablauf der GWA wird üblicherweise in die folgenden drei Phasen gegliedert:
- Vorbereitungsphase,
- Analysephase,
- Realisierungsphase.

Im Rahmen der **Vorbereitungsphase** geht es zunächst um die Festlegung der Ziele, die man mit der Reorganisation erreichen will. Bei diesen Projektzielen handelt es sich im Wesentlichen um Kostenziele. Allerdings müssen auch weitere Instrumentalziele (z. B. Reduzierung von Bearbeitungszeiten, Einsparung von Stellen, Streichung von Leistungen aus dem Angebot) formuliert werden. Für die inhaltlich präzisierten Ziele ist außerdem das jeweilige Zielausmaß festzulegen. Im nächsten Schritt muss der Zeitplan für die GWA erstellt werden. Die Erfahrungen zeigen, dass die Vorbereitungs- und die Analysephase sich über drei bis sechs Monate erstrecken und für die Realisierungssphase ein Zeitraum von ein bis drei Jahren anzusetzen ist. In enger Beziehung zu der Ziel- und Terminplanung steht die Festlegung der jeweiligen Untersuchungseinheit(en). Es ist zu entscheiden, in welchem internen Bereich bzw. in welchen internen Bereichen des Unternehmens eine GWA durchgeführt werden soll. Weiterhin muss eine Projektorganisation geschaffen werden. Die Projektorganisation bildet eine sekundäre Organisationsstruktur, welche die primäre Organisationsstruktur des Unternehmens überlagert und mit ihr auf unterschiedliche Weise, z.B. über Doppelbesetzungen, verbunden ist.

Die Projektorganisation besteht im Regelfall aus dem Lenkungsausschuss, der Projektleitung und den Analyseteams. In den Projektablauf können auch externe Berater eingebunden werden, die ihr Fachwissen und ihre Erfahrungen in die Projektarbeit einbringen. Der Lenkungsausschuss trägt die Gesamtverantwortung für die GWA. Seine projektorientierte Aufgabe liegt in der Vorbereitung, der Durchführung und der Überwachung des GWA-Projekts. Seine unternehmensorientierte Aufgabe besteht in der Darstellung des Projekts bzw. in der Promotion für das Projekt im Unternehmen. Der Lenkungsausschuss setzt sich gewöhnliche aus Mitgliedern der Geschäftsführung, Controllern und weiteren Fachleuten aus dem Unternehmen und gegebenenfalls externen Beratern zusammen. Die Projektleitung hat die operative Verantwortung für das gesamte Projekt. Sie muss für die sachliche und zeitliche Sicherung des Projekts sorgen und stellt die Verbindung zu den einzelnen Analyseteams her. Die Mitglieder der Projektleitung sind während der Projektdauer ausschließlich mit der GWA beschäftigt. Die Analyseteams führen die Effizienz- und Effektivitätsuntersuchungen in den einzelnen Untersuchungseinheiten durch. Die Mitglieder der Analyseteams sind für die Maßnahmenbildung und -durchsetzung in ihren Untersuchungseinheiten zuständig. Für die Dauer des Projekts sind sie ausschließlich mit der GWA beschäftigt. Die Leiter der einzelnen Untersuchungseinheiten werden im Regelfall in die Arbeit der Analyseteams eingebunden.

Schließlich müssen im Rahmen der Vorbereitungsphase Informations- und Schulungsmaßnahmen durchgeführt werden. Alle vom Projekt betroffenen Mitarbeiter und die Mitarbeitervertretungen sind rechtzeitig und umfassend über die geplante GWA zu informieren. Auf diese Weise sollen mögliche Widerstände abgebaut und eine hohe Akzeptanz im Unternehmen für die Ziele, die Vorgehensweise und die Konsequenzen des GWA-Projekts erreicht werden. Außerdem werden die Mitarbeiter des Unternehmens, die unmittelbar am Projekt beteiligt sind, mittels spezieller Schulungsveranstaltungen auf ihre Aufgaben im Rahmen des Projekts vorbereitet.

Die **Analysephase** stellt den Schwerpunkt des GWA-Projekts dar. Sie wird in vier Arbeitsschritte unterteilt. Man beginnt mit der Strukturierung von Leistungen und Kosten. Innerhalb der jeweiligen Untersuchungseinheiten werden zunächst die erbrachten Leistungen zusammengestellt. Danach werden die Kosten für die einzelnen Leistungen erfasst. Im Mittelpunkt stehen dabei die dominanten Personalkosten, die auf der Grundlage leistungsspezifischer Zeitbedarfe ermittelt werden. Die Sachkosten werden in Abhängigkeit von ihrer Bedeutung einbezogen. Am Ende dieses Arbeitsschritts liegt ein vollständiger Leistungskatalog mit entsprechenden Kostenzuweisungen vor.

Im zweiten Schritt erfolgt die Entwicklung von Einsparideen. Hier werden die gesamten Leistungen kritisch überprüft. Die Überprüfung erfolgt sowohl bezüglich des Zielbeitrags der Leistungen (Effektivitätsprüfung) als auch im Hinblick auf die Art und Weise der Leistungserstellung (Effizienzprüfung). Bei der Leistungsüberprüfung geht man üblicherweise von einer hohen Zielvorgabe wie z.B. einer Kostensenkung von insgesamt 40 % aus. Durch diese anspruchsvolle Vorgabe will man den Druck bei der kritischen Überprüfung und der nachfolgenden Entwicklung von Einsparideen verstärken. Das Ergebnis dieses Überprüfungsprozesses sollte zum einen aus Vorschlägen für einen Abbau von Leistungen und zum anderen aus Ideen zur Effizienzsteigerung bei der Leistungserstellung bestehen. Man strebt die Entwicklung einer möglichst großen Zahl von Einsparideen an. Eine Auswahl der Vorschläge erfolgt hier noch nicht.

Im dritten Schritt wird die Realisierbarkeit der gefundenen Rationalisierungsideen eingeschätzt. In diesem Teilabschnitt findet die eigentliche Wertanalyse statt. Die Ideen werden unter Verwendung der Kriterien Wirtschaftlichkeit, Risiko und eventuell auch Fristigkeit in A-Ideen, B-Ideen und C-Ideen differenziert. Soziale und politische Auswirkungen bleiben bei einer derartigen Analyse im Regelfall unberücksichtigt. A-Ideen gelten als uneingeschränkt realisierbar. Bei B-Ideen sind noch weitere Analysen erforderlich, bevor sie abschließend beurteilt werden können. C-Ideen werden für unrealisierbar angesehen.

Im Rahmen des vierten Schritts geht es um die Zusammenstellung der A-Ideen zu einem Aktionsprogramm und um die Entscheidung über das entwickelte Aktionsprogramm. Zunächst werden die als realisierbar eingestuften Vorschläge nach ihrer Dringlichkeit klassifiziert und zu einem Aktions- bzw. Realisierungsprogramm zusammengestellt. Danach wird das Programm den Entscheidungsträgern zur Beschlussfassung vorgelegt.

In der **Realisierungsphase** erfolgt die Umsetzung der verabschiedeten Reorganisationsvorschläge in konkrete Maßnahmen. Man unterscheidet dabei zwischen Personalmaßnahmen und Sachmaßnahmen. Aufgrund der Bedeutung des Potenzialfaktors Personal in den indirekten Bereichen stehen die Personalmaßnahmen im Mittelpunkt der Realisierungsphase. Unter dem Begriff Personalmaßnahmen werden alle Maßnahmen zusammengefasst, die das personelle Leistungspotenzial beeinflussen. Bei der GWA stehen üblicherweise Maßnahmen zur Verringerung der Personalkapazität wie z. B. Reduzierung der Arbeitszeit, interne Versetzung, vorzeitige Versetzung in den Ruhestand, Einzelkündigungen und Massenentlassungen im Mittelpunkt. Ein derartiger Personalabbau mit den sich daraus ergebenden negativen Auswirkungen auf die Mitarbeiter ist im Allgemeinen mit erheblichen Umsetzungsproblemen verbunden. Bei der Durchführung von Sachmaßnahmen geht es um Änderungen bei den Sachhilfsmitteln, deren Gewicht durch den verstärkten EDV-Einsatz in den indirekten Bereichen zugenommen hat. Neben einer Reduzierung der bisher verfügbaren Sachhilfsmittel ist auch eine Bereitstellung zusätzlicher Hilfsmittel möglich, sofern beispielsweise eine stärkere Automatisierung der Leistungsprozesse vorgesehen ist.

Die GWA ist ein methodisch ausgereiftes, gut strukturiertes und transparentes Verfahren zur Kostensenkung, das grundsätzlich in allen indirekten Unternehmensbereichen anwendbar ist. Mit Hilfe der GWA können in relativ kurzer Zeit Kosteneinsparungen realisiert werden. Erfahrungen mit GWA-Projekten in erwerbswirtschaftlichen Unternehmen zeigen, dass man im Allgemeinen Kosteneinsparungen von 10 - 20 % erreichen kann. Es besteht jedoch die Gefahr, dass aufgrund der Dominanz des Kostensenkungsziels andere Zielsetzungen wie z.B. Leistungs- und Qualitätsziele vernachlässigt werden. Da die GWA relativ aufwendig ist und entsprechend hohe Kosten verursacht, lässt sie sich nur in größeren Abständen durchführen. Aufgrund der anspruchsvollen Kostensenkungsziele der GWA muss bei der Umsetzung der entwickelten Einsparvorschläge mit erhebliche Widerständen und Akzeptanzproblemen bei den Mitarbeitern in den betroffenen Unternehmensbereichen gerechnet werden.

Im Rahmen eines Kostenmanagements öffentlicher Verwaltungen lässt sich die GWA insbesondere in gemeinkostenintensiven Verwaltungsbereichen wie z.B. in Querschnittseinheiten anwenden, um eine Senkung der Gemeinkosten mittels einer Verbesserung der Effektivität und Effizienz zu erreichen. (vgl. zur Anwendung der GWA in öffentlichen Verwaltungen z.B. Gantner/Bologna 1987, S. 105 ff.; Andree 1994, S. 120 ff.).

4.2.2.3.3 Zero-Base-Budgeting

Als **Zero-Base-Budgeting** (ZBB), **Zero-Base-Planning** oder **Null-Basis-Budgetierung** wird ein Ansatz zur Steuerung der Gemeinkosten in den indirekten Unternehmensbereichen bezeichnet, der bei Texas Instruments in den USA entwickelt wurde (vgl. Pyhrr 1970, 1973). Im Vergleich zur GWA ist das ZBB umfassender angelegt. Über das Ziel der Gemeinkostensenkung hinaus wird bei dem ZBB eine optimale Allokation der Ressourcen in den indirekten Unternehmensbereichen angestrebt, um eine bestmögliche Erfüllung der Unternehmensziele zu erreichen. Die Grundidee dieses Verfahrens besteht darin, dass alle Leistungen und Aktivitäten in den indirekten Unternehmensbereichen im Hinblick auf ihren Beitrag zur Erreichung der Unternehmensziele untersucht und grundsätzlich in Frage gestellt werden. Im Gegensatz zur herkömmlichen Planung, die im Allgemeinen auf den Ansätzen der Vorperiode aufbaut, beginnt die Planung im Rahmen des ZBB bei der Basis null.

Der Prozess des ZBB lässt sich wie bei der GWA in eine Vorbereitungsphase, eine Analysephase und eine Realisierungsphase unterteilen. Innerhalb dieser drei Prozessphasen können wiederum mehrere Arbeitsschritte abgegrenzt werden (vgl. zu einer möglichen Untergliederung des ZBB-Prozesses und zu der folgenden Darstellung der einzelnen Arbeitsschritte Meyer-Piening 1989, 1990).

Im Mittelpunkt der **Vorbereitungsphase** stehen die Bildung der Projektorganisation, die Auswahl der geeigneten Projektmitglieder, die Planung des zeitlichen Projektablaufs und die Festlegung der Untersuchungsbereiche für das ZBB.

Die **Analysephase** stellt - wie bei der GWA - den Schwerpunkt des ZBB dar und besteht aus mehreren Arbeitsschritten. Im ersten Arbeitsschritt wird der zuvor festgelegte Untersuchungsbereich für das ZBB in Entscheidungseinheiten aufgegliedert. Eine Entscheidungseinheit entspricht einer Summe von Aktivitäten, die im Rahmen des ZBB-Prozesses gemeinsam analysiert werden sollen. Entscheidungseinheiten können beispielsweise Mitarbeitergruppen, Kostenstellen oder auch Abteilungen sein. Danach werden für jede Entscheidungseinheit operable Teilziele aus den vorgegebenen strategischen und operativen Unternehmenszielen abgeleitet.

Für die einzelnen Entscheidungseinheiten müssen in einem zweiten Schritt Leistungsniveaus bestimmt werden. Bei einem Leistungsniveau handelt es sich um die Menge und die Qualität der Arbeitsergebnisse einer Entscheidungseinheit. Im Regelfall werden für jede Entscheidungseinheit drei unterschiedliche Leistungsniveaus festgelegt. Das untere Leistungsniveau besteht aus dem für die Sicherung der Geschäftätigkeit unbedingt erforderlichen Leistungsminimum (Minimalniveau). Das mittlere Leistungsniveau entspricht dem bisherigen Output der Entscheidungseinheit (Normalniveau). Das obere Leistungsniveau umfasst die wünschenswerten Leistungen für eine kurz-, mittel- und langfristige Zukunftssicherung (Wachstumsniveau).

Im dritten Schritt werden die einzelnen Verfahren zur Realisierung der unterschiedlichen Leistungsniveaus bestimmt. In diesem Fall verlagert sich der Schwerpunkt von der Output- zur Inputseite. Es müssen Rationalisierungsideen gesucht, alternative Verfahren der Leistungserstellung entwickelt und einer Prüfung unterzogen werden. Hierbei soll das wirtschaftlichste Verfahren für jedes Leistungsniveau gefunden werden, um die vorhandenen Kostensenkungspotenziale auszuschöpfen. Die jeweils kostengünstigsten Verfahrensalternativen sind dann die Basis für den weiteren Projektablauf.

Danach sind im vierten Schritt die Entscheidungsvorlagen zu erstellten, die man auch als Entscheidungspakete bezeichnet. In diesen Entscheidungspaketen werden die Vor- und Nachteile des festgelegten Leistungsniveaus, die dafür ausgewählten Verfahren und die damit verbundenen Kosten zusammengestellt und systematisch für eine Entscheidungsfindung aufbereitet. Die Kosten für die einzelnen Entscheidungspakete werden als Differenzkosten angegeben. Auf diese Weise kann man über die einzelnen Entscheidungspakete ohne unmittelbaren Bezug zu den niedrigeren bzw. höheren Leistungsniveaus entscheiden (vgl. dazu das Beispiel mit drei Entscheidungseinheiten in Abb. 4-4).

	Minimalniveau (€)	Normalniveau (€)	Wachstumsniveau (€)
A	50.000	15.000	20.000
B	70.000	10.000	10.000
C	90.000	20.000	15.000

Abb. 4-4: Kosten der Entscheidungspakete im Rahmen des ZBB

Im fünften Schritt wird die Rangordnung der Entscheidungspakete entsprechend ihrer Wichtigkeit im Hinblick auf die vorgegebenen Unternehmensziele festgelegt. Für jedes Entscheidungspaket müssen Kosten und Nutzen gegeneinander abgewogen werden. Im Gegensatz zu den monetär bewerteten Kosten wird der Nutzen im Allgemeinen nur verbal beschrieben. Die Bildung der Rangordnung erfolgt innerhalb eines mehrstufigen Prozesses. Auf der untersten Führungsebene, z.B. der Abteilungsebene, werden die Entscheidungspakete nach den Prioritäten der Abteilungsleitung geordnet. Aus diesen Vorgaben entwickelt man auf den jeweils nächsthöheren Führungsebenen bis hin zur Unternehmensleitung eine endgültige Rangordnung für alle festgelegten Entscheidungspakete. Mit Hilfe der Abb. 4-5 soll die mehrstufige Festlegung einer Rangordnung der Entscheidungspakete im Rahmen eines ZBB-Projekts unter Beteiligung von einer Abteilung mit den drei Entscheidungseinheiten A, B und C und der Unternehmensleitung verdeutlicht werden.

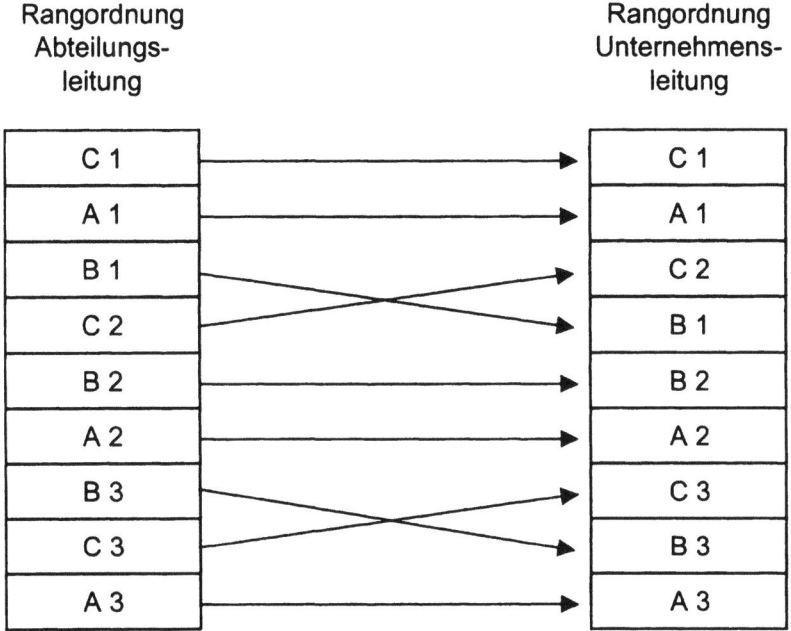

Abb. 4-5: Festlegung der Rangordnung der Entscheidungspakete im Rahmen des ZBB

Gegenstand des sechsten Arbeitsschritts ist der Budgetschnitt. Den Entscheidungspaketen werden die insgesamt verfügbaren Mittel entsprechend der endgültigen Rangordnung zugewiesen, bis alle Mittel aufgebraucht sind. Die Grenze zwischen den zu realisierenden und den nicht zu realisierenden Entscheidungspaketen wird durch die Budgetschnittlinie bestimmt (vgl. Abb. 4-6).

In der **Realisierungsphase** müssen die Maßnahmen, die für die Umsetzung der genehmigten Entscheidungspakete notwendig sind, geplant und die erforderlichen Budgets abgeleitet werden. Danach schließen sich die Umsetzung der geplanten Maßnahmen und die Vornahme von Kontrollen an.

Rangordnung Unternehmens- leitung	Beträge (in €)	
	selektiv	kumulativ
C 1	90.000	90.000
A 1	50.000	140.000
C 2	20.000	160.000
B 1	70.000	230.000
B 2	10.000	240.000
A 2	15.000	255.000
C 3	15.000	270.000 ● Budgetschnittlinie
B 3	10.000	280.000
A 3	20.000	300.000 Budget: 270.000 €

Abb. 4-6: Rangordnung und Budgetschnitt im Rahmen des ZBB

Das ZBB ist - wie die GWA - ein gut strukturiertes und methodisch ausgereiftes Verfahren, das in allen indirekten Unternehmensbereichen eingesetzt werden kann. Beim ZBB stehen nicht die Kosteneinsparungen im Mittelpunkt. Dieses Verfahren ist in erster Linie darauf ausgerichtet, durch eine Umverteilung der Ressourcen eine bessere Erfüllung der Unternehmensziele zu erreichen. Allerdings ist die Durchführung des ZBB mit einem hohen Aufwand verbunden. Dieser Aufwand resultiert aus dem komplexen Verfahren und der Notwendigkeit einer kompletten Neuausrichtung der Budgets. Man könnte das Verfahren vereinfachen, wenn man nicht immer wieder eine völlige Neubudgetierung durchführen würde. Andererseits wäre dann die Wirksamkeit des Verfahrens fraglich. Das sehr aufwendige ZBB verursacht hohe Projektkosten, so dass es nur fallweise und in größeren zeitlichen Abständen angewendet werden sollte. Im Allgemeinen muss man auch bei der Durchführung des ZBB mit erheblichem Widerstand bei den Mitarbeitern in den betroffenen Unternehmensbereichen rechnen.

Das ZBB ist grundsätzlich auch für die öffentlichen Verwaltungen geeignet. Dieses Verfahren sollte - wie die GWA - insbesondere in den gemeinkostenintensiven Verwaltungsbereichen Anwendung finden. Es dient zum einen zur Reduzierung der Gemeinkosten. Zum anderen lassen sich mit Hilfe des ZBB eine stärkere Leistungs- bzw. Nutzenorientierung bei der Budgetierung und somit höhere Zielerreichungsgrade realisieren.

4.2.2.4 Leistungsrechnung
4.2.2.4.1 Besonderheiten der Leistungsrechnung öffentlicher Verwaltungen

Bei erwerbswirtschaftlichen Unternehmen können die Leistungen, d.h. die sachzielbezogene bewertete Güterentstehung, relativ einfach ermittelt werden. Die Leistungen bestehen generell aus den Erlösen für die erstellten und abgesetzten Produkte, dem Wert der erstellten und noch nicht abgesetzten Produkte und dem Wert der für den Eigenbedarf erstellten Produkte. Unter der Voraussetzung, dass die erstellten und noch nicht abgesetzten Produkte in den folgenden Perioden verkauft werden und die Produktion für den Eigenbedarf einen Ausnahmefall darstellt, handelt es sich bei den Leistungen der Unternehmen vornehmlich um Erlöse. Die Leistungsrechnung ist folglich eine Erlösrechnung. Zur Ermittlung des wirtschaftlichen Erfolgs der Unternehmen müssen im nächsten Schritt die Erlöse den jeweiligen Kosten gegenübergestellt werden. Der Periodenerfolg der Unternehmen ergibt sich aus der Differenz zwischen den Erlösen einer Periode und den Kosten der betreffenden Periode.

Für die öffentlichen Verwaltungen ist typisch, dass sie die meisten Güter unentgeltlich abgeben und somit keine Erlöse erzielen. In diesen Fällen sind eine Erfassung der Güterentstehung anhand von Erlösen und eine Erfolgsermittlung mittels der Differenz zwischen Erlösen und Kosten ausgeschlossen. Sofern die öffentlichen Verwaltungen monetäre Entgelte für die von ihnen bereitgestellten Produkte fordern, handelt es sich dabei im Regelfall nicht um Marktpreise, sondern um administrierte Preise. So erheben z.B. die Kommunalverwaltungen für eine Reihe ihrer Produkte kostendeckende oder nicht kostendeckende Gebühren. Es liegt auf der Hand, dass diese kostendeckenden bzw. nicht kostendeckenden Entgelte nicht dem wirklichen Wert der Produkte entsprechen und sie folglich kein geeigneter Bewertungsmaßstab für die Leistungserfassung sind (vgl. z.B. Schuster 1999, S. 269 f.). Allerdings lässt sich durch eine Gegenüberstellung der auf diese Weise erzielten Erlöse mit den jeweils angefallenen Kosten ermitteln, ob bzw. in welchem Umfang die einzelnen Produkte, Produktbereiche und Verwaltungseinheiten mit ihren Erlösen zur Kostendeckung beitragen. Des Weiteren kann man anhand der jeweiligen Erlöse und Kosten feststellen, ob die angestrebten Kostendeckungsgrade insgesamt erreicht worden sind.

Da für die meisten Produkte der öffentlichen Verwaltungen keine Entgelte gefordert werden und die von den Verwaltungen erzielten Erlöse bei einer entgeltlichen Güterabgabe keine aussagekräftigen Erfolgsindikatoren sind, macht der in erwerbswirtschaftlichen Unternehmen übliche erlösorientierter Wertansatz für die Produkte der öffentlichen Verwaltungen wenig Sinn. Auch eine kostenorientierte Bewertung der Verwaltungsprodukte erscheint nicht zweckmäßig, da man in diesem Fall die Leistungen nur auf leistungsbezogene Kosten reduzieren würde (vgl. Scnmidberger 1994, S. 242). Deshalb wird häufiger empfohlen, für den Bereich der öffentlichen Verwaltungen den Leistungsbegriff nicht als Wertbegriff, sondern als Mengenbegriff zu interpretieren. Nach Meinung einer Reihe von Autoren sollte die sachzielbezogene Güterentstehung öffentlichen Verwaltungen in Mengengrößen und gegebenenfalls auch in Zeitgrößen erfasst werden (vgl. z.B. Schmidberger 1994, S. 242; Brüggemeier 1997, S. 61, Richter 2000, S. 83). Folgt man dieser Empfehlung, so müssen zunächst die von den öffentlichen Verwaltungen angebotenen Produkte definiert und näher beschrieben werden. Im Anschluss daran kann eine Quantifizierung der innerhalb einer Periode erstellten und von den jeweiligen Abnehmern in Anspruch genommenen Verwaltungsprodukte in mengenmäßiger und zeitlicher Hinsicht vorgenommen werden.

Die Produkte der öffentlichen Verwaltungen zählen im Regelfall zu den Dienstleistungen (vgl. 4.3.2.1). Die öffentlichen Verwaltungen erbringen ihre Dienstleistungen zum großen Teil für verwaltungsexterne Adressaten. Man spricht in diesem Zusammenhang von externen Verwaltungsprodukten. Außerdem erstellen öffentliche Verwaltungen Dienstleistungen, die von Stellen innerhalb der eigenen Verwaltung in Anspruch genommen werden. Sie werden als interne Verwaltungsprodukte bezeichnet. Die Verwaltungsprodukte können sowohl aus einer Dienstleistung als auch aus mehreren Dienstleistungen bestehen. Die Zusammenfassung mehrerer Dienstleistungen zu einem Verwaltungsprodukt wird häufig damit begründet, dass die Produkte ihre Aufgabe als Informationsträger für die Verwaltungssteuerung nur erfüllen können, wenn die öffentlichen Verwaltungen über eine überschaubare Anzahl von Produkten verfügen. Da die Verwaltungsprodukte der Bedarfsdeckung bei verwaltungsexternen und -internen Adressaten dienen, sollte man sich bei der Zusammenfassung mehrerer Leistungen zu einem Produkt jedoch in erster Linie an der Perspektive bzw. den Interessen der jeweiligen Abnehmer und nicht an verwaltungsinternen Gegebenheiten orientieren. Bei den Produkten öffentlicher Verwaltungen handelt es sich somit um Dienstleistungen oder Dienstleistungsbündel, die von den einzelnen Verwaltungseinheiten für Adressaten außerhalb der Verwaltung oder für andere Teile der eigenen Verwaltung erbracht werden (vgl. auch die Produktdefinition der KGSt, 1994, S. 11). Für jedes Verwaltungsprodukt sollte eine einzige Verwaltungseinheit zuständig sein, die über die Ergebnisverantwortung für das Produkt verfügt.

Es empfiehlt sich, die Beschreibung der Verwaltungsprodukte auf der Grundlage eines einheitlichen Kriterienkatalogs vorzunehmen. Für eine Produktbeschreibung sind im Wesentlichen die folgenden Kriterien von Relevanz (vgl. z.B. KGSt 1994, S. 14 f.; Nau/Wallner 1998, S. 40 f.):

- Bezeichnung des Produkts,
- Zuordnung zu Produktgruppen und -bereichen,
- verantwortliche Verwaltungseinheit,
- Auftragsgrundlage,
- Zielgruppe,
- angestrebte Ziele,

- Daten über Quantität und Qualität der Leistung,
- Finanzdaten,
- Kosten- und Erlösdaten.

Bei der Ermittlung der erstellten und abgegebenen Produktmengen kann können die öffentlichen Verwaltungen zum Teil auf bereits vorhandenes Datenmaterial zurückgreifen. In diesem Zusammenhang sind insbesondere Verwaltungsvollzugsdaten wie z.B. Daten über Beratungen, Anträge, Bescheide und Benutzer von Verwaltungseinrichtungen, die für andere Zwecke erfasst wurden, eine wichtige Basis für die Leistungsrechnung. Vielfach lassen sich mit Hilfe derartiger Vollzugsdaten nicht nur die Mengen der Verwaltungsprodukte erfassen, sondern auch Aussagen über Ort und Zeit der Inanspruchnahme des Produktangebots sowie über die Struktur der jeweiligen Abnehmer machen. Sofern für bestimmte Verwaltungsprodukte keine oder keine ausreichenden Vollzugsdaten vorliegen, müssen die öffentlichen Verwaltungen originäres Datenmaterial über die erstellten und abgegebenen Leistungsmengen gewinnen. In diesem Zusammenhang hat die von den Verwaltungsmitarbeitern durchzuführende Selbstaufschreibung eine große Bedeutung. Bei dieser Methode dokumentieren die Mitarbeiter die von ihnen erstellten Produkte mit Hilfe eines Erfassungsbogens in mengenmäßiger und zeitlicher Hinsicht (vgl. z.B. Nau/Wallner 1998, S. 123 ff.). Bei bestimmten Verwaltungsprodukten wie z.B. bei den Nutzungsmöglichkeiten öffentlicher Straßen, Brücken, Plätze und Parks ist eine derartige Leistungserfassung jedoch nicht möglich. Für die Bereitstellung derartiger Sachnutzungen ist es typisch, dass die öffentlichen Angebote für die Bürger frei zugänglich sind und von ihnen eigentätig, d.h. ohne eine Beteiligung von Verwaltungspersonal, genutzt werden. In diesen Fällen muss man bei der Gewinnung von Daten über die mengenmäßige und zeitliche Inanspruchnahme der Verwaltungsprodukte auf Datenerhebungsmethoden wie die Beobachtung und die Befragung zurückgreifen (vgl. z.B. Homann 1995, S. 151 ff.)

Die von der Leistungsrechnung der öffentlichen Verwaltungen bereitgestellten Daten können auf unterschiedliche Weise genutzt werden. So kann man z.B. zum Zwecke der Wirtschaftlichkeitskontrolle die erfassten Mengengrößen den jeweiligen Kosten gegenüberstellen, die bei deren Erstellung angefallen sind. Weiterhin lassen sich Mengenvergleiche als Zeit-, Betriebs- und Soll-Ist-Vergleiche vornehmen (vgl. 4.2.3). Im Rahmen von **Zeitvergleichen** wird die Entwicklung der erstellten und abgegebenen Mengeneinheiten der Produkte einer öffentlichen Verwaltung über mehrere Perioden hinweg betrachtet und analysiert. Bei **Betriebs- bzw. Verwaltungsvergleichen** werden die Unterschiede bei den Produktmengen zwischen mehreren öffentlichen Verwaltungen in einer bestimmten Periode erfasst und ihre Ursachen analysiert. Außerdem kann man **Soll-Ist-Vergleiche** durchführen, wobei die tatsächlich erbrachten Produktmengen einer öffentlichen Verwaltung in einer Periode mit den angestrebten mengenmäßigen Vorgaben konfrontiert und mögliche Abweichungen untersucht werden. Folglich ist es notwendig, die Leistungsrechnung öffentlicher Verwaltungen nicht nur auf die Ermittlung der tatsächlichen Produktmengen (Istrechnung) zu beschränken, sondern auch zukünftig zu erbringende Produktmengen (Planrechnung) festzulegen.

Das operative Verwaltungscontrolling muss die notwendigen Voraussetzungen für die Definition und die Beschreibung der Verwaltungsprodukte, für die Erfassung der erstellten Produktmengen sowie für die Produktmengenplanung schaffen. Des Weiteren hat das operative Verwaltungscontrolling die Aufgabe, die im Rahmen der Leistungsrechnung anfallende Datenbeschaffung, -aufbereitung und -auswertung im Bedarfsfall zu unterstützen.

4.2.2.4.2 Bewertung der Verwaltungsprodukte in qualitativer Hinsicht

Angesichts der aufgezeigten Bewertungsprobleme im Rahmen der Leistungsrechnung öffentlicher Verwaltungen erscheint es sinnvoll, sich zunächst auf die mengenmäßige Erfassung der sachzielbezogenen Güterentstehung zu beschränken. Als ein möglicher Ansatz zur Weiterentwicklung der Leistungsrechnung öffentlicher Verwaltungen kann die Erhebung von Qualitätsdaten und die qualitätsmäßige Bewertung der Verwaltungsprodukte angesehen werden.

Unter dem Begriff Qualität versteht man im Allgemeinen die Gesamtheit von Eigenschaften und Merkmalen eines materiellen oder immateriellen Gutes, die sich auf seine Eignung zur Erfüllung vorgegebener Erfordernisse bezieht (vgl. Deutsche Gesellschaft für Qualität e.V. 1993). Grundsätzlich gilt diese Qualitätsdefinition sowohl für Sachgüter als auch für Dienstleistungen. Sie ist folglich auch auf öffentliche Verwaltungen anwendbar, die im Wesentlichen Dienstleistungen erstellen und abgeben. Bei dieser Begriffsbestimmung bleibt allerdings die Frage offen, wer die jeweiligen Erfordernisse vorgeben soll und aus wessen Sicht die Qualitätsbeurteilung vorzunehmen ist. Da erwerbswirtschaftliche Dienstleistungsunternehmen marktorientiert arbeiten, richten sie sich bei den Entscheidungen über die Dienstleistungsqualität in erster Linie an den Erfordernissen ihrer Kunden aus. Allerdings sollten die erwerbswirtschaftlichen Dienstleistungsanbieter neben der vorrangigen Kundenperspektive die Sicht der Wettbewerber und des eigenen Unternehmens bei der Festlegung von Qualitätsanforderungen berücksichtigen (vgl. z.B. Bruhn 1995, S. 29 ff.). Aufgrund der unbestrittenen Dominanz der Kundenperspektive bei den qualitätsbezogenen Entscheidungen gilt auch bei der Bewertung der Qualität privater Dienstleistungen die Kundensicht als der zentrale Maßstab.

In öffentlichen Verwaltungen hat die Kundenperspektive in den letzten Jahren zunehmend an Bedeutung gewonnen. Im Rahmen der gegenwärtigen Verwaltungsmodernisierung, die in starkem Maße von den Reformmodellen des **New Public Managements** geprägt wird, nimmt die Kundenorientierung der Leistungsprozesse und -ergebnisse einen hohen Stellenwert ein. So wird z.B. für Kommunalverwaltungen unter Verweis auf das neue Verwaltungsleitbild Dienstleistungsunternehmen gefordert, dass die Verwaltungen ihre Handlungen und Strukturen primär auf die Kundenbedürfnisse ausrichten und ein hohe Leistungsqualität anstreben sollen (vgl. z.B. KGSt 1993 a, S. 13 f.; Reichard 1994,

S. 34 ff.). Folgerichtig wird auch für das **Qualitätsmanagement der öffentlichen Verwaltungen** die Kundenorientierung als das zentrale Element neben der Prozess- und der Mitarbeiterorientierung herausgestellt. Dementsprechend gelten die Kundenwünsche und die Kundenzufriedenheit als wichtige Zielgrößen für das Qualitätsmanagement der Verwaltungen (vgl. z.B. Hirschfeld/Lessel 1994, S. 353; Hoffjan 1994, S. 7 f.). Es ist jedoch zu beachten, dass für die Bestimmung und Beurteilung der Dienstleistungsqualität öffentlicher Verwaltungen nicht nur die Sichtweisen der Verwaltungskunden, sondern auch die Erwartungen und Einschätzungen weiterer gesellschaftlicher Gruppen von Bedeutung sind. Darüber hinaus muss die Verwaltungssicht bei der Qualitätsfestlegung und -messung Berücksichtigung finden. Insbesondere bei den Verwaltungsprodukten, die zu den Kollektivgütern zählen, dominieren im Allgemeinen die gesellschaftliche und die verwaltungsinterne Perspektive bei der Bestimmung und Beurteilung der Dienstleistungsqualität (vgl. z.B. Marik 1997, S. 183 f.). Auch wenn die öffentlichen Verwaltungen bei ihren Produkten aus dem Individualgüterbereich der Kundenperspektive einen Vorrang einräumen, dürfen sie keinesfalls eindimensional bzw. einseitig vorgehen. Es müssen vielmehr die Qualitätsvorstellungen und -beurteilungen der Verwaltungskunden unter Bezug auf die Gesellschafts- und Verwaltungsperspektive überprüft und gegebenenfalls korrigiert werden.

Sofern die öffentlichen Verwaltungen eine kundenorientierte Bewertung der Qualität ihrer Produkte im Rahmen von Bürger- bzw. Kundenbefragungen vornehmen wollen, können sie auf eine Reihe bewährter Messverfahren aus dem kommerziellen Dienstleistungsbereich zurückgreifen. Bei den erwerbswirtschaftlichen Dienstleistungsunternehmen erfolgt die Qualitätsbewertung aus Kundensicht vorrangig nach subjektiven Kriterien, d.h. man geht von den subjektiven Einschätzungen bzw. Qualitätswahrnehmungen der Kunden aus. Die subjektive, abnehmerorientierte Qualitätsbewertung wird im Wesentlichen unter Verwendung multiattributiver und ereignisorientierter Messverfahren vorgenommen (vgl. zu einem Verfahrensüberblick z.B. Haller 1993, S. 19 ff.).

Unter dem Oberbegriff **multiattributive Qualitätsmessung** werden eine Reihe kundenorientierter, subjektiver und differenzierter Verfahren zusammengefasst, mit deren Hilfe man sowohl Qualitätsstärken als auch Qualitätsschwächen feststellen kann (vgl. z.B. Stauss/Hentschel 1991, S. 240; Hentschel 1992, S. 114 ff.; Hentschel 1995, S. 352 ff.). Für diese Verfahren ist die Annahme charakteristisch, dass die Beurteilung der Dienstleistungsqualität durch den Kunden das Ergebnis der individuellen Einschätzung verschiedener Qualitätsmerkmale ist. Das Urteil über die jeweilige Dienstleistungsqualität setzt sich somit aus einer Vielzahl (multi) bewerteter Qualitätsmerkmale (Attribute) zusammen. Den multiattributiven Messverfahren liegen im Regelfall zwei unterschiedliche Konzepte der Qualitätsbeurteilung zugrunde, nämlich das einstellungsorientierte und das zufriedenheitsorientierte Konzept (vgl. z.B. Hentschel 1995, S. 357). Das **einstellungsorientierte Beurteilungskonzept** basiert auf der Annnahme, dass es sich bei der Qualitätseinschätzung des Kunden um eine gelernte, relativ dauerhafte, positive oder negative Haltung gegenüber einer Dienstleistung handelt. Die Qualitätseinschätzung aus Kundensicht ist das Resultat eines Lernprozesses, der von den bisherigen Erfahrungen des Kunden bestimmt wird. Es handelt sich dabei um eigene Erfahrungen mit der jeweiligen Dienstleistung oder um Erfahrungen, die im Rahmen von Kommunikationsbeziehungen mit dem Dienstleistungsanbieter oder seinen Kunden vermittelt werden. Beim **zufriedenheitsorientierten Konzept** wird die Qualitätseinschätzung des Kunden als Reaktion auf die Diskrepanz zwischen erwarteter und erlebter Dienstleistungsqualität definiert. Entsprechend diesem Konzept bewertet der Kunde die Dienstleistungsqualität um so positiver bzw. ist seine Zufriedenheit um so höher, je geringer aus seiner Sicht die Diskrepanz zwischen erwarteter und erlebter Qualität ausfällt. Folglich muss der Kunde über eigene Erfahrungen mit der Dienstleistung verfügen und kann sich nicht auf Aussagen des Dienstleistungsanbieters oder anderer Kunden verlassen. Im Gegensatz zur einstellungsorientierten Qualitätseinschätzung ist für die zufriedenheitsorientierte Qualitätsbewertung somit eine vorangegangene Interaktion zwischen dem Dienstleistungsanbieter und dem Kunden erforderlich.

Zur Erfassung der Dienstleistungsqualität im Rahmen der Multiattributverfahren werden insbesondere die beiden alternativen Messansätze Eindrucks- und Divergenzmessung herangezogen (vgl. z.B. Benkenstein 1993, S. 1103). Bei der **Eindrucksmessung** wird zusätzlich zur Bewertung der einzelnen Qualitätsmerkmale auch eine Wichtigkeitseinschätzung der Merkmale auf Ratingskalen vorgenommen. Das Qualitätsurteil (Q) ergibt sich, indem man die Produkte aus der Bewertungskomponente (QB_i) und der Wichtigkeitskomponente (w_i) für die einzelnen Qualitätsmerkmale 1 – i additiv verknüpft:

$$Q = \Sigma\, QB_i \cdot w_i$$

Mit Hilfe der Eindrucksmessung können die Diskrepanzen zwischen der erwarteten und erlebten Dienstleistungsqualität nicht erfasst werden. Deshalb ist dieser Ansatz zur Messung der zufriedenheitsorientierten Dienstleistungsqualität ungeeignet. Im Rahmen der **Divergenzmessung** wird neben der Qualitätsbeurteilung (QB_i) auch die Qualitätserwartung (QE_i) für die einzelnen Merkmale auf Ratingskalen erhoben. Die sich ergebenden Divergenzen zwischen der erwarteten und der erlebten Qualität werden als Maßstab für die Qualitätsbeurteilung herangezogen. Zum Qualitätsurteil (Q) gelangt man dann durch die Addition der merkmalsbezogenen Einzeldiskrepanzen:

$$Q = \Sigma\, |\, QE_i - QB_i\,|$$

Dieser Messansatz kann zur Erfassung der zufriedenheitsorientierten Dienstleistungsqualität herangezogen werden. Darüber hinaus ist die Divergenzmessung auch im Rahmen der eindrucksorientierten Qualitätsmessung anwendbar.

Bei einer Anwendung der multiattributiven Messverfahren durch die öffentlichen Verwaltungen stellt die Festlegung der Qualitätsmerkmale, mit deren Hilfe die Qualitätsbeurteilung durch die Verwaltungskunden erfolgen soll, ein zentrales Problem dar. Bei der Merkmalsbestimmung empfiehlt es sich, von der sehr verbreiteten Untergliederung der Dienstleistungsqualität in eine Potenzial-, eine Prozess- und eine Ergebnisdimension auszugehen (vgl. Donabedian 1980, S. 81 ff.). Auf der Grundlage dieser drei Qualitätsdimensionen können dann geeignete Qualitätsmerkmale für die öffentlichen Verwaltungen abgeleitet werden. Die **Potenzialdimension** umfasst die Fähigkeiten bzw. die Leistungsvoraussetzungen des Dienstleistungsanbieters in sachlicher, personeller und organisatorischer Hinsicht. Als typische Potenzialmerkmale für öffentliche Verwaltungen kommen z.B. Lage, Erreichbarkeit und Ausstattung der Gebäude, Anzahl und Qualifikation der Mitarbeiter, Öffnungs- und Sprechzeiten in Frage. Die **Prozessdimension** betrifft alle Aktivitäten bzw. alle Prozesse während der Leistungserstellung. Typische Prozessmerkmale für öffentliche Verwaltungen sind z.B. Wartezeiten, Störungen bei Gesprächen mit den Mitarbeitern, Freundlichkeit und Höflichkeit der Mitarbeiter beim Umgang mit den Bürgern. Die **Ergebnisdimension** bezieht sich auf das eigentliche Dienstleistungsergebnis bzw. die erbrachte Leistung am Ende des Dienstleistungsprozesses. Als typische Ergebnismerkmale für öffentliche Verwaltungen sind z.B. die Verständlichkeit und Nachvollziehbarkeit von Verwaltungsentscheidungen und die Auswirkungen dieser Entscheidungen auf die Verwaltungskunden zu nennen.

Eine kundenorientierte Qualitätsbeurteilung unter Verwendung von Qualitätsmerkmalen aus allen drei Qualitätsdimensionen ist jedoch nur möglich, wenn die Verwaltungskunden auch über die Leistungspotenziale und die Leistungsprozesse der Verwaltungen in ausreichendem Maße informiert sind. Dieses ist im Regelfall nur bei Verwaltungsprodukten aus der Gruppe der Individualgüter der Fall, an deren Erstellung der Leistungsnachfrager als Person direkt beteiligt ist. Ansonsten wird man sich bei der Qualitätsmessung aus Kundensicht im Allgemeinen auf Qualitätsmerkmale beschränken müssen, die sich auf die Ergebnisdimension beziehen. Bei der Beurteilung der jeweils definierten Qualitätsmerkmale durch die Verwaltungskunden sollte eine doppelte Ratingskala Verwendung finden. Mit der einen Skala wird die Bewertung des aktuellen Zustands der einzelnen Qualitätsmerkmale erfasst. Mit der anderen Skala wird bei der Eindrucksmessung die Einschätzung der Wichtigkeit der betreffenden Qualitätsmerkmale und bei der Divergenzmessung die Qualitätserwartung bezüglich der jeweiligen Qualitätsmerkmale erhoben.

Anhand der Ergebnisse der multiattributiven Qualitätsmessung lässt sich überprüfen, ob bzw. in welchem Umfang die angestrebten Qualitätsziele erreicht worden sind. Außerdem bieten die Resultate Anhaltspunkte für Entscheidungen über geeignete Maßnahmen zur Qualitätsverbesserung. Darüber hinaus liefert sowohl die Eindrucksmessung als auch die Divergenzmessung eindeutige Messwerte für die Gesamtqualität einer Dienstleistung.

Mit Hilfe der **ereignisorientierten Verfahren der Qualitätsmessung** sollen die Erlebnisse der Kunden in den einzelnen Phasen des Dienstleistungsprozesses erfasst und analysiert werden. Diesen Verfahren liegt die Annahme zugrunde, dass die Kunden aus der Vielzahl der Situationen während eines Dienstleistungsprozesses bestimmte Ereignisse als besonders qualitätsrelevant wahrnehmen. Zu den ereignisorientierten Verfahren zählen vor allem die sequentielle Ereignismethode und die Critical Incident-Technik (vgl. z.B. Bruhn 1997, S. 82 ff.). Grundsätzlich können diese Verfahren der Ereignismessung, die für die Anwendung im privaten Dienstleistungsbereich entwickelt wurden, auch von öffentlichen Verwaltungen genutzt werden.

Im Rahmen der **sequentiellen Ereignismethode** wird der Dienstleistungsprozess zunächst in mehrere Phasen gegliedert. Danach wird ein sogenannter **Blueprint** erstellt. Es handelt sich dabei um eine Grafik, die den Ablauf der einzelnen Prozessphasen und insbesondere den Kontaktverlauf zwischen dem Dienstleistungsanbieter und seinen Kunden während der Dienstleistungsproduktion wiedergibt. Mit Hilfe dieses Blueprints können sämtliche Kundenkontaktsituationen erfasst werden (vgl. z.B. Stauss/Hentschel 1991, S. 242). Auf der Basis dieses grafischen Ablaufdiagramms sollen die befragten Kunden in persönlichen Interviews den abgeschlossenen Dienstleistungsprozess nochmals „gedanklich-emotional" durchgehen und ihre Eindrücke schildern. Bei jeder Kundenkontaktsituation des Blueprints wird nach dem wahrgenommenen Ablauf, den Empfindungen und den jeweiligen Bewertungen gefragt. Auf diese Weise können alle Phasen des Dienstleistungsprozesses und alle direkten Kontakte zwischen Anbieter und Nachfrager aus aktueller und subjektiver Kundensicht bewertet werden.

Mit Hilfe der **Critical Incident-Technik** sollen kritische Ereignisse im Rahmen der Interaktion zwischen dem Dienstleistungsanbieter und seinen Kunden erhoben und ausgewertet werden. Es handelt sich dabei um Ereignisse während des Dienstleistungsprozesses, die von den Kunden als außergewöhnlich positiv oder besonders negativ empfunden werden. Die Kunden werden in standardisierten, offenen Interviews gebeten, die kritischen Ereignisse möglichst konkret und mit der Angabe sämtlicher Details zu schildern. Die erhobenen positiven und negativen Erlebnisse werden danach einem mehrstufigen Auswertungsverfahren unterzogen, bei dem auf der Basis von Inhaltsanalysen typische Erlebniskategorien gebildet und kategorienbezogen die Häufigkeiten der Erlebnisse ermittelt werden.

Die ereignisorientierten Verfahren der Qualitätsmessung sind insbesondere für komplexe Dienstleistungsprozesse geeignet, die sich durch direkte Kunden-Mitarbeiter-Kontakte, intensive persönliche Kommunikation und umfassende Kundenbeteiligung auszeichnen. Die Ereignismessung stellt wertvolle Informationen für die Qualitätskontrolle und für die Auswahl geeigneter Maßnahmen zur Qualitätsverbesserung bereit. Allerdings muss bezweifelt werden, ob man mit den ereignisorientierten Verfahren überhaupt ein eindeutige Messung der Dienstleistungsqualität vornehmen kann (vgl. entsprechend Benkenstein 1993, S. 1104). Im Rahmen dieser Verfahren werden nur einzelne, besonders herausragende Ereignisse aus Kundensicht bzw. Erlebnisse der Kunden erfasst und analysiert. Dabei wird angenommen, dass gerade diese Schlüsselerlebnisse die subjektive Qualitätswahrnehmung und das Folgeverhalten der Kunden beeinflussen. Im Rahmen der Ereignismessung wird somit nicht die Qualitätswahrnehmung an sich erfasst, sondern es werden deren Einflussfaktoren erhoben. Dementsprechend lässt sich auf der Basis der jeweils identifizierten Kundenerlebnisse, die auf einzelne Qualitätsstärken oder -schwächen aus Kundensicht hindeuten, auch kein einheitliches und umfassendes Qualitätsmaß für die jeweils betrachtete Dienstleistung ermitteln. Folglich sollten die öffentlichen Verwaltungen in erster Linie auf die multiattributiven Verfahren zurückgreifen, wenn sie im Rahmen der Leistungsrechnung eine fundierte Qualitätsbewertung der Verwaltungsprodukte aus Kundensicht vornehmen wollen.

Die Aufgaben des operativen Verwaltungscontrolling bestehen im Wesentlichen darin, geeignete Verfahren zur Messung der Dienstleistungsqualität auszuwählen, unter Beachtung der verwaltungsspezifischen Gegebenheiten zu modifizieren und in die öffentlichen Verwaltungen einzuführen. Weiterhin kann das operative Verwaltungscontrolling Serviceleistungen im Rahmen der laufenden Erhebung, Aufbereitung und Auswertung der Qualitätsdaten erbringen.

4.2.3 Kennzahlen und Kennzahlensysteme zur operativen Informationsversorgung

Aus der Vielzahl der operativen Informationen, die aus dem öffentlichen Rechnungswesen oder aus anderen Informationsquellen stammen, müssen in der Phase der Informationsverarbeitung **Kennzahlen** entwickelt werden. Im Allgemeinen versteht man unter Kennzahlen jene Zahlen, die betrieblich relevante Sachverhalte in verdichteter und quantitativ messbarer Form wiedergeben (vgl. Reichmann 2001, S. 19). Die Vorteile der Kennzahlen liegen darin, dass sich mit ihrer Hilfe auch komplexe Tatbestände und Zusammenhänge verdeutlichen und präzise darstellen lassen.

Kennzahlen können auf unterschiedliche Weise klassifiziert werden (vgl. z.B. Meyer 1994, S. 6 ff.). Von besonderer Bedeutung ist die Klassifikation der Kennzahlen nach **statistisch-methodischen Gesichtspunkten**. Hierbei unterteilt man die Kennzahlen in absolute und relative Zahlen. Absolute Kennzahlen können Summen (z.B. Gesamtzahl der Mitarbeiter), Differenzen (z.B. Abweichung zwischen Plan- und Istkosten) und Mittelwerte (z.B. durchschnittliche Bearbeitungszeit) sein. Bei den relativen Kennzahlen bzw. Verhältniskennzahlen unterscheidet man nach Gliederungs-, Beziehungs- und Indexzahlen. Die

Gliederungszahlen geben den Anteil einer Teilgröße an der jeweiligen Gesamtgröße an (z.B. Anteil der Personalkosten an den Gesamtkosten). Bei den Beziehungszahlen werden zwei verschiedenartige Größen zueinander ins Verhältnis gesetzt (z.B. Anzahl der bearbeiteten Anträge pro Mitarbeiter). Die Indexzahlen stellen schließlich das Verhältnis zweier gleichartiger Größen dar, wobei eine der Größen mit 100 gleichgesetzt wird (z.B. Entwicklung der Materialkosten im Vergleich zum Basisjahr mit einem Index in Höhe von 100).

Kennzahlen sind wichtige Instrumente, die in allen Planungs- und Kontrollphasen zum Einsatz kommen. Sie können sowohl normative als auch deskriptive Größen sein. **Normative Kennzahlen** dienen zur Eingrenzung von Entscheidungsfeldern oder als Zielvorgaben für Managemententscheidungen. **Deskriptive Kennzahlen** stellen hingegen Sachverhalte dar, die näher zu analysieren sind und eventuell Anlass für die Entwicklung von Gegensteuerungsmaßnahmen geben.

Der Informationsgehalt von Kennzahlen lässt sich verbessern, wenn man die betreffenden Kennzahlen in Vergleiche einbindet. Derartige Kennzahlenvergleiche können als Zeit-, Betriebs- und Soll-Ist-Vergleiche durchgeführt werden. Bei einem **Zeitvergleich** werden Kennzahlen eines Betriebs aus verschiedenen Zeiträumen bzw. zu verschiedenen Zeitpunkten miteinander verglichen. Man stellt z.B. die Istwerte ausgewählter Kennzahlen aus einer bestimmten Periode den entsprechenden Werten aus der Vorperiode gegenüber, erfasst mögliche Abweichungen zwischen den Kennzahlen und analysiert sie. Mit Hilfe des Zeitvergleichs können wichtige Trendinformationen gewonnnen werden. Darüber hinaus lassen sich mittels eines Kennzahlenvergleichs über mehrerer Perioden hinweg Besonderheiten und Zufälligkeiten einzelner Perioden aufdecken und bereinigen.

Der **Betriebsvergleich** lässt sich als inner- und zwischenbetrieblicher Vergleich durchführen Bei einem innerbetrieblichen Vergleich erfolgt eine Gegenüberstellung von Kennzahlen, die sich auf eine abgeschlossene Periode bzw. auf einen vergangenen Zeitpunkt beziehen und aus unterschiedlichen Betriebsbereichen stammen. Innerbetriebliche Vergleiche werden beispielsweise in Kommunalverwaltungen intrakommunale Vergleiche genannt. Bei einem intrakommunalen Vergleich werden Istwerte von Kennzahlen aus mehreren gleichartigen Einrichtungen einer Gemeinde wie z.B. Hallenbäder oder Altenheime erfasst, eventuelle Abweichungen ermittelt und die Abweichungsursachen untersucht. Von einem zwischenbetrieblichen Vergleich spricht man, wenn zeitpunkt- oder zeitraumbezogene Kennzahlen, die in mehreren Betrieben erhoben wurden, miteinander verglichen werden. Derartige Vergleich werden z.B. im kommunalen Bereich als interkommunale Vergleiche bezeichnet. In diesem Fall werden Istwerte von Kennzahlen aus gleichartigen Einrichtungen mehreren Gemeinden wie z.B. Müllabfuhr oder Abwasserbeseitigung erfasst, mögliche Abweichungen ermittelt und analysiert. Mit Hilfe des Betriebsvergleichs können wertvolle Informationen zur Bestimmung der Position des eigenen Betriebs bzw. Betriebsbereichs im Verhältnis zu den Vergleichseinheiten und zur Entwicklung geeigneter Maßnahmen zur Verbesserung der eigenen Position bereitgestellt werden.

Bei einem **Soll-Ist-Vergleich** werden Kennzahlen eines Betriebs in Form von Soll- und Istwerten miteinander verglichen. Die zu vergleichenden Werte müssen sich auf den gleichen Zeitraum bzw. Zeitpunkt beziehen. Festgestellte Abweichungen zwischen den Sollvorgaben und den tatsächlich realisierten Werten müssen auf ihre Ursachen hin untersucht werden. Die Untersuchungsergebnisse können Anlass für die Entwicklung und Umsetzung von Gegensteuerungsmaßnahmen sein.

Im Allgemeinen benötigt man für die Untersuchung und Beurteilung von Sachverhalten sowie für Planungsentscheidungen nicht nur eine, sondern mehrere Kennzahlen. Dabei kommt es leicht zu ungenauen und mehrdeutigen Aussagen, wenn man die ausgewählten Kennzahlen nur isoliert betrachtet und die Abhängigkeitsbeziehungen zwischen ihnen nicht berücksichtigt. Um den Aussagewert von Kennzahlen zu erhöhen und die Gefahr von Fehlinterpretationen zu vermindern, müssen die Beziehungen zwischen den herangezogenen Kennzahlen berücksichtigt und die Kennzahlen in eine Ordnung gebracht werden. Auf diese Weise entsteht ein Kennzahlensystem. Bei einem **Kennzahlensystem** handelt es ich um eine systematische Zusammenstellung von Kennzahlen, die in einer sachlich sinnvollen Beziehung zueinander stehen, sich gegenseitig erklären oder ergänzen und auf einen gemeinsamen übergeordneten Sachverhalt hin ausgerichtet sind (vgl. Reichmann/Lachnit 1976, S. 707).

In der Privatwirtschaft haben sich verschiedene Kennzahlensysteme herausgebildet, bei denen es sich entweder um Ordnungssysteme oder um Rechensysteme handelt. Für **Ordnungssysteme** ist kennzeichnend, dass die Kennzahlen unter Berücksichtigung bestimmter, für das Unternehmen relevanter Sachverhalte ausgewählt und zu Gruppen zusammengefasst werden (z.B. Kennzahlen für den Beschaffungs-, den Produktions- und den Absatzbereich). Zwischen den Kennzahlen bestehen sachlogische Verknüpfungen, ohne das zwingend eine rechnerische Zerlegung der Kennzahlen möglich wäre. Bei den **Rechensystemen** bestehen sowohl sachlogische als auch rechnerische Beziehungen zwischen den Kennzahlen. Ausgehend von einer Spitzenkennzahl werden mittels geeigneter rechnerischer Methoden weitere Kennzahlen abgeleitet bzw. gebildet. Das Ergebnis der Rechenoperationen ist eine Kennzahlenpyramide. Bei der Entwicklung der hierarchisch strukturierten Rechensysteme ist die Auswahl einer Spitzenkennzahl von besonderer Bedeutung. Mit ihrer Hilfe soll die betriebswirtschaftlich wichtigste Aussage des Rechensystems in komprimierter Form vermittelt werden.

Als ältestes und bekanntestes Kennzahlensystem, das vielfach auch als Grundlage für alle weiteren Kennzahlensysteme angesehen wird, gilt das bereits 1919 für den Chemiekonzern DuPont entwickelte und seitdem häufiger überarbeitete **DuPont-System of Financial Control** bzw. **DuPont-System** (vgl. z.B. Reichmann 1993, Sp. 2159 ff.; Botta 1996, S. 409 ff.; Siegwart 1998, S. 30 ff.). Bei diesem Kennzahlensystem wird von der relativen Größe Gesamtkapitalrentabilität (Return on Investment) als Spitzenkennzahl ausgegangen. Es erfolgt eine rechnerische Auflösung dieser Spitzenkennzahl in weitere Einzelkennzahlen. Beim DuPont-System handelt es sich folglich um ein Rechensystem, das in Pyramidenform aufgebaut ist. Aufgrund der Aufspaltung der Spitzenkennzahl in weitere Kennzahlen können Ursache-Wirkungs-Beziehungen sichtbar gemacht und die wichtigsten Einflussfaktoren für das Unternehmensergebnis einer systematischen Analyse unterzogen werden. Durch die Formulierung von Plankennzahlen kann das DuPont-System auch als Planungsinstrument Verwendung finden.

Ein Beispiel für ein Ordnungssystem ist das von Reichmann und Lachnit konzipierte **Rentabilitäts-Liquiditäts-Kennzahlensystem** (vgl. Reichmann/Lachnit 1976, S. 705 ff.; Reichmann 2001, S. 32 ff.). Abweichend vom DuPont-System verfügt dieses Kennzahlensystem über zwei Spitzenkennzahlen, nämlich Rentabilität (Erfolg) und Liquidität, und verzichtet weitgehend auf die rechnerische Verknüpfung der Kennzahlen. Das Rentabilitäts-Liquiditäts-Kennzahlensystem dient nicht nur zu Analyse- und Kontrollzwecken, sondern soll auch entscheidungsbezogene Daten für die Planungsaufgaben liefern. Es gliedert sich in einen allgemeinen Teil und in einen Sonderteil. Der allgemeine Teil ist unternehmensübergreifend konzipiert und eignet sich somit auch für zwischenbetriebliche Vergleiche. Im Sonderteil werden unternehmensspezifische Besonderheiten erfasst, mit deren Hilfe man vertiefende Ursachenanalysen und Kontrollen durchführen kann.

Außerdem ist auf die von Kaplan und Norton entwickelte **Balanced Scorecard** zu verweisen (vgl. z.B. Kaplan/Norton 1997; Norton/Kappler 2000). Dieses Kennzahlensystem zählt gleichfalls zur Gruppe der Ordnungssysteme und ist durch eine ausgewogene Zusammenstellung von Kennzahlen aus unterschiedlichen Perspektiven gekennzeichnet. Die Balanced Scorecard wird in erwerbswirtschaftlichen Unternehmen insbesondere zur Implementierung strategischer Planungen herangezogen (vgl. zur Darstellung der Balanced Scorecard 3.3.4).

Die Kennzahlensysteme haben sowohl eine Informationsfunktion als auch eine Vorgabefunktion. Die in den einzelnen Systemen zusammengefassten Kennzahlen sind wichtige Orientierungsgrößen für das Management bei der Bewältigung seiner Planungs- und Kontrollaufgaben. Die deskriptiven Kennzahlen werden insbesondere für Kontroll- und Analysezwecke verwendet. Die normativen Kennzahlen werden zur Zielerreichungskontrolle herangezogen und sind außerdem Vorgaben für weitere Ziel- und Maßnahmenplanungen. Das Balanced Scorecard-System hat darüber hinaus eine Umsetzungsfunktion, indem es die Umsetzung von strategischen Vorgaben in operative Pläne erleichtert.

In zunehmendem Maße werden Kennzahlen und Kennzahlensysteme auch in öffentlichen Verwaltungen genutzt. Für öffentliche Verwaltungen sind Kennzahlensysteme in Form von Rechensystemen ungeeignet, da eine durchgehende rechnerische Verknüpfung der Verwaltungskennzahlen nicht möglich ist. Folglich handelt es sich bei den verwaltungsspezifischen Kennzahlensystemen um Ordnungssysteme. Außerdem sind Kennzahlensysteme, die - wie beispielsweise das DuPont-System oder das Rentabilitäts-Liquiditäts-System - ausschließlich oder zum größten Teil aus finanziellen Kennzahlen bestehen, für öffentliche Verwaltungen nicht sinnvoll. Die Kennzahlensysteme für öffentliche Verwaltungen müssen mehrdimensionale Systeme sein, die aus finanziellen und nicht finanziellen Größen bestehen. Nur mit Hilfe finanzieller Kennzahlen kann die Situation öffentlicher Verwaltungen nicht umfassend beurteilt werden.

Die verwaltungsspezifischen Kennzahlensysteme können sowohl für die Gesamtverwaltung als auch für einzelne Verwaltungsteile wie z.B. die Produkt- und Querschnittsbereiche entwickelt werden. In Anlehnung an das Balanced Scorecard-Konzept (vgl. 3.3.4) lassen sie sich in mehrere unterschiedliche Perspektiven gegliedern. Dabei kommen insbesondere die Kunden- bzw. Bürgerperspektive, die interne Prozessperspektive, die Lern- und Entwicklungsperspektive (unter besonderer Berücksichtigung der Mitarbeiter) und die Finanzperspektive in Betracht. Eine weitere Möglichkeit besteht darin, die Kennzahlensysteme der öffentlichen Verwaltungen nach Zielfeldern zu strukturieren (vgl.

z.B. KGSt 2001 c, S. 25). So lassen sich z.B. in Anlehnung an das von der KGSt entwickelte System kommunaler Zielfelder die Kennzahlensysteme öffentlicher Verwaltungen in die drei Kennzahlenbereiche Bürger/Kunden, Prozesse/Strukturen und Ressourcen gliedern und bei Bedarf weitere Aufteilungen dieser Bereiche entsprechend der von der KGSt entwickelten Zielfelderdifferenzierung vornehmen (vgl. KGSt 2001 a, S. 15). Eine Aufgliederung der drei Kennzahlenbereiche Bürger/Kunden, Prozesse/Strukturen und Ressourcen entsprechend der Zielfelderdifferenzierung der KGSt kann der Abb. 4-7 entnommen werden (vgl. Pook/Tebbe 2002, S. 61).

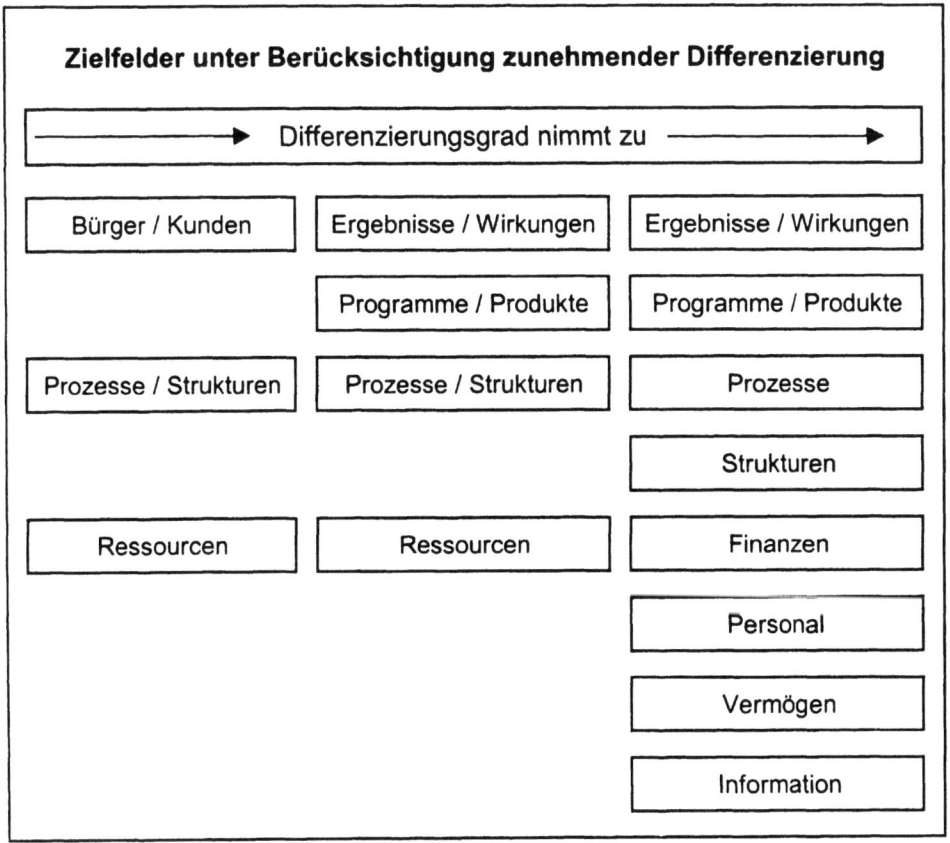

Abb. 4-7: Mögliche Aufgliederung der Kennzahlenbereiche öffentlicher Verwaltungen

Im Zusammenhang mit der Anwendung von Kennzahlen und Kennzahlensystemen in öffentlichen Verwaltungen stellen sich für das operative Verwaltungscontrolling vor allem zwei Aufgaben. Zum einen geht es um die Kennzahlennormung bzw. Kennzahlendefinition. Die Controller sollen Vorschläge für geeignete Kennzahlen machen bzw. das Verwaltungsmanagement bei der eigenen Entwicklung von Kennzahlen unterstützen. Dabei muss das operative Verwaltungscontrolling insbesondere im Hinblick auf die Durchführung von Kennzahlvergleichen darauf achten, dass die Kennzahlen nach einheitlichen Kriterien (z.B. bezüglich Abgrenzung, Berechnung und Zeit) gebildet werden. Zum anderen zählt die Entwicklung von Kennzahlensystemen zu den Aufgaben des operativen Verwaltungscontrolling. Diese Tätigkeit muss in enger Abstimmung mit dem Verwaltungsmanagement erfolgen, für das die Kennzahlensysteme in erster Linie gedacht sind. Darüber hinaus müssen die Anregungen und Erfahrungen der Mitarbeiter berücksichtigt werden, die an der Erstellung der Kennzahlensysteme beteiligt sind. Die Entwicklung der Kennzahlensysteme sollte folglich unter Verwendung des Gegenstromverfahrens vorgenommen werden.

4.2.4 Berichtswesen im Rahmen der operativen Informationsversorgung

Im Anschluss an die Aufbereitung der operativen Informationen muss die Weiterleitung der Informationen an die jeweiligen Empfänger erfolgen. Es handelt sich dabei in erster Linie um die Führungskräfte in den öffentlichen Verwaltungen, die mit operativen Planungs- und Kontrollaufgaben betraut sind. In geringerem Maße zählen auch übergeordnete politische Instanzen zu den Berichtsempfängern. Die Informationsübermittlung obliegt dem **Berichtswesen**. Da die zu übermittelnden Informationen in der Regel in Berichten zusammengefasst werden, zählt auch die Erstellung von Berichten zu seinem Aufgabenbereich. Das Berichtwesen dient folglich der Weiterleitung von Planungs- und Kontrollinformationen, die in Berichtsform zusammengefasst sind (vgl. entsprechend Horváth 2001, S. 606).

Im Rahmen des Berichtswesen müssen insbesondere die folgenden Fragen beantwortet werden (vgl. Blohm 1974, S. 13 f.):

1. Wozu soll berichtet werden?
2. Was soll berichtet werden?
3. Wer soll an wen berichten?
4. Wann soll berichtet werden?

Bei der ersten Frage geht es um die Festlegung des **Berichtszwecks**. Im Rahmen der operativen Informationsversorgung soll das Berichtswesen steuerungsrelevante Informationen an die Entscheidungsträger übermitteln, die sie für die operative Planung und Kontrolle benötigen. Der jeweilige Berichtszweck kann genauer bestimmt werden, indem man jeweils abklärt, für welche unterschiedlichen Planungs- und Kontrollaufgaben die Informationen benötigt werden.

In enger Beziehung zur Frage nach dem Berichtszweck steht die zweite Frage, die sich auf den **Berichtsinhalt** bezieht. Bei der Auswahl der Informationen, die in einem Bericht enthalten sein sollen, muss man sich in erster Linie an dem konkreten Informationsbedarf der Berichtsempfänger ausrichten. Aufgrund der Komplexität der Planungs- und Kontrollprozesse und der hohen Veränderungsdynamik in den öffentlichen Verwaltungen und ihrer Umwelt kommt es zu einer permanenten Änderung des Informationsbedarfs. Dadurch sind einer objektiven Festlegung des Informationsbedarfs enge Grenzen gesetzt. Folglich sollte das operative Verwaltungscontrolling die Informationsauswahl nicht eigenständig vornehmen, sondern die Berichtsinhalte in enger Abstimmung mit den Berichtsempfängern und unter Berücksichtigung ihrer subjektiven Informationsnachfrage festlegen. Neben der Informationsauswahl ist die Verdichtung der Informationen eine weitere wichtige Aufgabe im Rahmen der Festlegung der Berichtsinhalte. Bei der Verdichtung werden Einzelinformationen mit Hilfe geeigneter Klassifikationsschlüssel zusammengefasst. So ist z.B. eine Verdichtung von Daten über die drei Ebenen Produkte, Produktgruppen und Produktbereiche möglich. Da die Führungskräfte auf höheren Managementebenen im Regefall stärker verdichtete Informationen benötigen, empfiehlt sich die Vornahme einer hierarchiebezogenen Verdichtung der Informationen. Dabei richtet sich der Grad der Verdichtung nach der jeweiligen Hierarchieebene. Je höher der Berichtsempfänger in der Verwaltungshierarchie angesiedelt ist, desto stärker sollten seine Informationen verdichtet sein. Es können mehrere Verdichtungen miteinander kombiniert werden, wenn ein Datenbestand unter unterschiedlichen Aspekten analysiert werden soll. Eine hierarchiebezogene Verdichtung der Daten im Rahmen des Berichtswesens für Kommunalverwaltungen kann der Abb. 4-8 entnommen werden.

Oberste Verwaltungsleitung (Top Management)	Berichte mit einem hohen Verdichtungsgrad der Informationen
Fachbereichsleitung (Middle Management)	Berichte mit einem mittleren Verdichtungsgrad der Informationen
Fachamtsleitung (Lower Management)	Berichte mit einem geringen Verdichtungsgrad der Informationen

Abb. 4-8: Berichtshierarchie mit drei Ebenen für Kommunalverwaltungen

Mit der dritten Frage werden die Berichtsrechte und die Berichtspflichten angesprochen. Die **Berichtsrechte** bestimmen, wer in den öffentlichen Verwaltungen welche Informationen erhalten soll. Neben den verwaltungsbezogenen Berichtsrechten können auch derartige Rechte für politische Instanzen vorliegen. Die Berichtsrechte sind zum einen hierarchieabhängig. Die Führungskräfte auf hohen Hierarchieebenen verfügen im Regelfall über umfassendere Informationsrechte als die Führungskräfte auf den nachgeordneten Führungsebenen der Verwaltungen. Zum anderen sind die Berichtsrechte funktionsabhängig. So kann z.B. die Personalabteilung auf Daten aus den Fachbereichen, die sie für ihre Arbeit benötigt, zurückgreifen, obwohl ihr die Fachbereiche disziplinarisch nicht unterstellt sind. Die **Berichtspflichten** regeln, wer welche Informationen bereitstellen muss. In öffentlichen Verwaltungen ergeben sich die Berichtspflichten zwischen den einzelnen Führungsebenen sowie zwischen der obersten Verwaltungsführung und den politischen Instanzen aus den Weisungsbeziehungen und entsprechenden Vereinbarungen (z.B. im Rahmen eines Kontraktmanagements).

Die vierte Frage betrifft die zeitlichen Berichtsmerkmale. In diesem Zusammenhang wird zwischen dem Berichtstermin und der Berichtshäufigkeit unterschieden. Beim **Berichtstermin** handelt es um den Zeitpunkt, zu dem der Bericht den jeweiligen Adressaten zur Verfügung steht. Die **Berichtshäufigkeit** entspricht dem Rhythmus der Berichterstattung. So werden z.B. Berichte im wöchentlichen, monatlichen, quartalsmäßigen oder jährlichen Rhythmus erstellt. Bei der Festlegung der Berichtstermine wird man sich vornehmlich an der jeweils gewünschten Aktualität der Informationen orientieren. Die Berichtshäufigkeit wird hingegen entscheidend vom Rhythmus der Auswertungsnotwendigkeit bestimmt (vgl. Horváth 2001, S. 606). Im Allgemeinen kann davon ausgegangen werden, dass Berichte mit operativen Informationen in relativ kurzen Zeitabständen zu erstellen sind.

Für das Berichtswesen sind vor allem drei Berichtsarten von Bedeutung. Im Hinblick auf den Anlass für die Berichtserstellung und unter Berücksichtigung der Erscheinungsweise des Berichts können Standardberichte, Abweichungsberichte und Bedarfsberichte voneinander unterschieden werden. Die **Standardberichte** bilden die Grundlage des Berichtswesens und richten sich insbesondere an die operative Führungsebene. Sie werden in regelmäßigen Zeitabständen erstellt und verteilt. Mit ihrer Hilfe soll ein vorher festgelegter Informationsbedarf eines weitgehend konstanten Adressatenkreises gedeckt werden. Bei dieser Berichtsart sind der Inhalt, die Form und der Berichtszeitpunkt eindeutig festgelegt. Die **Abweichungsberichte** werden nur angefertigt und vorgelegt, wenn vorher bestimmte Toleranzgrenzen überschritten werden. Sie sollen die Aufmerksamkeit auf Abweichungen zwischen Soll- und Istwerten und die möglichen Abweichungsursachen lenken. Sofern z.B. bei einer Kostenstelle die Istkosten um 10 % über den Plankosten liegen und die festgelegte Toleranzgrenze 5 % beträgt, muss für diese Kostenstelle ein Abweichungsbericht erstellt werden. Treten keine Abweichungen auf oder bewegen sich die Abweichungen im Rahmen der Toleranzgrenzen, so unterbleibt die Berichterstattung. Die **Bedarfsberichte** werden von Fall zu Fall angefordert. Der Anlass für die Berichtserstellung ist ein aktuelles Informationsbedürfnis bei den Berichtsempfängern. Die individuell erstellten Bedarfsberichte sollen eine umfassende Analyse spezieller Sachverhalte ermöglichen und dienen vielfach als Ergänzung zu den Standard- und Abweichungsberichten.

Mittels einer effektiven Berichtsgestaltung will man die Übersichtlichkeit und die Verständlichkeit der Berichte verbessern und auf diese Weise eine möglichst hohe Akzeptanz der Berichte bei den jeweiligen Empfängern erreichen. Wichtige Ansatzpunkte für die Berichtsgestaltung sind der formale Aufbau der Berichte und die Darstellung der Informationen. Um einen formal, einheitlichen Aufbau der Berichte zu erreichen, sollte man insbesondere einen einheitlichen Berichtskopf wählen, die Gestaltung der Gliederung, Datenanordnung und Zusammenfassung nach gleichen Kriterien vornehmen und möglichst gleichartige Darstellungsformen verwenden. Die wichtigsten Darstellungsformen im Rahmen der Berichtsgestaltung sind Tabellen, Texte und Grafiken. Die tabellarischen Darstellungen sind für das Berichtswesen besonders wichtig. In Tabellenform lassen sich auch größere Datenmengen übersichtlich darstellen. Es können Vergleiche vorgenommen und Entwicklungen aufgezeigt werden. Texte dienen zum einen zur Kommentierung von Informationen, die bereits in Zahlenform vorliegen. Zum anderen werden sie verwandt, um qualitative Sachverhalte näher zu erläutern. Die grafischen Darstellungen besitzen eine besonders hohe Aussagekraft. Erfahrungsgemäß sind sie besser als die Darstellungen in Tabellenform geeignet, das Erkennen von Zusammenhängen zu erleichtern.

Die nachfolgende Abb. 4-9 zeigt den Aufbau eines Berichtsbogens für einen Standardbericht am Beispiel eines städtischen Museums. Bei der Erstellung des Berichtsbogens wurde auf grafische Darstellungen und verbale Erläuterung verzichtet.

Stadt A: Betriebsanalyse für das städtische Museum

Kennzahlen	Istwert 2003	Planwert 2003	Abweichung vom Plan	Istwert 2002	Abweichung vom Vorjahr
Kosten (in €)	502.500	460.000	+ 42.500	448.500	+ 54.000
Erlöse (in €)	180.900	207.000	- 26.100	188.370	- 7.470
Unterdeckung (in €)	321.600	253.000	+ 68.600	260.130	+ 61.470
Besuchsfälle	24.100	25.300	- 1.200	24.400	- 300
Kosten pro Besuchsfall (in €)	20,85	18,18	+ 2,67	18,38	+ 2,47
Erlös pro Besuchsfall (in €)	7,51	8,18	- 0,67	7,72	- 0,21

Abb. 4-9: Aufbau eines Standardberichts

Die Aufgaben des Verwaltungscontrolling im Rahmen des Berichtwesens bestehen in der Entwicklung eines Berichtssystems, das auf die Bedürfnisse der jeweiligen Empfänger zugeschnitten ist, die laufende Überwachung des Berichtssystems zwecks Aufdeckung von Schwachstellen und die Unterstützung der zuständigen Mitarbeiter bei der Erstellung und Weiterleitung der Berichte.

4.3 Operative Planung und Kontrolle

4.3.1 Formulierung operativer Ziele

Die operativen Ziele der öffentlichen Verwaltungen müssen aus den strategischen Zielsetzungen der Verwaltungen abgeleitet werden. Zwischen den strategischen und den operativen Verwaltungszielen bestehen Zweck-Mittel-Beziehungen, die dadurch gekennzeichnet sind, dass die operativen Ziele Mittelcharakter für die Erfüllung der übergeordneten strategischen Ziele haben. Ein Zielsystem, bei dem die Ordnung der strategischen und operativen Verwaltungsziele nach Zweck-Mittel-Beziehungen erfolgt, zeigt die Abb. 4-10. Dieser Abbildung kann entnommen werden, dass die strategischen Ziel 1 und 2 Oberziele sind, während die operativen Ziele 1.1, 1.2, 2.1 und 2.2 Unterziele darstellen.

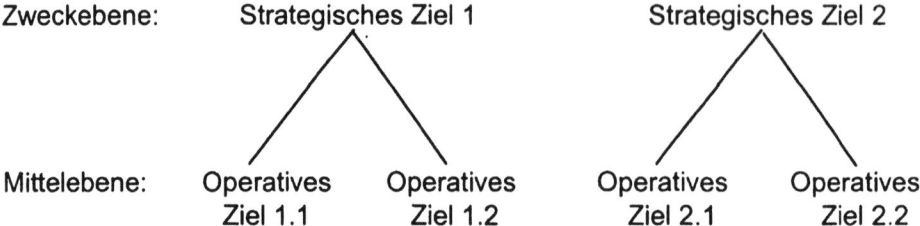

Abb. 4-10: Zielordnung nach Zweck-Mittel-Beziehungen

Zwischen den strategischen Oberzielen und den daraus abgeleiteten operativen Unterzielen bestehen komplementäre Zielbeziehungen. Bei derartigen komplementären Beziehungen fördert die Realisierung der operativen Ziele die Verwirklichung der jeweils übergeordneten strategischen Ziele. Zwischen den einzelnen strategischen Oberzielen einerseits sowie zwischen den auf diese Oberziele ausgerichteten operativen Unterzielen andererseits können auch Zielkonflikte bestehen. Bei einem Zielkonflikt zwischen zwei Zielen beeinträchtigt die Realisierung des einen Ziels die Verwirklichung der anderen Zielsetzung. Sofern konfligierende Zielbeziehungen vorliegen, müssen derartige Zielkonflikte mit Hilfe geeigneter Verfahren gelöst werden. Zur Lösung von Zielkonflikten liegen eine Anzahl von zum Teil sehr anspruchsvollen Verfahren vor (vgl. zu einer Übersicht z.B. Küpper 2001, S. 74 ff.), von denen das **Verfahren der Zielgewichtung** für die praktische Zielplanung besonders geeignet erscheint. Bei diesem Verfahren werden Zielprioritäten gesetzt, indem man den einzelnen Zielen unterschiedliche Gewichtungsfaktoren zuordnet. Auf diese Weise wird eine Differenzierung der konfligierenden Ziele nach Haupt- und Nebenzielen vorgenommen.

Die aus den strategischen Zielvorgaben abgeleiteten operativen Verwaltungsziele dienen als Ausgangs- und Orientierungsbasis für die weitere operative Planung und werden außerdem als Vergleichsgrößen im Rahmen der operativen Kontrolle benötigt. Wenn die operativen Ziele ihre Funktion als Richtschnur für die weitere Planung bzw. als Kontrollmaßstab erfüllen sollen, müssen sie hinreichend präzise formuliert werden. Damit ist die Operationalisierung von Zielen angesprochen. Bei der Zieloperationalisierung handelt es sich um eine Konkretisierung bzw. Präzisierung von Zielen, wobei insbesondere die folgenden drei Dimensionen zur Zielkonkretisierung herangezogen werden:

1. Zielinhalt („Was wollen wir erreichen?"),
2. Zielausmaß („Wie viel wollen wir davon erreichen?"),
3. Zielperiode („Wann wollen wir es erreichen?").

Der **Zielinhalt** steht im Mittelpunkt der Zieloperationalisierung und bezeichnet den sachlichen Gegenstand der zu verfolgenden Ziele. Im Hinblick auf die Zielinhalte wird im Allgemeinen zwischen Sach- und Formalzielen unterschieden. Die Sachziele beziehen sich auf konkrete Handlungs- bzw. Leistungsprogramme und werden folglich auch Leistungsziele genannt. Demgegenüber wird mit Hilfe der Formalziele festgelegt, nach welchen Regeln bzw. unter welchen Voraussetzungen die jeweiligen Sachziele zu verwirklichen sind.

Bei der Formulierung der Sach- bzw. Leistungsziele empfiehlt es sich, von einem weiten Zielbegriff auszugehen, der sich sowohl auf den Leistungsprozess als auch auf die Leistungen als Ergebnisse dieses Prozesses bezieht (vgl. entsprechend Witte/Hauschildt 1966, S. 86 ff.). Demzufolge sollten die Sach- bzw. Leistungsziele öffentlicher Verwaltungen einerseits Sollvorstellungen zu den Leistungsmerkmalen wie z.B. Art und Qualität der Leistungen und andererseits Sollvorgaben zum Leistungsprozess, d.h. zur Erstellung und Abgabe der Verwaltungsleistungen sowie zur Beschaffung der dafür erforderlichen Produktionsfaktoren, enthalten. Bei den Formalzielen wird vielfach eine Unterscheidung nach Erfolgs- und Finanzzielen vorgenommen. Während unter den Erfolgzielen erwerbswirtschaftlicher Unternehmen in der Regel die Gewinnziele dominieren, sind für die öffentlichen Verwaltungen kosten- und wirtschaftlichkeitsorientierte Erfolgsziele wie z.B. Senkung der Kosten, Erzielung bestimmter Kostendeckungsgrade, Zunahme der (Kosten-)Wirtschaftlichkeit und Steigerung der (Arbeits-)Produktivität von Bedeutung. Im Rahmen der Finanzziele wird in erster Linie auf die Gewährleistung einer ständigen Zahlungsfähigkeit abgestellt. Auch für die öffentlichen Verwaltungen sind Finanzziele relevant, welche die Sicherstellung des finanziellen Gleichgewichts bzw. die Liquidität betreffen. Neben diesen Liquiditätszielen verfolgen die öffentlichen Verwaltungen Finanzziele, die sich auf den Umfang und die Struktur der Einnahmen und Ausgaben der Verwaltungen beziehen und deshalb auch als Haushaltsziele bezeichnet werden.

Die Sach- und Formalziele stehen in einer engen Beziehung zueinander. Bei den erwerbswirtschaftlichen Unternehmen liegt eine Dominanz der Formalziele vor. Die Formalziele wie insbesondere die Gewinnziele haben den Charakter von Oberzielen, aus denen die Sachziele abgeleitet werden. Da die allgemein anerkannte Leitmaxime öffentlicher Verwaltungen in der kollektiven Wohlfahrtsförderung (Daseinsvorsorge, -fürsorge und -erhaltung) besteht, ergibt sich demgegenüber bei den öffentlichen Verwaltungen eine grundsätzliche Dominanz der Sach- gegenüber den Formalzielen.

Mit dem **Zielausmaß** wird der erwartete Grad der Zielerreichung unter Verwendung von Messgrößen festgelegt. Grundsätzlich sind zwei unterschiedliche Vorgehensweisen bei der Festlegung des Zielausmaßes möglich, die auch für die Bestimmung des Ausmaßes der operativen Verwaltungsziele von Relevanz sind. Zum einen können unbegrenzte Zielausmaße formuliert werden. Man strebt somit maximale oder minimale Lösungen (z.B. maximale Zunahme der Bürgerzufriedenheit, Minimierung der Verwaltungskosten) an. Zum anderen besteht die Möglichkeit, begrenzte Zielausmaße festzulegen. Begrenzte Zielausmaße können entweder als Zielpunkte (z.B. Einnahmen in Höhe von 500.000 €) oder in Form von Zielzonen (z.B. Einnahmen zwischen 400.000 € und 600.000 €) definiert werden.

Für eine eindeutige Formulierung der operativen Verwaltungsziele ist auch die Festlegung der **Zielperiode**, also der Zeitspanne, in der ein Ziel realisiert werden soll, erforderlich. Dabei wird entweder ein Zeitraum vorgegeben, in welchem das jeweilige Ziel erreicht werden soll (z.B. Kostensenkung im nächsten Quartal um 10.000 €), oder es wird ein Zeitpunkt vorgegeben, bis zu welchem das betreffende Ziel zu realisieren ist (z.B. Erhöhung der Besucherzahlen bis zum Jahresende um 15 %).

Das operative Verwaltungscontrolling unterstützt die Verwaltungsführung bei der Formulierung der operativen Verwaltungsziele. Es stellt der Verwaltungsführung die notwendigen Informationen für die Zielbildung zur Verfügung. Da die operativen Ziele aus den strategischen Zielen abgeleitet werden, sind in diesem Zusammenhang die Ergebnisse einer Erhebung und Analyse der bestehenden strategischen Ziele (vgl. 3.2.2) von besonderer Bedeutung. Im Bedarfsfall kann das operative Verwaltungscontrolling unter Beachtung der strategischen Planvorgaben Vorschläge für operative Verwaltungsziele erarbeiten, die nach Zielinhalt, Zielausmaß und Zielperiode präzisiert sind. Außerdem stellt das operative Verwaltungscontrolling geeignete Verfahren zur Lösung von Zielkonflikten bereit, wendet diese Verfahren gegebenenfalls selbst an und entwickelt Vorschläge zur Lösung der bestehenden Zielkonflikte.

4.3.2 Planung operativer Maßnahmen
4.3.2.1 Grundlagen

Nachdem über die operativen Verwaltungsziele entschieden worden ist, müssen geeignete Maßnahmen zur Realisierung dieser Zielvorgaben geplant werden. Aufgrund der nach herrschender Meinung vorliegenden Sachzieldominanz bei öffentlichen Verwaltungen beschränkt sich die im Folgenden zu behandelnde Maßnahmenplanung öffentlicher Verwaltungen ausschließlich auf die operativen Maßnahmen, die der unmittelbaren Umsetzung der vorgegebenen Sach- bzw. Leistungsziele dienen. Gegenstand der weiteren Ausführungen sind somit ausschließlich operative Maßnahmen, die zur Erstellung der geplanten Verwaltungsleistungen erforderlich sind. Diese Ausrichtung der operativen Maßnahmen auf die Leistungen bzw. Produkte der öffentlichen Verwaltungen lässt sich auch damit begründen, dass bei den meisten Konzepten zur Verwaltungsreform die Produkte die zentrale Steuerungsgröße für das Verwaltungsgeschehen darstellen (vgl. z.B. KGSt 1994, S. 7).

Bei den Leistungen, die öffentliche Verwaltungen erstellen und an ihren jeweiligen Adressatenkreis abgeben, handelt es sich im Regelfall um Dienstleistungen. Eine allgemein anerkannte Dienstleistungsdefinition liegt bisher noch nicht vor. Für die Herausarbeitung eines operablen Dienstleistungsbegriffs erscheinen insbesondere die Definitionsversuche geeignet, bei denen der Dienstleistungsbegriff auf der Grundlage ausgewählter konstitutiver Merkmale bestimmt wird. Im Rahmen dieser merkmalsorientierten Definitionsansätze unterscheidet man zwischen potenzial-, prozess- und ergebnisorientierten Dienstleistungsdefinitionen. Das gemeinsame Ziel dieser drei unterschiedlichen Definitionsansätze ist es, die Dienstleistungen mit Hilfe ausgewählter Merkmale eindeutig von anderen Gütern abzugrenzen.

Im Rahmen der **potenzialorientierten Dienstleistungsdefinitionen** versteht man unter einer Dienstleistung das menschliche und/oder maschinelle Leistungspotenzial eines Dienstleistungsanbieters, mit deren Hilfe am Dienstleistungsnachfrager oder an einem Verfügungsobjekt des Nachfragers eine gewollte Änderung bewirkt oder ein gewollter Zustand erhalten werden soll (vgl. z.B. Meyer 1984, S. 198). In diesem Fall ist der Gegenstand eines Leistungsvertrags zwischen Dienstleistungsanbieter und -nachfrager lediglich ein Leistungsversprechen und kein konkretes Absatzobjekt. Die **prozessorientierten Dienstleistungsdefinitionen** stellen den Prozesscharakter der Dienstleistung in den Vordergrund. Unter Dienstleistungen versteht man demzufolge „...der Bedarfsdeckung Dritter dienende Prozesse mit materiellen und/oder immateriellen Wirkungen, deren Vollzug und deren Inanspruchnahme einen synchronen Kontakt zwischen Leistungsgeber und Leistungsnehmer bzw. deren Objekten von der Bedarfsdeckung her erfordert." (Berekoven 1983, S. 23). Für diese Dienstleistungsinterpretationen sind demzufolge die Gleichzeitigkeit von Produktion und

Absatz im Rahmen des Dienstleistungsprozesses und die Notwendigkeit der Integration eines externen Faktors in Form des Dienstleistungsnachfragers oder eines Objekts aus seinem Verfügungsbereich von besonderer Bedeutung. Die **ergebnisorientierten Dienstleistungsdefinitionen** knüpfen an das Ergebnis des Dienstleistungsprozesses und den daraus resultierenden Nutzen an. Unter einer Dienstleistung wird in diesem Fall eine abgeschlossene dienstleistende Tätigkeit verstanden, die geeignet ist, einen Nutzen für den Nachfrager zu stiften. Die Vertreter des ergebnisorientierten Ansatzes stellen die Wirkung der Dienstleistung in den Mittelpunkt und betonen darüber hinaus den immateriellen Charakter des Dienstleistungsergebnisses (vgl. z.B. Maleri 1973, S. 5).

Diese drei Definitionsansätze stellen jeweils sehr unterschiedliche Aspekte und Elemente der Dienstleistungen heraus, so dass man sich bei der Betrachtung von Dienstleistungen nicht auf einen dieser Ansätze beschränken sollte. Zur Beschreibung der Güterart Dienstleistung empfiehlt es sich, eine phasenbezogene Integration der potenzial-, prozess- und ergebnisorientierten Dienstleistungsinterpretationen vorzunehmen (vgl. z.B. Hilke 1984, S. 17. ff.). In diesem Fall wird von einem dienstleistungsspezifischen Ablaufmodell ausgegangen, das aus der Potenzial-, der Prozess- und der Ergebnisphase besteht. In der Potenzialphase wird die Fähigkeit und Bereitschaft zur Erbringung einer Dienstleistung geschaffen. In der Prozessphase vollzieht sich die eigentliche Dienstleistungsproduktion mit der Integration des externen Faktors. In der Ergebnisphase stellt sich schließlich das Dienstleistungsergebnis als nutzenstiftende Wirkung ein. Demzufolge sollte eine operable Dienstleistungsdefinition den Potenzial-, den Prozess- und den Ergebnisaspekt von Dienstleistungen umfassen (vgl. z.B. Meffert/Bruhn 1995, S. 27; Bieberstein 1995, S. 35 f.)

Die Produktion der Dienstleistungen vollzieht sich in zwei Stufen. Im Rahmen der ersten Stufe baut der Dienstleistungsanbieter sein Leistungspotenzial auf, indem er interne, d.h. ausschließlich von ihm bereitgestellte Produktionsfaktoren, beschafft und miteinander kombiniert. Der Aufbau des Leistungspotenzials dient zur Vorbereitung auf die eigentliche Dienstleistungsproduktion. Dementsprechend wird sie als **Vorkombination** bezeichnet. In der zweiten Stufe des Produktionsprozesses werden die im Rahmen der Vorkombination bereitgestellten Faktorpotenziale sowie gegebenenfalls erforderliche weitere interne Produktionsfaktoren mit dem externen Faktor kombiniert, um absetzbare Dienstleistungen zu produzieren. Im Rahmen dieser Stufe findet die eigentliche Dienstleistungsproduktion statt. Sie wird deshalb auch als **Endkombination** bezeichnet. Der für die Dienstleistungsproduktion erforderliche externe Faktor wird vom Dienstleistungsabnehmer bereitgestellt und entzieht sich folglich weitgehend der autonomen Disponierbarkeit durch den Dienstleistungsanbieter. Beim externen Faktor kann es sich zum einen um materielle oder immaterielle Güter aus dem Verfügungsbereich des Dienstleistungsnachfragers handeln. Diese materiellen oder immaterielle Güter sind dann die Leistungsobjekte, an denen die Dienstleistung vollzogen wird. In diesem Zusammenhang spricht man von einer sachbezogenen Dienstleistung. Zum anderen kann der Dienstleistungsabnehmer selbst externer Faktor im Rahmen der Dienstleistungsproduktion sein. In diesem Fall wird eine personenbezogene Dienstleistung erstellt.

Die Integration eines externen Faktors ist eine unabdingbare Voraussetzung für die Dienstleistungsproduktion, d.h. für den Dienstleistungsvollzug ist ein direkter Kontakt zwischen den Leistungsträgern und den Leistungsabnehmern oder Gütern aus ihrem Verfügungsbereich erforderlich. Im Allgemeinen erfolgt die Dienstleistungsproduktion im Rahmen eines räumlich und zeitlich synchronen Kontakts zwischen dem personellen und/oder maschinellen Leistungspotenzial des Dienstleistungsanbieters und dem jeweiligen externen Faktor. In Einzelfällen ist allerdings auch eine Dienstleistungsproduktion ohne räumlichen Kontakt zwischen Dienstleistungsanbieter und -abnehmer möglich (z.B. bei einer telefonischen Beratung). Außerdem liegt ein Synchronismus von Dienstleistungsproduktion und Dienstleistungsabsatz vor, d.h. die Dienstleistungen werden während der Produktionsphase auf die Leistungsabnehmer oder Leistungsobjekte übertragen, die sich nach dem Dienstleistungsvollzug in einem veränderten Zustand befinden.

Der dargestellte Ablauf der Dienstleistungsproduktion in zwei Stufen findet sich nicht nur bei erwerbswirtschaftlichen Dienstleistungsproduzenten, sondern ist grundsätzlich auch für öffentliche Verwaltungen zutreffend. Die Dienstleistungsproduktion öffentlicher Verwaltungen kann somit in die beiden Stufen Vor- und Endkombination gegliedert werden. Zunächst stellen die Verwaltungen das erforderliche Leistungspotenzial bereit, um danach mit Hilfe dieses Potenzials, eventueller weiterer interner Produktionsfaktoren und durch die Integration des externen Faktors Verwaltungsleistungen zu erstellen. Ausgehend von dieser Aufteilung der Leistungserstellung öffentlicher Verwaltungen lassen sich auch bei der Planung der operativen Maßnahmen zur Bereitstellung von Verwaltungsleistungen zwei aufeinander folgende Planungsphasen abgrenzen. In der ersten Phase werden von den öffentlichen Verwaltungen Maßnahmen im Rahmen der Vorkombination geplant. Die zweite Planungsphase umfasst die Maßnahmenplanung der öffentlichen Verwaltungen im Rahmen der Endkombination.

4.3.2.2 Maßnahmenplanung im Rahmen der Leistungserstellung

Bei der Planung der operativen Maßnahmen im Rahmen der Vorkombination geht es zum einen um die Erhaltung der vorhandenen Leistungspotenziale der öffentlichen Verwaltungen. Es müssen z.B. ausgeschiedene Mitarbeiter ersetzt oder veraltete Anlagen ausgetauscht werden. Der komplette Aufbau neuer Leistungspotenziale zählt im Allgemeinen nicht zum Aufgabenbereich der operativen Planung. Zum anderen ist eine **laufende Anpassung der Leistungspotenziale** der öffentlichen Verwaltungen an veränderte Zielvorgaben sowie an die Ansprüche und Erwartungen der Dienstleistungsabnehmer notwendig. In diesem Zusammenhang haben operative Maßnahmen zur Gestaltung der internen Kontaktfaktoren ein besonderes Gewicht. Bei den internen Kontaktfaktoren ist zwischen Kontaktsubjekten und Kontaktobjekten zu unterscheiden. Als Kontaktsubjekte bezeichnet man alle Personen, die im Zusammenhang mit der Dienstleistungsproduktion einen direkten Kontakt zum Leistungsabnehmer haben. Kontaktobjekte sind alle Gegenstände, die im Rahmen der Dienstleistungsproduktion für den Leistungsabnehmer sichtbar sind, direkt auf ihn einwirken oder von ihm benutzt werden.

Das Kontaktpersonal der öffentlichen Verwaltungen hat einen wesentlichen Anteil an der Erstellung der Verwaltungsleistungen. Insbesondere bei den personenbezogenen Dienstleistungen der öffentlichen Verwaltungen bestehen vielfältige und zum Teil enge Interaktionen zwischen den Verwaltungsmitarbeitern und den Leistungsabnehmern. Deshalb sind interaktionsspezifische Anforderung wie z.B. eine entsprechende Anpassungs-, Problemlösungs- und Verhaltenskompetenz für die Kontaktpersonen von zentraler Bedeutung. Die öffentlichen Verwaltungen sollten in regelmäßigen Abständen überprüfen, ob ihr Kontaktpersonal den jeweiligen interaktionsspezifischen Anforderungen noch genügt. Im Bedarfsfall muss eine erforderliche Kompetenzverbesserung bei den Kontaktpersonen mit Hilfe geeigneter personal- und kommunikationspolitischer Maßnahmen herbeigeführt werden (vgl. z.B. Bieberstein 1995, S. 340 ff.).

Die operativen Maßnahmen zur Gestaltung der Kontaktobjekte in den öffentlichen Verwaltungen beziehen sich im Wesentlichen auf Form, Material, Farbe, Markierung und Anordnung der internen Kontaktobjekte. Die Gestaltung der Kontaktobjekte muss sich zum einen an den Funktionen orientieren, welche die jeweiligen Objekte im Rahmen der Dienstleistungsproduktion zu erfüllen haben. Zum anderen muss über die rein funktionale Gestaltung hinaus eine abnehmerspezifische Ausgestaltung der Kontaktobjekte vorgenommen werden. Die öffentlichen Verwaltungen können z.B. bei der Gestaltung von Antragsformularen nicht nur von den Erfordernissen einer schnellen und korrekten Bearbeitung ausgehen, sondern müssen dabei auch die Forderungen der Antragsteller nach übersichtlichen und verständlich abgefassten Formularen berücksichtigen.

Vom generellen Leistungspotenzial, das auch als Kapazität bezeichnet wird, ist die Leistungsbereitschaft als das sofort verfügbare Leistungspotenzial zu unterscheiden. Das generelle Leistungspotenzial gibt den Rahmen für die Gestaltung der Leistungsbereitschaft vor. Die Leistungsbereitschaft stellt das Ergebnis der Vorkombination dar, so dass auch die operativen Maßnahmen zur Gestaltung der Leistungsbereitschaft Gegenstand der ersten Phase der Maßnahmenplanung sind. Der Dienstleistungsanbieter kann seine Leistungsbereitschaft grundsätzlich an dem zu erwartenden Spitzenbedarf ausrichten. In Zeiten einer geringeren Nachfrage führt eine derartig hohe Leistungsbereitschaft zwangsläufig zum Entstehen von Leerkosten. Demzufolge sollte der Dienstleistungsanbieter seine Leistungsbereitschaft den Nachfrageschwankungen und der sich daraus ergebenden unterschiedlichen Inanspruchnahme seines Leistungspotenzials anpassen. Als mögliche Grundlage für eine derartige Anpassung der Leistungsbereitschaft kommen sogenannte Belastungsprofile in Frage, die über die Schwankungen der effektiven Nachfrage im Zeitablauf informieren. Außerdem kann man sich bei der Anpassung der Leistungsbereitschaft am potenziellen Nachfrageverhalten orientieren, das im Regelfall mittels Kundenbefragungen erhoben wird.

Grundsätzlich sind bei der Gestaltung der Leistungsbereitschaft die folgenden **Dimensionen der Dienstleistungsbereitschaft** zu berücksichtigen (vgl. Corsten 2001, S. 337):

- zeitliche Dimension,
- quantitative Dimension,
- qualitative Dimension,
- örtliche Dimension.

Auf die Anpassung der Leistungsbereitschaft öffentlicher Verwaltungen unter Berücksichtigung dieser Dimensionen wird im Folgenden kurz eingegangen.

Im Rahmen einer zeitlichen Anpassung der Leistungsbereitschaft sollten die öffentlichen Verwaltungen ihre Bereitschaftszeiten wie Dienst-, Sprech- oder Öffnungszeiten in stärkerem Maße als bisher an den Zielvorstellungen und Zeitbudgets der Leistungsabnehmer ausrichten. Entsprechende Maßnahmen sind z.B. die Einrichtung von Sprech- und Öffnungszeiten in den Abendstunden, an

Samstagvormittagen oder individuelle Terminvergaben. Derartige Möglichkeiten einer zeitlichen Anpassung sind naturgemäß für die Verwaltungsbereiche ausgeschlossen, bei denen ein 24-Stunden-Bereitschaftsdienst aufgrund der hohen Dringlichkeit ihrer Leistungen aus individueller und gesellschaftlicher Sicht erforderlich ist (z.B. Polizei, Feuerwehr, Rettungsdienst).

Die internen Produktionsfaktoren der öffentlichen Verwaltungen weisen im Regelfall eine gewisse Teilbarkeit auf, so dass eine quantitative Anpassung an Nachfrageschwankungen möglich ist. Die Produktion der Verwaltungsleistungen ist im Allgemeinen sehr arbeitsintensiv. Damit kommt dem Produktionsfaktor Arbeitsleistungen im Rahmen der quantitativen Anpassung eine zentrale Bedeutung zu. Als möglich Maßnahmen einer quantitativen Planung des Personaleinsatzes sind z.B. Teilzeitarbeit, gleitende Arbeitszeit, Überstundenregelungen und Personalaustausch innerhalb der Verwaltung zu nennen. Auch bei der qualitativen Dimension der Leistungsbereitschaft öffentlicher Verwaltungen steht die menschliche Arbeitkraft und die Anpassung der Mitarbeiterqualifikation an die unterschiedlichen Anforderungen der Leistungsabnehmer im Mittelpunkt der operativen Planung. In diesem Zusammenhang erscheint es sinnvoll, dass die öffentlichen Verwaltungen in verstärktem Maße Mitarbeiter mit einem breiten Qualifikationsspektrum und einer entsprechend hohen Anpassungsflexibilität einsetzen und die Anzahl hochspezialisierter Fachleute gering halten.

Bei der örtlichen Dimension geht es zum einen um die Anpassung der Leistungsbereitschaft mehrerer vorhandener Produktionsorte im Versorgungsgebiet einer öffentlichen Verwaltung an die jeweilige örtliche Nachfrage der Leistungsabnehmer. Die jeweils zu planenden Anpassungsmaßnahmen für die dezentralen Verwaltungsstandorte können sich dabei auf die zeitliche, die quantitative und die qualitative Dimension der Leistungsbereitschaft beziehen. Zum anderen zählt die Planung neuer Verwaltungsstandorte im Versorgungsgebiet unter Berücksichtigung der Präferenzen der Leistungsabnehmer zur örtlichen Dimension der Leistungsbereitschaft. Allerdings haben die Entscheidungen über neue Verwaltungsstandorte eine langfristige Bindungswirkung, so dass sie im Allgemeinen nicht zur operativen Planung gehören.

Für die Planung der operativen Maßnahmen im Rahmen der Endkombination ist die Integration des externen Faktors von großer Bedeutung, da der externe Faktor eine grundlegende Voraussetzung für die Endkombination darstellt und die eigentliche Dienstleistungsproduktion ohne den externen Faktor nicht realisierbar ist. Dem Leistungsabnehmer als externem Faktor kommt bei der Dienstleistungsproduktion eine Doppelfunktion zu. Er ist sowohl Produzent als auch Konsument. Die Maßnahmenplanung im Rahmen der Endkombination ist zum einen von dem Umfang der Beteiligung des Leistungsabnehmers, d.h. von der **Integrationsintensität**, abhängig. Die Integration des Leistungsabnehmers in den Prozess der Dienstleistungsproduktion kann mit unterschiedlicher Intensität erfolgen. Dabei ist davon auszugehen, dass die Aktivitätsgrade der Leistungsanbieter und -abnehmer im Allgemeinen in einer substitutionalen Beziehung zueinander stehen. Sofern die Integrationsintensität der Abnehmer nach Verwaltungsleistungen niedrig ist, müssen die öffentlichen Verwaltungen ihrerseits umfangreiche Maßnahmen im Rahmen der Endkombination planen und realisieren. Andererseits sind bei einer hohen Integrationsintensität der Leistungsabnehmer der Anteil der öffentlichen Verwaltungen an der Leistungserstellung und dementsprechend auch ihr Planungsaufwand relativ gering. Zum anderen wird die Maßnahmenplanung von der Art der Beteiligung des Leistungsabnehmers, d.h. von der **Integrationsform**, beeinflusst. Die Integration des Abnehmers ist in Form einer passiven oder aktiven Beteiligung möglich. Liegt eine passive Beteiligung vor, so stellt der Leistungsabnehmer ausschließlich seine Zeit zur Verfügung und beteiligt sich ansonsten nicht an der Leistungserstellung. Bei einer aktiven Beteiligung stellt der Leistungsabnehmer nicht nur seine Zeit zur Verfügung, sondern wirkt auch aktiv an der Leistungserstellung mit. Hinsichtlich der jeweils zu erbringenden Leistungen des Abnehmers ist eine Differenzierung nach physischer (körperlicher) Beteiligung und psychischer (intellektueller und emotionaler) Beteiligung möglich. Bei einer ausschließlich passiven Beteiligung des Leistungsabnehmers an der Erstellung der Verwaltungsleistungen muss sein zeitlicher Einsatz im Ablauf des Leistungserstellungsprozesses geplant werden, wobei eine Differenzierung nach der Art der Zeitverwendung wie z.B. Verrichtungs- bzw. Transaktionszeit und Wartezeit sinnvoll erscheint. Sofern sich der Leistungsabnehmer aktiv an der Produktion der Verwaltungsleistungen beteiligt, sind sowohl die Beteiligungszeiten als auch die jeweilige physische und/oder psychische Mitarbeit des Leistungsempfängers genau festzulegen.

Im Rahmen der Planung der Endkombination stellt sich für die öffentlichen Verwaltungen auch die Frage nach einer Variation ihres Aktivitätsniveaus. Dabei ergeben sich grundsätzlich zwei Möglichkeiten zur Variation des Aktivitätsniveaus (vgl. Corsten 2001, S. 341). Bei einer **Externalisierung** reduziert der Leistungsanbieter sein Aktivitätsniveau und überträgt einen Teil der Leistungserstellung auf den Leistungsabnehmer. Im Rahmen der **Internalisierung** weitet der Leistungsanbieter seine Aktivitäten aus und übernimmt Teile der Leistungserstellung vom Leistungsabnehmer. Bei einem gegebenen Leistungsumfang handelt es sich somit um eine Umverteilung von Teilen der Dienstleistungsproduktion zwischen Anbieter und Empfänger. Im Hinblick auf mögliche Einspareffekte bei den knappen Ressourcen sind Externalisierungen für die öffentlichen Verwaltungen naturgemäß von besonderem Interesse. Der Erfolg derartiger Externalisierungsmaßnahmen hängt von der Bereitschaft und der Fähigkeit der Leistungsabnehmer ab, zusätzliche Aktivitäten im Rahmen der Produktion der Verwaltungsleistungen zu übernehmen. Geringe Externalisierungschancen bestehen insbesondere bei den Verwaltungsleistungen, deren Produktion bereits durch eine umfangreiche und anspruchsvolle Mitarbeit der Leistungsempfänger gekennzeichnet ist. In diesen Fällen wird die Forderung nach einer zusätzlichen Übernahme von Aktivitäten bei den Abnehmern im Allgemeinen auf Ablehnung stoßen. Ansonsten kann eine Steigerung der Beteiligungsbereitschaft der Leistungsabnehmer von den öffentlichen Verwaltungen z.B. durch geeignete Informations- und Überzeugungsaktivitäten erreicht werden.

Ein möglicher Ansatzpunkt für eine Verbesserung der Beteiligungsfähigkeit der Leistungsabnehmer ist die Standardisierung der Leistungserstellungsprozesse im Verwaltungsbereich. Mit Hilfe einer derartigen Vereinheitlichung der Leistungserstellung sollen Abläufe transparent gemacht und vereinfacht werden, so dass die Übernahme weiterer Aktivitäten durch die Leistungsabnehmer erleichtert wird. Die Standardisierung der Dienstleistungsproduktion ist folglich eine wichtige Voraussetzung für eine erfolgreiche Externalisierung. Den Externalisierungsbestrebungen der öffentlichen Verwaltungen sind jedoch insbesondere bei individuellen, komplexen und beratungsintensiven Verwaltungsleistungen enge Grenzen gesetzt.

Das operative Verwaltungscontrolling unterstützt die Maßnahmenplanung im Rahmen der Vor- und Endkombination durch die Auswahl, Weiterentwicklung und Implementierung geeigneter Planungsverfahren bzw. -techniken. Zur Gewinnung alternativer Maßnahmen bzw. Maßnahmenpakete zur Umsetzung der Sach- bzw. Leistungsziele der öffentlichen Verwaltungen können z.B. **Kreativitätstechniken** eingesetzt werden. Es handelt sich dabei sowohl um diskursive Techniken (z.B. Morphologie), die auf logisch-kombinativen Denkprozessen basieren, als auch um intuitive Techniken (z.B. Brainstorming), die auf spontankreativen Eingebungen beruhen (vgl. z.B. Schlicksupp 1977). Zusätzlich zu den Kreativitätstechniken sollte das operative Verwaltungscontrolling geeignete Verfahren zur Bewertung der gewonnenen Maßnahmenalternativen auswählen, an die verwaltungsspezifischen Gegebenheiten anpassen und einführen. Für eine derartige Alternativenbewertung können von den öffentlichen Verwaltungen z.B. **Punktbewertungsmodelle** bzw. **Scoring-Modelle** herangezogen werden (vgl. z.B. Strebel 1978, S. 2182 ff.). Mit Hilfe derartiger Punktbewertungsmodelle lassen sich die alternativen Maßnahmen(-pakete) unter Verwendung mehrerer Kriterien beurteilen. Den Kriterien werden entsprechend ihrer relativen Bedeutung Gewichte zugewiesen. Für die Kriterienbewertung verwendet man eine einheitliche Punktbewertungsskala. Für jedes Kriterium werden die möglichen Ausprägungen mit den zugehörigen Punktwerten festgelegt. Die für die einzelnen Maßnahmen ermittelten Punktwerte pro Kriterium werden danach zu einem Gesamtpunktwert (Score) aggregiert, wobei man die unterschiedlichen Kriteriengewichte berücksichtigen muss. Die Bewertung und Auswahl der zu realisierenden Maßnahmen(-pakete) erfolgt schließlich auf der Grundlage der jeweiligen Gesamtpunktwerte.

Außerdem unterstützt das operative Verwaltungscontrolling die Maßnahmenplanung im Rahmen der Leistungserstellung, indem es für ein laufende Abstimmung der Planungsaktivitäten und eine Beseitigung etwaiger Störungen im Planungsprozess sorgt.

4.3.3 Budgetierung
4.3.3.1 Grundlagen

Die beiden Begriffe Budget und Budgetierung werden in der betriebswirtschaftlichen Theorie und Praxis nicht einheitlich definiert. Es besteht jedoch vielfach Einigkeit darüber, dass es sich bei einem Budget um eine in Geldeinheiten bewertete Plangröße handelt, die einem Verantwortungsbereich für eine bestimmte Periode vorgegeben wird und vom jeweiligen Budgetverantwortlichen einzuhalten ist (vgl. z.B. Küpper 2001, S. 318). Budgets können in unterschiedlichen Wertdimensionen formuliert werden. So findet man in erwerbswirtschaftlichen Unternehmen z.B. Budgets für Auszahlungen, Ausgaben, Aufwendungen, Kosten, Einzahlungen, Einnahmen, Erträge, Leistungen, Gewinne und Deckungsbeiträge vor. Demgegenüber bestehen die Budgets öffentlicher Verwaltungen im Regelfall ausschließlich aus Finanzgrößen. Im Verwaltungsbereich versteht man dementsprechend unter Budgets die finanziellen Ressourcen, die man den einzelnen Verwaltungseinheiten zur Erfüllung der ihnen übertragenen Aufgaben zur Verfügung stellt. Im Allgemeinen beziehen sich die Budgets auf einen kurzfristigen Zeitraum. Meistens erstrecken sie sich auf ein Jahr. Allerdings sind auch kürzere Bezugsperioden wie z.B. Quartale oder Monate möglich.

Der Begriff Budgetierung ist vorgangsbezogen und umfasst sämtliche Aktivitäten im Rahmen des Budgetierungsprozesses. Ein Budgetierungsprozess besteht aus den folgenden Aktivitäten bzw. Prozessphasen (vgl. z.B. Dambrowski 1986, S. 20):

- Budgetaufstellung,
- Budgetgenehmigung,
- Budgetrealisierung,
- Budgetkontrolle (einschließlich Abweichungsanalysen),
- Budgetanpassung.

Die Budgetierung geht also über die reinen Planungsaktivitäten hinaus. Im Hinblick auf die in diesem Abschnitt relevante operative Planung soll im Folgenden nur auf die Budgetaufstellung näher eingegangen werden. Im Rahmen der Budgetaufstellung öffentlicher Verwaltungen werden die erforderlichen finanziellen Ressourcen für die Gesamtverwaltung und die einzelnen Verwaltungseinheiten geplant und den betreffenden Einheiten verbindlich vorgegeben.

Zwischen der Budgetaufstellung und der Maßnahmenplanung öffentlicher Verwaltungen besteht eine enge Beziehung. Einerseits sind die aufgestellten Budgets eine notwendige Grundlage bzw. Voraussetzung für die Planung und Realisierung von Maßnahmen durch die öffentlichen Verwaltungen. Andererseits ist es erforderlich, dass sich die öffentlichen Verwaltungen bei der Budgetplanung an den aufgestellten Maßnahmenplänen orientieren. Die Budgets müssen aus den Maßnahmenplänen abgeleitet und den Verwaltungseinheiten die erforderlichen Ressourcen für die Umsetzung der geplanten Maßnahmen zur Verfügung gestellt werden. Folglich sind die beiden Planungsbereiche eng miteinander zu verzahnen, um die erforderliche Abstimmung von Maßnahmen- und Ressourcenplanung vornehmen zu können.

Die für öffentliche Verwaltungen relevanten Budgetierungsfunktionen können in traditionelle und moderne Funktionen untergliedert werden, die sich gegenseitig ergänzen (vgl. z.B. Schmidberger 1994, S. 207). Im Rahmen der traditionellen

Budgetierungsfunktionen für den öffentlichen Sektor sind die folgenden Funktionen von besonderer Bedeutung (vgl. z.B. Spies 1979, S. 163 ff.):

- **Finanzpolitische Funktion**: Sie besteht in der Schaffung und Erhaltung eines Ausgleichs zwischen beabsichtigten Ausgaben und erwarteten Einnahmen.
- **Politische Funktion**: Das Budget gibt den von der Legislative festgelegten finanziellen Rahmen für die Bewältigung konkreter öffentlicher Aufgaben durch die Exekutive vor.
- **Kontrollfunktion**: Das Budget ermöglicht es der Legislative, das Handeln der Exekutive zumindest im Hinblick auf die Einhaltung der finanziellen Vorgaben zu kontrollieren.

Zu den modernen Budgetierungsfunktionen in öffentlichen Verwaltungen zählen insbesondere die nachfolgend aufgeführten Funktionen (vgl. ähnlich Richter 2000, S. 79 ff.):

- **Motivationsfunktion:** Zum einen ergibt sich eine Motivation für die Führungskräfte auf allen Hierarchieebenen der öffentlichen Verwaltung, weil sie an der Budgetplanung beteiligt sind und ihren Einfluss geltend machen können. Der Umfang ihrer Beteiligung und Einflussnahme ist allerdings von der Wahl des jeweiligen Budgetplanungsverfahrens abhängig. Zum anderen können sich Motivationswirkungen einstellen, wenn man die Budgetvorgaben für die einzelnen Verwaltungseinheiten mit der Gewährung von Spielräumen zur eigenverantwortlichen Budgetrealisierung verbindet. Auf diese Weise lassen sich die Eigeninitiative und die Leistungsbereitschaft der Führungskräfte auf den nachgeordneten Hierarchieebenen steigern. Außerdem kann die Motivation durch eine Kopplung der Budgetvorgaben mit adäquaten Anreizen wie z.B. das Verbleiben eingesparter Finanzmittel oder erwirtschafteter Mehreinnahmen bei der jeweiligen Verwaltungseinheit verstärkt werden.
- **Orientierungsfunktion**: Die auf den einzelnen Entscheidungsebenen der öffentlichen Verwaltungen festgelegten Budgets sind zu erreichende

Werte und damit Ausdruck der Erwartungen der jeweiligen Entscheidungsträger. Sie stellen Vorgaben für ihre weiteren Entscheidungen und für die Entscheidungen auf den nachgeordneten Hierarchieebenen dar.

- **Koordinationsfunktion**: Die Budgetierung erfordert eine Berücksichtigung der Interdependenzen zwischen den Entscheidungen in den unterschiedlichen Verwaltungseinheiten. Im Rahmen der Budgetierung soll eine Abstimmung zwischen den Teilplänen und Teilbudgets der einzelnen Verwaltungseinheiten herbeigeführt werden.

- **Allokationsfunktion**: Die Ermittlung des Ressourcenbedarfs der einzelnen Verwaltungseinheiten und die Festsetzung ihrer Budgets soll unter Berücksichtigung der von ihnen zu erbringenden Verwaltungsleistungen erfolgen. Auf diese Weise kann eine optimale Allokation der Ressourcen erreicht werden.

Im Regelfall trägt das operative Verwaltungscontrolling die Verantwortung für die Durchführung der Budgetierung bzw. für den Ablauf des Budgetierungsprozesses in den öffentlichen Verwaltungen. Dabei handelt es sich um eine formale Prozessverantwortung. Das operative Verwaltungscontrolling muss dafür sorgen, dass für jeden Budgetbereich eine entsprechende Budgetgröße ermittelt wird. Es ist nicht befugt, selbst Budgetwerte festzulegen. Im Rahmen der Prozessverantwortung hat das operative Verwaltungscontrolling zum einen die Budgetmöglichkeiten und -wünsche der einzelnen Budgetbereiche entgegenzunehmen und zum anderen den Prozess des Abgleichs vorzubereiten und zu organisieren. Außerdem fällt die laufende Kontrolle der Budgeteinhaltung in Form von Soll-Ist-Vergleichen, die Vornahme von Abweichungsanalysen und die Neuplanung von Maßnahmen in seinen Aufgabenbereich. Schließlich zählt es zu den Aufgaben des operativen Verwaltungscontrolling, geeignete Budgetierungsverfahren für die öffentlichen Verwaltungen auszuwählen, bei Bedarf weiter zu entwickeln und zu implementieren.

4.3.3.2 Ausgewählte Budgetierungsverfahren

Der Prozess der Budgetaufstellung kann auf unterschiedliche Weise gestaltet werden. Grundsätzlich lassen sich die folgenden drei Varianten unterscheiden (vgl. z.B. Ossadnik 2003, S. 252 ff.):

- retrograde Budgetierung,
- progressive Budgetierung,
- Budgetierung nach dem Gegenstromprinzip.

Diese drei Budgetierungsvarianten sind auch für die öffentlichen Verwaltungen von Relevanz (vgl. z.B. Richter 2000, S. 108 f.).

Bei der **retrograden Budgetierung** läuft der Budgetierungsprozess von oben nach unten (top-down) durch die Hierarchieebenen der öffentlichen Verwaltung. Das Gesamtbudget wird von der Verwaltungsspitze aufgestellt und den nachgeordneten bzw. dezentralen Verwaltungseinheiten vorgegeben. Aus diesem Gesamtbudget für die öffentliche Verwaltung werden dann von den nachgeordneten Verwaltungseinheiten schrittweise die Budgets für ihre jeweiligen Hierarchieebenen abgeleitet. Dieses Verfahren ist schnell und problemlos durchführbar, da bei der Budgetaufstellung keine zeitaufwendigen Abstimmungen zwischen den Hierarchieebenen erforderlich sind. Außerdem kommt es in diesem Fall zu keinen Diskrepanzen zwischen Budgetmöglichkeiten und Budgetwünschen. Aufgrund der geringen Beteiligung der nachgeordneten Hierarchieebenen an der Budgetaufstellung auf den vorgelagerten Ebenen wird das Sachwissen der Entscheidungsträger auf diesen Ebenen nur in eingeschränktem Maße genutzt. Darunter kann die Qualität der Planungsresultate leiden. Darüber hinaus können die geringen Einflussmöglichkeiten, welche die Führungskräfte der nachgeordneten Hierarchieebenen auf die Budgetplanung haben, zu Motivationsproblemen bei diesem Personenkreis führen.

Für die **progressive Budgetierung** ist ein Budgetierungsprozess charakteristisch, der von unten nach oben (bottom-up) verläuft. Zunächst werden auf den untersten Hierarchieebenen der öffentlichen Verwaltung Budgetforderungen entwickelt. Danach werden diese Budgets schrittweise bis zu den obersten Hierarchieebenen der öffentlichen Verwaltung zusammengeführt bzw. zusammengefasst. Aufgrund der umfassenden Beteiligung der nachgeordneten Hierarchieebenen an der Budgetaufstellung wird das auf diesen Ebenen vorhandene Sachwissen optimal genutzt. Demzufolge zeichnen sich die im Rahmen der progressiven Variante ermittelten Budgets durch eine hohe Realitätsnähe aus. Andererseits besteht bei dieser Vorgehensweise die Gefahr, dass Zielsetzungen, die sich auf die gesamte öffentliche Verwaltung beziehen, vernachlässigt werden und stattdessen die Ziele nachgeordneter Verwaltungseinheiten in den Vordergrund rücken. Außerdem kommt es bei der progressiven Vorgehensweise regelmäßig zu einer Diskrepanz zwischen Budgetmöglichkeiten und Budgetforderungen.

Bei der **Budgetierung nach dem Gegenstromprinzip** werden die retrograde und die progressive Budgetierung miteinander kombiniert. Auf diese Weise will man sich die Vorteile der beiden Verfahren sichern und zugleich deren Nachteile vermeiden. Bei dieser Budgetierungsvariante gibt im Regelfall die Verwaltungsspitze einen vorläufigen Budgetrahmen vor, der auf den nachgeordneten Hierarchieebenen der öffentlichen Verwaltung sukzessive konkretisiert wird. Darauf folgt ein Rücklauf von unten nach oben, bei dem die Budgetforderungen auf den untersten Hierarchieebenen Schritt für Schritt koordiniert und zusammengefasst werden. Nun beginnt ein Abstimmungsprozess, der im Allgemeinen zur Anpassung der im Vorlauf entwickelten Budgetansätze führt. Die Budgetaufstellung nach dem Gegenstromprinzip mit einer anschließenden Abstimmung der Planvorstellungen kann mehrfach durchgeführt werden. Der Prozess findet mit der endgültigen Budgetfestlegung durch die oberste Verwaltungsführung seinen Abschluss. Eine Budgetaufstellung, die mit Hilfe des Gegenstromverfahrens durchgeführt wird, bietet normalerweise die beste Gewähr dafür, dass die Budgetierung die ihr zugedachten Funktionen erfüllt.

Zur Festlegung der Budgets können unterschiedlicher Verfahren bzw. Techniken herangezogen werden (vgl. zu einer Übersicht über die Budgetierungsverfahren z.B. Küpper 2001, S. 322 ff.; Ossadnik/Barklage 2002, Sp. 241 ff.). In öffentlichen Verwaltungen verwendet man zur Bestimmung der Budgets im Allgemeinen die **input- und outputorientierten Budgetierungsverfahren**. Diese Budgetierungsverfahren unterscheiden sich im Hinblick auf die jeweilige Ableitungsrichtung der Budgets (vgl. Troßmann 1992, S. 516). Für die inputorientierten Verfahren ist charakteristisch, dass man bei der Budgetierung von der Einsatzseite bzw. von den Gütereinsätzen ausgeht. Die Outputseite wird in diesem Fall nicht näher betrachtet. Bei den outputorientierten Verfahren sind hingegen die zu erbringenden Leistungen bzw. das angestrebte Ergebnis der Ausgangspunkt der Budgetierung. Dabei wird grundsätzlich von einer Veränderbarkeit der Leistungen ausgegangen. Neben der Beibehaltung des gegenwärtigen Leistungsangebots sind mögliche Angebotsveränderungen wie die Einführung neuer Leistungen, die Variation vorhandener Leistungen und die Aufgabe bisheriger Leistungen im Rahmen des Budgetierungsverfahrens zu berücksichtigen.

4.3.3.2.1 Inputorientierte Budgetierungsverfahren

Das traditionelle Haushaltsaufstellungsverfahren im öffentlichen Sektor kann als eine Variante der inputorientierte Budgetierung angesehen werden. Am Beispiel der Kommunalverwaltungen soll dieses Verfahren der Haushaltsaufstellung im Folgenden kurz skizziert werden. Die einzelnen Fachverwaltungen (z.B. Fachbereiche) melden ihren Finanzmittelbedarf für das nächste Jahr bei der Kämmerei an. Bei den Mittelanmeldungen orientieren sie sich im Regelfall an den Haushaltsdaten des laufenden Jahres und schreiben diese Werte in die Zukunft fort. Folglich handelt sich bei dem traditionellen Haushaltsaufstellungsverfahren um eine **Fortschreibungsbudgetierung** (vgl. Küpper 2001, S. 330). Eine derartige Fortschreibung der bestehenden Budgetansätze erfolgt zum einen unter Berücksichtigung übergreifender Einflussgrößen wie z.B. der Inflations- und Wachstumsraten. Zum anderen sind spezifische Entwicklungen und Vorgaben für das zukünftige Handeln der einzelnen Fachverwaltungen Anlass für entsprechende Steigerungen oder Kürzungen der bisherigen Haushaltspositionen. Unter Beachtung der durch die Fortschreibung ermittelten Anmeldungen der Fachverwaltungen und des zur Verfügung stehenden Finanzrahmens für die gesamte Kommunalverwaltung hat nun die Kämmerei das allgemeine Kürzungsvolumen festzulegen und detaillierte Kürzungsvorschläge für die einzelnen Fachverwaltungen zu erarbeiten. Es schließen sich Abgleichverhandlungen zwischen der Kämmerei und den Fachverwaltungen an. Sofern man in diesen Verhandlungen keine Einigung erzielt, muss eine Entscheidung der obersten Verwaltungsführung herbeigeführt werden. Schließlich wird von der Kämmerei der Haushaltsentwurf für das nächste Jahr erstellt.

Die Basis der Fortschreibungsbudgetierung sind die gegenwärtigen Budgets, die in ihrer Struktur unverändert bleiben und lediglich durch Zu- und Abschläge fortgeschrieben werden. Deshalb können die öffentlichen Verwaltungen dieses Budgetierungsverfahren einfach und schnell durchführen. Die grundsätzliche Beibehaltung des Status quo bei diesem Budgetierungsverfahren fördert den Interessenausgleich und führt zur Konfliktreduzierung in den öffentlichen Verwaltungen. An der Fortschreibung der Budgets ist jedoch zu kritisieren, dass die bestehende Verteilung der finanziellen Ressourcen in den öffentlichen Verwaltungen nicht in Frage gestellt wird. Demzufolge können mit dieser Budgetierung keine neuen Akzente gesetzt werden. Die notwendige finanzielle Flexibilität der öffentlichen Verwaltungen bei eventuellen Veränderungen ihrer Aufgaben und Leistungsangebote ist nicht gegeben. Außerdem verzichtet man bei der Fortschreibungsbudgetierung auf eine kritische Analyse der bisherigen Budgetvorgaben. Die Folge ist, dass möglicherweise vorhandene Unwirtschaftlichkeiten in den öffentlichen Verwaltungen nicht erkannt werden und weiterhin bestehen bleiben.

Auf der Grundlage des traditionellen Haushaltsaufstellungsverfahrens wurde von der KGSt ein neues Budgetierungsverfahren für Kommunalverwaltungen entwickelt, das sich an den Erfordernissen des Neuen Steuerungsmodells orientiert (vgl. KGSt 1993 b). Für dieses Verfahren ist charakteristisch, dass den Fachverwaltungen (z.B. Fachbereichen) Finanzmittel zugewiesen werden, über die sie im Rahmen der dezentralen Ressourcenverantwortung relativ selbständig entscheiden können. Auf diese Weise sollen die Fachbereich stärker als bisher in die Finanzierungsverantwortung einbezogen werden. Die für öffentliche Verwaltungen typische Trennung von Fach- und Ressourcenverantwortung wird aufgehoben. An ihre Stelle tritt nunmehr die Ergebnisverantwortung, d.h. die Einheit von Fach- und Ressourcenverantwortung. Dadurch will man erreichen, dass die Eigenverantwortlichkeit der Fachbereiche und ihre Fähigkeit zum wirtschaftlichen Umgang mit den Ressourcen gestärkt werden. Demzufolge wird im Rahmen dieses Budgetierungsverfahren unter anderem eine entsprechende Ausweitung der Kompetenzen der Fachbereiche beim Haushaltplanvollzug vorgesehen (vgl. KGSt 1993 b, S. 18 ff.).

Das von der KGSt entwickelte Budgetierungsverfahren beginnt mit der Vorausschätzung des grundsätzlich zur Verfügung stehenden Finanzrahmens durch die Kämmerei. Es werden die allgemeinen Deckungsmittel geschätzt, die vorab zu dotierenden Ausgaben und Einnahmen ermittelt und als Saldo die für die Fachbereiche verfügbaren Finanzmittel festgestellt. Danach erfolgt die Bildung der Fachbereichbudgets. Die KGSt empfiehlt, bei der Budgetbildung auch die Einnahmen zu berücksichtigen, die von den Fachbereichen beeinflusst werden können. Dementsprechend beziehen sich die Budgets der Fachbereiche im Regelfall auf den Zuschussbedarf. Im Anschluss an die Aufteilung der Finanzmittel auf die Fachbereiche erarbeiten diese nun ihren Haushalt auf der Basis des vorgegebenen Finanzrahmens in eigener Verantwortung. Das Mittelanmeldeverfahren alter Art entfällt. Die Kämmerei prüft nur noch, ob die Finanzvorgaben eingehalten werden und stellt die Entwürfe der Fachbereiche zum Gesamtentwurf zusammen.

Die KGSt geht davon aus, dass die Budgetaufstellungen entsprechend des von ihr vorgeschlagenen Verfahrens zunächst inputorientiert vorgenommen werden. Sie geht jedoch davon aus, dass es sehr bald notwendig sein wird, im Rahmen des Neuen Steuerungsmodells einen allmählichen Übergang von der inputorientierten zur outputorientierten Budgetaufstellung vorzunehmen (vgl. KGSt 1993 b, S. 8). Das Budgetierungsverfahren der KGSt bietet einige Ansatzpunkte für die schrittweise Einführung einer outputorientierten Budgetaufstellung. So besteht die Möglichkeit, sich bei der Aufteilung der Finanzmittel auf die Fachbereiche an Leistungsvereinbarungen auszurichten, die im Rahmen des Kontraktmanagements zwischen der Verwaltungsspitze und den Fachbereichsleitungen getroffen werden. Außerdem kann man bei der Erstellung der Fachbereichshaushalte von fachbereichsinternen Leistungsabsprachen ausgehen und die Etats der Fachbereiche aus den zu erbringenden Leistungen ableiten. Auf diese Weise lässt sich die von der KGSt aufgestellte Forderung nach einer generellen Steuerung der Kommunalverwaltungen von der Leistungs- bzw. Outputseite her (vgl. z.B. KGSt 1993 a, S. 20 ff.) ansatzweise auch im Bereich der Budgetierung umsetzen.

4.3.3.2.2 Outputorientierte Budgetierungsverfahren

Zu den outputorientierten Verfahren der Budgetierung gehören die Konzepte der **Programmbudgetierung**. Bei der Programmbudgetierung werden die Budgetansätze aus den Zielvorgaben und aus den zur Umsetzung dieser Zielvorstellungen konzipierten Aktionsprogrammen hergeleitet. Bei der Programmbudgetierung wird somit eine Verbindung zwischen den drei Planungsbereichen Ziel-, Maßnahmen- und Finanzplanung hergestellt. Das bekannteste Konzept der Programmbudgetierung ist das **Planning-Programming-Budgeting-System (PPBS),** welches für das US-Verteidigungsministerium entwickelte wurde. Im Jahre 1965 wurde das PPBS in allen Bundesressorts und -behörden der USA eingeführt. In den folgenden Jahren wurden PPBS-orientierte Planungskonzepte auch von öffentlichen Verwaltungen in anderen westlichen Industriestaaten sowie von einigen internationalen Organisationen angewendet (vgl. z.B. Buse 1974; Hansmeyer/Rürup 1975; Reinermann 1975). Aufgrund der erheblichen Probleme bei der praktischen Umsetzung dieser Konzepte mussten die meisten PPBS-orientierten Planungsexperimente allerdings wieder aufgegeben werden. Die aufgetretenen Anwendungsprobleme in der politisch-administrativen Planungspraxis führten zur Entwicklung und Erprobung einer zweiten Generation von Konzepten der Programmbudgetierung. Dazu zählen zum einen das bereits im Abschnitt über ein Kostenmanagement öffentlicher Verwaltungen behandelte **Zero-Base-Budgeting** (vgl. 4.2.2.3.3) und zum anderen die beiden Konzepte **Sunset Legislation** sowie **Rationalisation des Choix Budgétaires** (vgl. z.B. Rürup/Färber 1980; Langner 1983; Färber 1984). Im Folgenden soll das Verfahren der Budgetaufstellung im Rahmen der Programmbudgetierung am Beispiel des grundlegenden PPBS verdeutlicht werden (vgl. z.B. Schweitzer 1977, S. 79 f.; Engelhardt 1989, Sp. 1321 ff.)

Der Planungsprozess des PPBS umfasst drei zeitlich abgestufte Planungsphasen, nämlich die Rahmenplanung (Planning), die Programmplanung (Programming) und die Budgetplanung (Budgeting). In der ersten Planungsphase werden die Zielvorgaben für die öffentlichen Verwaltungen unter Berücksichtigung der politischen, sozialen, technischen und finanziellen Rahmenbedingung aus den gesellschaftlichen Bedürfnissen abgeleitet und operationalisiert. Im Rahmen der zweiten Planungsphase sind geeignete Aktionsprogramme zur Realisierung der in der ersten Phase festgelegten Zielsetzungen zu entwickeln. Dabei müssen mehrere mögliche Programmalternativen aufgestellt werden, die danach mit Hilfe analytischer Methoden (z.B. Kosten-Nutzen-Analyse, Nutzwertanalyse und Kosten-Wirksamkeitsanalyse) einer Bewertung unterzogen werden. Den Abschluss der Programmplanung bildet die Entscheidung über die zu realisierenden Aktionsprogramme. In der dritten Planungsphase werden für die ausgewählten Aktionsprogramme die zu erbringenden Leistungen (Output) und die dafür veranschlagten Ausgaben (Input) für mehrere Haushaltsjahre ermittelt und nach sämtlichen Programmkategorien aufgeschlüsselt. Die mehrjährigen Planvorgaben für die Output- und Inputgrößen eines Aktionsprogramms bilden in ihrer Gesamtheit das Programmbudget. Anschließend müssen die Ausgabenansätze des Programmbudgets in entsprechende einjährige Budgets für die

Verwaltungseinheiten umgesetzt werden, die jeweils für die Leistungserbringung zuständig sind. Nachdem der Planungsprozess abgeschlossen ist, folgen der Budgetvollzug und später die Erfolgskontrolle.

Eine weitere Variante der outputorientierter Budgetierungsverfahren ist die **produktorientierte Budgetierung**, die als ein wesentlicher Bestandteil der Reformen in den öffentlichen Verwaltungen angesehen wird (vgl. z.B. KGSt 1995 b, S. 22 ff.; KGSt 1997, S. 93 ff.; Hoffjan 2000, S. 27 f.). Die von den öffentlichen Verwaltungen entsprechend der jeweiligen Sachzielvorgaben zu erstellenden Leistungen bzw. Produkte sind bei diesem Verfahren die Ausgangsbasis für die Budgetaufstellung. Die von den einzelnen Fachverwaltungen wie z.B. Fachbereichen zu erstellenden Produkte müssen insbesondere hinsichtlich Art, Menge und Qualität genau definiert werden (vgl. 4.3.1). Auf der Grundlage eindeutiger Produktvorgaben können nun die einzelnen Produktbudgets für die Fachbereiche aufgestellt werden. Bei der Aufstellung eines Produktbudgets ergeben sich im Wesentlichen die folgenden Arbeitsschritte:

1. Planung der Maßnahmen, die für die Produkterstellung erforderlich sind,
2. Ableitung des für die geplanten Maßnahmen notwendigen Bedarfs an Personal, Betriebsmitteln und Material nach Art, Menge und Qualität,
3. Ermittlung der Kosten auf der Grundlage des produktspezifischen Ressourcenbedarfs,
4. Ableitung der erforderlichen Ausgaben bzw. des Finanzbedarfs aus den ermittelten Kosten,
5. Festlegung eines eventuellen zusätzlichen Finanzbedarfs (z.B. Investitionsausgaben),
6. Bestimmung zu erwartender Einnahmen, die sich durch die planmäßige Bereitstellung des betreffenden Produkts erzielen lassen,
7. Ermittlung des Netto-Finanzbedarfs oder des Netto-Überschusses unter Berücksichtigung der produktbezogenen Ausgaben und Einnahmen.

Die auf diese Weise aufgestellten Produktbudgets eines Fachbereichs werden danach zu einem Fachbereichsbudget zusammengefasst.

Durch die Anwendung der produktorientierten Budgetierung ergibt sich auch in öffentlichen Verwaltungen eine logische Abfolge von Ziel-, Maßnahmen- und Ressourcenplanung. Auf diese Weise wird eine konsequente Orientierung der Budgetplanung an den dominanten Sachzielen der öffentlichen Verwaltungen ermöglicht. Die Verknüpfung der Sachziel- bzw. Produktvorgaben mit dem Budget erhöht die Transparenz der Planung und führt letztlich zu einer optimalen Allokation der Ressourcen. Darüber hinaus verbessert die produktorientierte Budgetierung auch die Möglichkeiten der Budgetkontrolle und der Budgetanpassung. Allerdings ist die Einführung der produktorientierten Budgetierung in öffentlichen Verwaltung mit einer Reihe von Problemen verbunden (vg. z.B. Frischmuth 2001, S. 342 ff.). In diesem Zusammenhang erscheint besonders problematisch, dass zurzeit nur einige wenige öffentliche Verwaltungen über eine Kostenrechnung verfügen, welche die notwendigen Kostendaten für eine produktorientierte Budgetierung bereitstellen kann. Es ist jedoch davon auszugehen, dass zukünftig in den meisten öffentlichen Verwaltungen ein Buchführungssystem auf doppischer Grundlage (vgl. 4.2.2.1.2) und eine Kosten- und Leistungsrechnung (vgl. 4.2.2.2 und 4.2.2.4) eingeführt werden und somit die Mehrzahl der öffentlichen Verwaltungen über die notwendigen Daten für eine produktorientierte Budgetierung verfügen wird.

4.3.4 Operative Kontrolle

Die operative Kontrolle ist eine notwendige Ergänzung der operativen Planung und soll in erster Linie überprüfen, ob bzw. wie die Planvorgaben in die Realität umgesetzt wurden. Im Mittelpunkt der operativen Kontrolle stehen die **Ergebniskontrollen i.e.S.**, die nach Abschluss der gesamten Planungs- und Realisierungsprozesse durchgeführt werden und die Endergebnisse überprüfen (vgl. zu den ergebnisorientierten Kontrollen 3.3.5.). Dabei handelt es sich um **Feed-**

back-Kontrollen, die realisierte Abweichungen zwischen Soll- und Istwerten aufzeigen und einer Beurteilung unterziehen (vgl. zur Abgrenzung von Feedback- und Feedforward-Kontrollen 3.3.5). Für die Anwendung der Ergebniskontrollen i.e.S. auf der operativen Ebene spricht, dass sich die operativen Planungs- und Realisationsprozesse auf kurze Zeiträume beziehen und im Allgemeinen häufiger wiederkehren. Deshalb lassen sich Mängel, die mit Hilfe der Ergebniskontrollen i.e.S. aufgedeckt werden, in den folgenden Planungs- und Realisationsphasen relativ schnell beheben.

Die im Rahmen der operativen Kontrolle durchzuführenden Ergebniskontrollen i.e.S. kann man in Anlehnung an die drei Bezugsebenen Input, Output und Outcome klassifizieren. Auf diesen drei Ebenen werden im Allgemeinen die Erfolgskontrollen öffentlichen Handelns vorgenommen. Zur Ermittlung der Zielerreichung werden bei den **inputorientierten Kontrollen** die geplanten Ressourceneinsätze mit den tatsächlichen Ressourceneinsätzen und bei den **outputorientierten Kontrollen** die geplanten Verwaltungsleistungen mit den tatsächlichen erbrachten Verwaltungsleistungen verglichen. Mit dem Begriff Outcome bezeichnet man die gesellschaftlichen Wirkungen der von den öffentlichen Verwaltungen erbrachten Leistungen (vgl. z.B. Schmidberger 1994, S. 299). Bei den **outcomeorientierten Kontrollen** ermittelt man den jeweiligen Erfolg durch eine Gegenüberstellung der geplanten gesellschaftlichen Wirkungen und der tatsächlich erreichten gesellschaftlichen Wirkungen.

Ein wesentliches Problem bei der Durchführung der input-, output- und outcomeorientierten Kontrollen in öffentlichen Verwaltungen ist die Identifikation und Erfassung geeigneter Kontrollgrößen, die als Soll- und Istwerte Verwendung finden. Der in Mengengrößen ausgedrückte Ressourceneinsatz bzw. Verbrauch an Produktionsfaktoren ist für die inputorientierten Kontrollen wenig geeignet, da die einzelnen Mengenkategorien in der Regel nicht miteinander vergleichbar sind und nicht zu einer einheitlichen Mengengröße zusammengefasst werden können. Deshalb empfiehlt es sich, die inputbezogenen Kontrollen mit Hilfe von Kostengrößen durchzuführen. Derartige Vergleiche von Plan- und Istkosten setzen allerdings voraus, dass in allen Teilbereichen der öffentlichen Verwaltungen leistungsfähige Kostenrechnungssysteme eingeführt werden, die eine genaue Kostenplanung und -erfassung ermöglichen (vgl. zu den einzelnen Kostenrechnungssystemen 4.2.2.2).

Eine mögliche Kontrollgröße für die outputorientierten Kontrollen ist die Menge der Leistungen, die von den öffentlichen Verwaltungen im jeweiligen Betrachtungszeitraum zur Verfügung gestellt werden soll bzw. tatsächlich erstellt worden ist. Die Erfolgskontrollen sollten sich grundsätzlich auf die von den öffentlichen Verwaltungen geplanten und tatsächlich erstellten Leistungsmengen und nicht auf das jeweilige Leistungspotenzial der öffentlichen Verwaltungen beziehen (vgl. zur Erfassung der Leistungsmengen 4.2.2.4.1). Falls die öffentlichen Verwaltungen für ihre Leistungen ein monetäres Entgelt fordern, können die jeweiligen Leistungserlöse zusätzlich zu den Leistungsmengen als Kontrollgrößen herangezogen werden. Allerdings sind die Leistungsmengen und -erlöse als Kontrollgrößen für die outputorientierte Erfolgskontrolle von eingeschränkter Bedeutung. In vielen Fällen können die Abnehmer der Verwaltungsleistungen nicht frei über die Inanspruchnahme des Leistungsangebots entscheiden, da eine Abnahmeverpflichtung besteht oder sie aufgrund eines Angebotsmonopols der Verwaltung über keine Ausweichmöglichkeiten verfügen. Außerdem handelt es sich bei den von den Verwaltungen geforderten monetären Entgelte nicht um Marktpreise, sondern um administrierte Preise (vgl. 4.2.2.4.1).

Bei den outcomeorientierten Kontrollen sollte man von mehreren Wirkungsbereichen ausgehen, die sich auf die unterschiedlichen Umsysteme bzw. Umwelten der öffentlichen Verwaltungen beziehen. Zum einen wirken die Verwaltungsleistungen unmittelbar auf die Abnehmer der Leistungen. Zum anderen können von den Verwaltungsleistungen Wirkungen auf weitere Personen und Institutionen ausgehen. Schließlich wirken sich Verwaltungsleistungen auch auf Umweltfaktoren wie z.B. Boden-, Luft- und Wasserqualität, Wirtschaftswachstum oder Bevölkerungsstruktur aus. Sowohl die operative Planung als auch die operative Kontrolle der öffentlichen Verwaltungen sind in erster Linie auf verwaltungsinterne Prozesse und Sachverhalte ausgerichtet. Sofern sie auch externe Effekte mit berücksichtigen, geht es dabei im Normalfall um Wirkungen auf Personen und Institutionen, die in direkten Leistungsbeziehungen zu den öffentlichen Verwaltungen stehen. Demzufolge sind für die Wirkungskontrollen auf der operativen Ebene vornehmlich Kontrollgrößen von Belang, die sich auf die Abnehmer der Verwaltungsleistungen beziehen.

Bei den abnehmerbezogenen Kontrollgrößen kann man zwischen objektiven und subjektiven Größen unterscheiden. Objektive Größen können unabhängig von der subjektiven Wahrnehmung der Leistungsabnehmer erfasst werden. Die subjektiven Kontrollgrößen spiegeln die subjektive Wahrnehmung und Bewertung durch die Leistungsabnehmer wider und werden im Rahmen von Befragungen der Abnehmer erhoben. Von besonderer Bedeutung für die Wirkungskontrollen sind die subjektiven Kontrollgrößen wie Einstellung und Zufriedenheit der Abnehmer, die sich entweder auf die Verwaltungen insgesamt oder auf ihr Leistungsangebot beziehen können (vgl. auch zur Bewertung der Qualität von Verwaltungsleistungen aus Abnehmersicht 4.2.2.4.2). In vielen Fällen besteht die Möglichkeit, die Wirkungskontrollen unter Verwendung einer Kombination von objektiven und subjektiven Kontrollgrößen vorzunehmen. So lassen sich z.B. die Wirkungen verkehrsberuhigender Maßnahmen in einer Straße mit Hilfe objektiver Kontrollgrößen erfassen, die sich auf die Veränderungen das Verkehrsaufkommens, der Unfallzahlen und die gemessene Lärmbelastung beziehen. Für eine derartige Wirkungskontrolle können zudem subjektive Kontrollgrößen herangezogen werden, indem man die Anwohner der Straße und die weiteren betroffenen Verkehrsteilnehmer befragt und ihr Zufriedenheit bzw. Unzufriedenheit mit den verkehrsberuhigenden Maßnahmen ermittelt. Außerdem kann man die Anzahl und die Art eingehender Beschwerden betroffener Bürger als weitere Kontrollgrößen berücksichtigen.

Das operative Verwaltungscontrolling kann die Arbeit der zuständigen Kontrollinstanzen in den einzelnen Phasen der operativen Kontrollprozesse auf unterschiedliche Weise unterstützen. Bei den operativen Kontrollen handelt es sich in der Regel um fehleraufdeckende Kontrollen, die nach Abschluss der Planungs- und Realisierungsaktivitäten vorgenommen werden. Sie umfassen im Allgemeinen die drei Kontrollphasen Überprüfung der Endergebnisse mit Hilfe von Soll-Ist-Vergleichen, Analyse möglicher Abweichungsursachen und Entwicklung geeigneter Anpassungsmaßnahmen. Die Unterstützungsaufgabe des operativen Verwaltungscontrolling in der ersten Kontrollphase besteht vor allem darin, die erforderlichen Kontrollinformationen für die Vornahme der Soll-Ist-Vergleiche auf der Input-, Output- und Outcomeebene bereitzustellen. Die Analyse der Abweichungsursachen kann als die zentrale Phase des Kontrollprozesses angesehen werden. Eine wichtige Aufgabe des operativen Verwaltungscontrolling ist die Mitarbeit an den Abweichungsanalysen bzw. die komplette Durchführung derartiger Analysen. Schließlich kann das operative Verwaltungscontrolling in der dritten Kontrollphase an der Entwicklung von Anpassungsmaßnahmen in den Bereichen Planung und Realisation mitwirken. Auch bei einer umfassenden Beteiligung des operativen Verwaltungscontrolling an den Kontrollprozessen und der Übernahme einzelner Kontrollaufgaben verbleiben sowohl die Zuständigkeit als auch die Verantwortung für die operative Kontrolle bei den zuständigen Kontrollinstanzen.

4.4 Fragen und Aufgaben

1. Welche Aufgaben soll das operative Verwaltungscontrolling erfüllen?
2. Welche Merkmale sind für die operativen Informationen charakteristisch?
3. Welche Verfahren sind zur Feststellung des Bedarfs an operativen Informationen in öffentlichen Verwaltungen geeignet?
4. Beim öffentlichen Rechnungswesen kann man zwischen einem externen und einem internen Rechungswesen unterscheiden. Grenzen Sie diese beiden Arten des öffentlichen Rechnungswesens voneinander ab.

5. Für die öffentlichen Verwaltungen wird ein Drei-Komponenten-Buchführungssystem vorgeschlagen. Um welche Komponenten handelt es sich dabei im Einzelnen?
6. Welche Einsatzmöglichkeiten bestehen für die Deckungsbeitragsrechnung in öffentlichen Verwaltungen?
7. Warum ist die klassische Grenzplankostenrechnung für Dienstleistungsbetriebe nur bedingt geeignet?
8. Erläutern Sie die einzelnen Arbeitsschritte im Rahmen der Prozesskostenrechnung und beurteilen Sie die Eignung dieses Kostenrechnungssystems für die öffentlichen Verwaltungen.
9. Das Kostenmanagement besteht üblicherweise aus einem Kostenniveau-, einem Kostenverlaufs- und einem Kostenstrukturmanagement. Welche Aufgaben haben diese einzelnen Formen des Kostenmanagements jeweils zu erfüllen?
10. Was soll mit Hilfe der Gemeinkostenwertanalyse erreicht werden und aus welchen Phasen besteht im Allgemeinen der Prozess der Gemeinkostenwertanalyse?
11. Legen Sie dar, welche Ziele für das Zero-Base-Budgeting relevant sind und wie man üblicherweise bei der Anwendung dieses Verfahrens vorgeht.
12. Welche Bewertungsprobleme ergeben sich für die öffentlichen Verwaltungen im Rahmen der Leistungsrechnung?
13. Auf welche Weise kann eine qualitative Bewertung der Produkte öffentlicher Verwaltungen aus Kundensicht vorgenommen werden?
14. Der Vergleich von Kennzahlen kann als Zeit-, Betriebs- und Soll-Ist-Vergleich vorgenommen werden. Grenzen Sie diese drei Kennzahlenvergleiche voneinander ab.
15. Erläutern Sie, was man unter einem Kennzahlensystem versteht und welche Kennzahlensysteme insbesondere für öffentliche Verwaltung geeignet sind.
16. Welche Aufgaben hat das Berichtswesen zu erfüllen?

17. Stellen Sie die Unterschiede zwischen den drei Berichtsarten Standard-, Abweichungs- und Bedarfsbericht heraus.
18. Charakterisieren Sie die operativen Ziele öffentlicher Verwaltungen.
19. Die operative Maßnahmenplanung der öffentlichen Verwaltungen zur Bereitstellung ihrer Leistungen umfasst zwei aufeinander folgende Phasen. Geben Sie an, um welche Planungsphasen es sich handelt.
20. Erläutern Sie, welche einzelnen Aufgaben in den beiden Phasen der Maßnahmenplanung zum Zwecke der Leistungserstellung jeweils zu erledigen sind.
21. Beschreiben Sie die für öffentliche Verwaltungen relevanten Budgetierungsfunktionen.
22. Der Prozess der Budgetierung kann auf unterschiedliche Weise gestaltet werden. Als mögliche Gestaltungsvarianten kommen die retrograde und die progressive Budgetierung sowie die Budgetierung nach dem Gegenstromprinzip in Betracht. Erläutern Sie diese drei Varianten.
23. Zur Bestimmung ihrer Budgets setzen die öffentlichen Verwaltungen im Regelfall die input- und outputorientierten Budgetierungsverfahren ein. Welche Unterschiede bestehen zwischen diesen beiden Gruppen von Budgetierungsverfahren?
24. Beschreiben Sie mögliche inputorientierte Budgetierungsverfahren für öffentliche Verwaltungen.
25. Das Planning-Programming-Budgeting-System ist das bekannteste Konzept der Programmbudgetierung. Erläutern Sie die drei zeitlich abgestuften Planungsphasen des Planning-Programming-Budgeting-Systems.
26. Gehen Sie auf die einzelnen Arbeitsschritte bei der Aufstellung eines Produktbudgets im Rahmen der produktorientierten Budgetierung ein.
27. Beurteilen Sie die Eignung des produktorientierten Budgetierungsverfahrens für die öffentlichen Verwaltungen.
28. Was spricht für die Anwendung von Feedback-Kontrollen im Rahmen der operativen Kontrolle?

29. Bei der operativen Kontrolle können von den öffentlichen Verwaltungen input-, output- und outcomeorientierte Ergebniskontrollen eingesetzt werden. Erläutern Sie diese drei Kontrollarten.
30. Stellen Sie einige Kontrollgrößen zusammen, die jeweils für die input-, output- und outcomeorientierten Kontrollen geeignet sind.

5. Ausgewählte Controllingbereiche für öffentliche Verwaltungen

5.1 Investitionscontrolling

5.1.1 Grundkonzept

Das Investitionscontrolling nimmt Koordinationsaufgaben im Investitionsbereich wahr. Ausgehend von der üblichen Aufteilung des Investitionsprozesses in eine Planungs-, Realisierungs- und Kontrollphase kann eine phasenbezogene Gliederung der Aufgabenbereiche des Investitionscontrolling vorgenommen werden (vgl. Reichmann 2001, S. 289). Die Koordinationsleistungen des Investitionscontrolling beziehen sich somit auf die Investitionsplanung, die Investitionsrealisierung und die Investitionskontrolle und dienen zur Unterstützung des Managements bei seinen Investitionsentscheidungen in allen drei Phasen des Investitionsprozesses. Neben der Koordination innerhalb des Investitionsbereichs hat das Investitionscontrolling bereichsübergreifende Koordinationsaufgaben zu erfüllen. Dazu zählen vor allem die Abstimmung der Investitionsplanung mit der Planung in anderen Funktionsbereichen wie z.B. Produktion, Absatz und Finanzierung. Auch beim Investitionscontrolling kann zwischen einer strategischen und einer operativen Ebene unterschieden werden. So hat beispielsweise das strategische Investitionscontrolling dafür zu sorgen, das ein mit der strategischen Gesamtplanung abgestimmtes Konzept der langfristigen Investitionsplanung vorliegt (vgl. Reichmann 2001, S. 290).

In der Phase der Investitionsplanung geht es zunächst um die Analyse der Ausgangssituation für die vorzunehmenden Investitionsentscheidungen und die Festlegung von Investitionszielen, mit deren Hilfe mögliche Investitionsprojekte beurteilt werden können. Danach müssen Investitionsalternativen zusammengestellt und deren Konsequenzen aufgezeigt werden. Bei der Suche nach Investitionsalternativen empfiehlt sich der Einsatz von **Kreativitätstechniken** (vgl. 4.3.2.2). Die Abschätzung der Konsequenzen, die sich aus den einzelnen Investitionsalternativen ergeben, sollte unter Verwendung von **Prognosever-**

fahren vorgenommen werden (vgl. 3.3.1.1). Im nächsten Schritt werden die gesammelten Investitionsalternativen unter Bezug auf die vorgegebenen Investitionsziele beurteilt. Aus den Beurteilungen sind Empfehlungen für die Annahme oder Ablehnung der Investitionsalternativen abzuleiten. Sofern mehrere Investitionsprojekte für eine Realisierung als geeignet erscheinen, muss eine Rangordnung der Projekte unter Berücksichtigung ihrer jeweiligen Vorteilhaftigkeit gebildet werden. Die Beurteilung der Vorteilhaftigkeit einzelner Investitionsprojekte und die Herleitung einer entsprechenden Rangordnung werden im Regelfall unter Verwendung der Verfahren der Investitionsrechnung vorgenommen (vgl. z.B. Blohm/Lüder 1995, S. 49 ff.; Kruschwitz 2000, S. 25 ff.).

Die einzelwirtschaftlichen Verfahren der Investitionsrechnung berücksichtigen ausschließlich Wirkungen einzelner Investitionsprojekte, die sich auf den jeweiligen Projektträger bzw. Investor beziehen. Derartige trägerbezogene Wirkungen bzw. Effekte sind z.B. die in einem Unternehmen anfallenden Kosten einer Investition und die einem Unternehmen zufließenden Erträge aus einer Investition. Die einzelwirtschaftlichen Verfahren der Investitionsrechnung gliedern sich in zwei Hauptgruppen: die statischen Verfahren und die dynamischen Verfahren.

Bei den **statischen Verfahren** der Investitionsrechnung handelt es sich um die Kosten-, die Gewinn- und die Rentabilitätsvergleichsrechnung sowie um die Amortisationsrechnung. Die ersten drei Verfahren der statischen Investitionsrechnung beschränken sich auf eine Periode des gesamten Planungszeitraums der einzelnen Investitionsprojekte und verwenden als Rechengrößen die Kosten, Erlöse und Gewinne von Investitionsprojekten aus dieser einen repräsentativen oder durchschnittlichen Periode. Sie werden deshalb auch als einperiodige Verfahren bezeichnet. Die Amortisationsrechnung berücksichtigt mehrere Perioden des gesamten Planungszeitraums und rechnet nicht mit periodisierten Erfolgsgrößen, sondern mit Ein- und Auszahlungen. Demgegenüber beziehen sich die **dynamischen Verfahren** der Investitionsrechnung, zu denen im Wesentlichen die Kapitalwert-, die Annuitätenmethode und die Methode der internen Zinssätze zählen, auf den gesamten Planungszeitraum der einzelnen Investitionsprojekte. Als Rechengrößen verwenden sie die durch die Investitionsprojekte ausgelösten Ein- und Auszahlungen über die gesamte Planungs- bzw. Nutzungszeit hinweg. Die zu unterschiedlichen Zeitpunkten anfallenden Zahlungen werden durch Ab- oder Aufzinsen auf einen bestimmten Bezugszeitpunkt wertmäßig vergleichbar gemacht.

Die gesamtwirtschaftlichen Verfahren der Investitionsrechnung erfassen neben den trägerbezogenen Wirkungen einzelner Investitionsprojekte auch deren trägerexterne Effekte. Bei diesen externen Effekten handelt es sich um Projektwirkungen positiver und negativer Art, die bei Personen und Institutionen im Außenbereich des jeweiligen Projektträgers anfallen (wie z.B. Zeitersparnis durch Straßenneubau oder Umweltbeeinträchtigung durch Flughafenerweiterung). Die gesamtwirtschaftlichen Verfahren der Investitionsrechnung sind insbesondere für die Beurteilung der Vorteilhaftigkeit öffentlicher Investitionen geeignet, von denen im Regelfall weitreichende Wirkungen in die Gesellschaft und/oder Volkswirtschaft ausgehen. Für den Bund und die Länder ist die Anwendung der gesamtwirtschaftlichen Investitionsrechnungsverfahren unter der Bezeichnung **Nutzen-Kosten-Untersuchungen** für "geeignete Maßnahmen von erheblicher finanzieller Bedeutung" zwingend vorgeschrieben (vgl. § 6 Abs. 2 HGrG, § 7 Abs. 2 BHO/LHO). Für die Kommunen besteht zumindest die Empfehlung, Nutzen-Kosten-Untersuchungen in entsprechenden Fällen durchzuführen (vgl. z.B. die Verwaltungsvorschriften zu § 10 Abs. 2 GemHVO NRW). Die beiden gebräuchlichsten Varianten der Nutzen-Kosten-Untersuchungen sind die Kosten-Nutzen-Analyse und die Nutzwertanalyse.

Im Rahmen der **Kosten-Nutzen-Analyse** sollen alle internen und externen Wirkungen eines Investitionsprojekts erfasst werden. Die Projektwirkungen werden - soweit wie möglich - in Geldeinheiten bewertet. Die Wirkungen, die sich einer monetären Bewertung entziehen, werden nicht in die Kosten-Nutzen-Analyse einbezogen. Sie werden lediglich nach Abschluss der Analyse als intangible Effekte aufgelistet. Bei der Ermittlung der Vorteilhaftigkeit einer Investition wird die Kapitalwertmethode herangezogen. Ein Investitionsprojekt gilt als vorteilhaft, wenn die positiven monetär bewerteten Wirkungen (Nutzen) die negativen monetär bewerteten Wirkungen (Kosten) übersteigen. Die **Nutzwertanalyse** ist ein multikriterielles Scoringverfahren, bei dem die internen und externen Wirkungen alternativer Investitionsprojekte unter Berücksichtigung mehrere Zielkriterien untersucht und entsprechend einer subjektiven Präferenzordnung durch die Vergabe von Punkten bewertet werden. Die auf diese Weise festgelegten Zielerreichungsgrade einer jeden Investitionsalternative werden unter Berücksichtigung der Bedeutung der einzelnen Zielkriterien gewichtet und zu einem Gesamtzielwert bzw. Nutzwert zusammengefasst. Bei diesem Nutzwert handelt es sich um einen dimensionslosen Ordnungsindex. Von mehreren untersuchten Investitionsalternativen ist das Investitionsprojekt am vorteilhaftesten und folglich auszuwählen, das den höchsten Nutzwert aufweist.

Die einzel- und gesamtwirtschaftlichen Investitionsrechnungsverfahren dienen zur Beurteilung und Auswahl einzelner Investitionsprojekte. Sie werden deshalb auch Einzelentscheidungsverfahren genannt. Darüber hinaus sind eine Reihe von Investitionsrechnungsverfahren entwickelt worden, die als Entscheidungshilfen bei der Beurteilung und Auswahl von Investitionsprogrammen Verwendung finden sollen. Im Mittelpunkt dieser Programmentscheidungsverfahren stehen **Ansätze zur simultanen Bestimmung von Investitions- und Finanzierungsprogramm** sowie **Ansätze zur simultanen Bestimmung von Investitions- und Produktionsprogramm** (vgl. z.B. Blohm/Lüder 1995, S. 300 ff.; Kruschwitz 2000, S. 193 ff.)

Das Investitionscontrolling hat in der Planungsphase vielfältige Aufgaben zu bewältigen. Zum einen muss es durch die Vorgabe entsprechender Richtlinien für einen einheitlichen Ablauf der Investitionsplanung sorgen. Zum anderen hat es die erforderlichen Informationen für die Situationsanalyse bereitzustellen und die bei der Investitionsplanung anzuwendenden Kreativitäts-, Prognose- und Investitionsrechnungsverfahren auszuwählen, situations- bzw. organisationsspezifisch zu modifizieren und einzuführen. Außerdem kontrolliert das Investitionscontrolling im Regelfall die von den Facheinheiten eingereichten Investitionsanträge auf Vollständigkeit, Richtigkeit und Abstimmung mit der Gesamtplanung, nimmt gegebenenfalls Korrekturen und Ergänzungen vor und leitet die Anträge an die jeweiligen Entscheidungsträger weiter. Vielfach übernimmt das Investitionscontrolling auch die Durchführung der Investitionsrechnungen und nimmt ein Investitionsranking vor, das als Grundlage für die Entscheidungen über die zu realisierenden Investitionsprojekte dient.

Die Phase der Investitionsrealisierung ist insbesondere für größere Investitionen wie z.B. Bauinvestitionen von Bedeutung, da sich deren Erstellung in mehreren Teilschritten vollzieht und sich über einen längeren Zeitraum erstreckt. Die Steuerungsprobleme, die bei der Realisierung derartige Großprojekte auftreten, können im Wesentlichen auf drei Ursachen zurückgeführt werden (vgl. z.B. Haiber 1997, S. 261 f.). Es ergeben sich vielfach Überschreitungen bei den festgelegten Projektterminen und bei den geplanten Projektkosten. Außerdem werden die angestrebten Projektleistungen häufig nicht erreicht. Folglich sind die Planungs- und Kontrollaktivitäten des Investitionsmanagements in der Realisierungsphase vorrangig auf die Termine, die Kosten und die Leistungen der Investitionen ausgerichtet.

Für die Terminplanung ist es erforderlich, das Gesamtprojekt in Teilabschnitte wie z.B. Vorgänge und Arbeitspakete zu untergliedern. Danach werden für die einzelnen Teilabschnitte Termine festgelegt und die Terminvorgaben aufeinander abgestimmt. Außerdem muss die Termineinhaltung laufend überwacht werden, um bei eventuellen Abweichungen eine Revision der Terminplanung oder sonstige Anpassungsmaßnahmen auslösen zu können. Die Kostenplanung ermittelt die zu erwartenden Kosten für die einzelnen Teilabschnitte des Gesamtprojekts und stellt auf der Grundlage der Terminplanung den zeitlichen Kostenverlauf zusammen. Außerdem wird die Entwicklung der Istkosten in der Realisierungsphase ständig überprüft und mit den entsprechenden Plankosten verglichen, um im Bedarfsfall rechtzeitig Korrekturmaßnahmen ergreifen zu können. Die Aufgabe der leistungsbezogenen Planung besteht darin, für die einzelnen Teilabschnitte des Gesamtprojekts den jeweils zu erreichenden Leistungsstand in Bezug auf Leistungsumfang und -qualität festzulegen. Außerdem müssen die Einhaltung der vorgegebenen Leistungsstandards für die einzelnen Teilabschnitte laufend kontrolliert und bei Nichteinhaltung der Leistungsvorgaben Gegensteuerungsmaßnahmen eingeleitet werden.

Zu den Aufgaben des Investitionscontrolling zählen in erster Linie die Versorgung des Investitionsmanagements mit Informationen für die Planungs- und Kontrollaktivitäten in der Realisierungsphase und die Auswahl und Einführung geeigneter Instrumente für die Projektrealisierung. Der **Projektstrukturplan** gilt als das zentrale Instrument für die Projektabwicklung (vgl. z.B. Madauss 1994, S. 190 ff.; Rattay 1996, S. 379 f.). Im Rahmen dieses Plans wird eine mehrstufige Zerlegung des Gesamtprojekts in plan- und kontrollierbare Arbeitspakete vorgenommen. Dabei müssen die Arbeitspakete so dimensioniert werden, dass sie jeweils von einer projektbearbeitenden Instanz betreut werden können. Im Anschluss daran werden die Arbeitspakete einzelnen Instanzen zugewiesen. Auf diese Weise wird die Projektverantwortlichkeit eindeutig geregelt und die Projektabwicklung erleichtert. Der Projektstrukturplan ermöglicht eine umfassende Fortschrittskontrolle der Termine, Kosten und Leistungen in den einzelnen Abschnitten bzw. Einheiten des Gesamtprojekts. Ein weiteres wichtiges Instrument für die Projektrealisierung ist die **Netzplantechnik**, die insbesondere für größere Projekte mit hohem Komplexitätsgrad geeignet ist. (vgl. z.B. Schwarze 1989; Altrogge 1996). Im Mittelpunkt der Netzplantechnik stehen die zielgerichtete Strukturierung und die zeitliche Optimierung der Vorgänge eines Projekts. Zusätzlich zur Terminplanung kann man im Rahmen der Netzplantechnik eine Kosten- und eine Kapazitätsplanung durchführen, um minimale Projektkosten sowie eine gleichmäßige optimale Kapazitätsauslastung zu erreichen. Außerdem wird die laufende Projektüberwachung durch den Einsatz der Netzplantechnik erleichtert.

In der Phase der Investitionskontrolle wird nach der Fertigstellung eines Investitionsprojekts eine **Endergebniskontrolle** durchgeführt, bei der die vorgegebenen Sollwerte mit den realisierten Istwerten verglichen und Abweichungen zwischen Soll und Ist analysiert werden. Für das abgeschlossene Investitionsprojekt haben die Resultate der Abweichungsanalyse keine Konsequenzen mehr. Aus den Ergebnissen können jedoch Erkenntnisse für zukünftige Investitionsprojekte gewonnen werden (vgl. Küpper 2001, S. 453). Außerdem sollte eine **laufende Investitionsnachrechnung** vorgenommen werden. Dabei wird während der gesamten Nutzungszeit einer Investition in regelmäßigen Abständen überprüft, ob die jeweiligen Zielvorgaben eingehalten wurden oder nicht. Eine zentrale Aufgabe des Investitionscontrolling ist die Einführung eines Systems der laufenden Investitionsnachrechnung (vgl. Reichmann 2001, S. 294). Im Rahmen dieses Systems soll für alle größeren Investitionsprojekte ein kontinuierlicher Vergleich von ausgewählten Sollwerten mit den entsprechenden Istwerten vorgenommen werden, um gegebenenfalls Veränderungen für die restliche Nutzungsdauer der Investitionsprojekte durchführen zu können.

5.1.2 Bauinvestitionscontrolling öffentlicher Verwaltungen

Das Investitionscontrolling öffentlicher Verwaltungen konzentrierte sich zunächst auf die Bauinvestitionen. In der Regel waren erhebliche Kostenüberschreitungen und Terminverzögerung bei den öffentlichen Bauprojekten der Anlass für die Entwicklung und Einführung eines Bauinvestitionscontrolling in den öffentlichen Verwaltungen. Wichtige Impulse für die Entwicklung eines kommunalen Bauinvestitionscontrolling gingen von einer Arbeit der KGSt aus (vgl. KGSt 1985 c). Es handelt sich dabei um ein ganzheitliches Konzept der Planung, Abwicklung und Kontrolle von Bauinvestitionen, das sich über alle Phasen des Investitionsprojekts erstreckt. Ausgehend von einer Grobgliederung des Projektablaufs in eine Vorprojekt-, eine Planungs-, eine Ausführungs- und eine Nutzungsphase wird in diesem Konzept von einer differenzierte Phaseneinteilung des Ablaufs kommunaler Bauinvestitionsprojekte ausgegangen, die der Abb. 5-1 zu entnehmen ist (vgl. KGSt 1985 c, S. 13).

Grobgliederung des Projektablaufs	Phaseneinteilung nach KGSt
Vorprojektphase	I. Bedarfsableitung II. Projektdefinition
Planungsphase	III. Vorentwurfsplanung IV. Entwurfsplanung V. Ausführungsvorbereitung
Ausführungsphase	VI. Ausführung
Nutzungsphase	VII. Erfolgskontrolle

Abb. 5-1: Phaseneinteilung des Ablaufs von Bauinvestitionsprojekten

In der Phase der Bedarfsableitung geht es im Wesentlichen um die Formulierung von Zielvorgaben, die Beurteilung der Notwendigkeit und Dringlichkeit der Projekte und die Vornahme von Alternativenbewertungen. Im Rahmen der Projektdefinition müssen Raum-, Funktions-, Ausstattungs-, Betreiber- und Grundstücksfragen geklärt werden. Außerdem sind Architekten und sonstige Planer zu beauftragen und Mittel bereitzustellen. In der Phase der Vorentwurfsplanung sind verschiedene Vorentwürfe zu erstellen und miteinander zu vergleichen. Die Entwicklung und der Vergleich der Kosten alternativer Baukörpergestaltungen und technischer Grobstandards ist notwendig, um mögliche Wirtschaftlichkeitsvorteile zu erzielen. Am Ende dieser Planungsphase sollte ein detaillierter Kostenrahmen vorliegen. In der Phase der Entwurfsplanung erfolgt die eigentliche Architektenplanung. Die Kosten der Baukonstruktion sind nur noch in geringem Umfang zu verändern. Jedoch können die Kosten der technischen Gestaltung noch in nennenswertem Umfang beeinflusst werden. Die Planungen sind nun weitgehend abgeschlossen, und die Finanzierungsfrage ist geklärt. Im Rahmen der sich anschließenden Ausführungsvorbereitung muss nun von den zuständigen Gremien entschieden werden, ob die Bauinvestition durchgeführt wird oder nicht. In dieser Phase besteht letztmalig die Möglichkeit, die Planung ohne hohe

Kosten abzubrechen. Mit der Entscheidung für oder gegen die Ausführung des Bauprojekts ist diese Phase abgeschlossen.

In der Ausführungsphase, die mit der Auftragserteilung an Externe oder mit der Beauftragung interner Dienststellen beginnt, sind Maßnahmen der Projektsteuerung und -überwachung zu treffen. Es ist ein kontinuierlicher Vergleich von Plan- und Istdaten vorzunehmen. Die sich gegebenenfalls ergebenden Abweichungen lösen im Allgemeinen Änderungsanforderungen (z. B. hinsichtlich der Leistungs-, Termin-, Kosten- bzw. Budgetplanung) aus. Nach der Fertigstellung der Bauvorhaben soll eine Kostenübersicht erstellt werden, um eine Erfolgskontrolle zu ermöglichen. Außerdem ist ein Abschlußbericht zu erstellen, um die im Projektverlauf gewonnen Erfahrungen für zukünftige Projekt zu nutzen.

Grundsätzlich muss für jede Phase des Projektablaufs eine eindeutige Regelung der Zuständigkeiten durch die Festlegung eines projektführenden Amtes vorgenommen werden. Das projektführende Amt ist vor allem für die inhaltliche und zeitliche Koordinierung aller Planungsvorgänge verantwortlich und hat für die Vorbereitung und Vorlage der Entscheidungsunterlagen zu sorgen. Die KGSt empfiehlt eine phasenbezogene Regelung der Zuständigkeit, wobei jeweils dem am stärksten betroffenen Amt die Projektführerschaft übertragen wird. Die Führungsentscheidungen in den einzelnen Phasen des Projektablaufs sollen in einer Investitionskonferenz getroffen werden. Diesem Entscheidungsgremium gehören im Regelfall der Verwaltungschef, der Finanzdezernent, der Baudezernent und der betroffene Nutzerdezernent an.

Das eigentlich Controllingelement im Konzept der KGSt stellt die unabhängige Stelle für Investitionsberatung und -kontrolle dar, die nach den Vorstellungen der KGSt bei der Kämmerei anzusiedeln ist. Diese neu einzurichtende Controllingstelle soll vor allem in den ersten Projektphasen die Notwendigkeit und Dringlichkeit eines Projekts beurteilen und in den späteren Projektphasen auf die Angemessenheit der Kosten achten. Demzufolge müssen von Anfang an Kostenplanungen und begleitende Wirtschaftlichkeitsanalysen vorgenommen werden. Außerdem hat die Investitionsberatungsstelle in jeder Phase dafür zu sorgen, dass die jeweils geeigneten Planungsverfahren zum Einsatz kommen, die Vollständigkeit der Planung gewährleistet wird und die Planungsvorgaben eingehalten werden.

Schon seit längerer Zeit verfügen eine Reihe von Kommunen über Konzepte für ein Bauinvestitionscontrolling, die zum Teil auf dem KGSt-Ansatz beruhen (vgl. z.B. die Zusammenstellung von Praxisbeispielen bei Braun/Bozem 1990, S. 162 ff.; Schmidberger 1994, S.61 ff.; Andree 1994, S. 172 ff.). Die jeweiligen Aufgaben des Bauinvestitionscontrolling im Rahmen dieser Konzepte müssen laufend überprüft und im Bedarfsfall neu festgelegt werden. Bei der Anpassung bzw. Weiterentwicklung der Controllingaufgaben ist darauf zu achten, dass sich die Tätigkeit des Bauinvestitionscontrolling nicht nur auf die Planungsphase beschränkt, sondern auch die Realisierungs- und die Kontrollphase umfasst. Insbesondere bei Bauinvestitionen können erhebliche Probleme bei der Projektsteuerung und -überwachung in der Realisierungsphase auftreten, so dass das Bauinvestitionscontrolling die Projektrealisierung begleiten und unterstützen sollte. Außerdem sind bei Bauinvestitionen in der Regel umfangreiche Kontrollen erforderlich, die nicht nur direkt nach der Fertigstellung der Projekte, sondern auch während ihrer gesamten Nutzungszeit durchgeführt werden müssen. Demzufolge sollte das Bauinvestitionscontrolling auch in der Kontrollphase Unterstützungsleistungen für die zuständigen Kontrollinstanzen erbringen.

Im Rahmen der Planungsphase gehört es zu den Aufgaben des Bauinvestitionscontrolling, die Nutzerämter bei ihren Entscheidungen über geeignete Bauprojekte zu beraten (vgl. z.B. Rabe 2001, S. 26 f.). Im Einzelnen sollte das Bauinvestitionscontrolling die Ämter bei der Ermittlung des Nutzerbedarfs, der Formulierung der Investitionsziele, der Zusammenstellung der Investitionsalternativen und der Einschätzung ihrer möglichen Konsequenzen z.B. bezüglich Finanzbedarf, Kosten und Wirtschaftlichkeit helfen. Außerdem ist das Bauinvestitionscontrolling im Allgemeinen an der Überprüfung der von den Ämtern eingereichten Investitionsanträge, der Beurteilung der beantragten Investitionsvorhaben mit Hilfe der Investitionsrechnungsverfahren und der Aufstellung einer Rangordnung der Investitionsprojekte auf der Basis der Rechenergebnisse beteiligt. Als weitere Aufgaben des Bauinvestitionscontrolling sind die Erarbeitung von Empfehlungen für ein mittelfristiges kommunales Bauinvestitionsprogramm und für die Einstellung von Bauinvestitionsmaßnahmen in die mittelfristige Finanzplanung sowie die Vorstellung und Erläuterung dieser Empfehlungen in dem zuständigen Entscheidungsgremium wie z.B. der Investitionskonferenz zu nennen (vgl. z.B. Rabe 2001, S. 26).

In der Realisierungsphase der Bauvorhaben hat das Bauinvestitionscontrolling in erster Linie dafür zu sorgen, dass die zuständigen Stellen für die Bauausführung mit den notwendigen Informationen versorgt und geeignete Instrumente für eine systematische Projektabwicklung wie z.B. Projektstrukturplan und Netzplantechnik bereitgestellt werden. Da die Bauprojekte über einen längeren Zeitraum genutzt werden und oftmals beträchtliche Folgekosten aufweisen, empfiehlt es sich, neben den direkt nach der Fertigstellung durchzuführenden Ergebniskontrollen auch laufende Wirtschaftlichkeitskontrollen über die gesamte Nutzungszeit hinweg vorzunehmen. Für das Bauinvestitionscontrolling stellt sich in der Kontrollphase vor allem die Aufgabe, ein geeignetes System für die laufende Wirtschaftlichkeitskontrolle bei größeren Bauprojekten zu installieren. Im Bedarfsfall kann das Bauinvestitionscontrolling die Wirtschaftlichkeitskontrollen auch selbst vornehmen.

Im Rahmen der notwendigen Weiterentwicklung der investitionsbezogenen Controllingaufgaben in öffentlichen Verwaltungen erscheint es zudem sinnvoll, neben den Hoch- und Tiefbaumaßnahmen sonstige Investitionsprojekte ab einer bestimmten Größenordnung in das Controllingkonzept einzubeziehen und auf diese Weise aus dem Bauinvestitionscontrolling ein allgemeines Investitionscontrolling zu entwickeln (vgl. z.B. Stadt Köln 1997).

5.2 Personalcontrolling

5.2.1 Grundkonzept

Das Personalcontrolling befasst sich zum einen mit der Koordination der Führungsfunktionen im Personalbereich. Die Koordinationsaufgaben innerhalb des Personalbereichs betreffen die beiden Führungsteilsysteme Personalplanung und -kontrolle sowie Personalinformationsversorgung. Zum anderen hat das Personalcontrolling die Aufgabe, eine Abstimmung des Personalbereichs mit anderen Funktionsbereichen wie Beschaffung, Produktion, Absatz, Investition und Finanzierung herbeizuführen. Mit Hilfe des Personalcontrolling soll eine bessere Erfüllung der vorgegebenen Ziele im Personalbereich erreicht werden. Auch im Rahmen des Personalcontrolling wird zwischen einem strategischen und einem operativen Controlling unterschieden. Das strategische Personalcontrolling ist in erster Linie auf die Ziel- und Programmevaluation ausgerichtet, während sich das operative Personalcontrolling vor allem mit quantitativen Kosten- und Wirtschaftlichkeitsgrößen und mit qualitativen Aspekten von Führung und Personalmanagement befasst (vgl. z.B. Schedler/Weibler 1996, S. 9; Peemöller 2002, S. 419).

Ein Aufgabenschwerpunkt des Personalcontrolling ist die Koordination der Personalplanung (vgl. z.B. Küpper 2001, S. 443 f.). Zu den wichtigsten Bereichen der Personalplanung zählen die Personalbedarfs-, die Personalbeschaffungs-, die Personaleinsatz-, die Personalentwicklungs- und die Personalfreisetzungsplanung.

Im Rahmen der **Personalbedarfsplanung** wird der erforderliche Soll-Personalbestand in zeitlicher, quantitativer und qualitativer Hinsicht bestimmt. Durch einen Vergleich des Soll-Personalbestands einer Planungsperiode mit dem zu erwartenden Ist-Personalbestand der entsprechenden Periode lässt sich der jeweilige Netto-Personalbedarf ermitteln. Bei der Festlegung des Soll-Personalbestands für eine Planungsperiode orientiert man sich in erster Linie an der Art und dem Umfang der zu erfüllenden Aufgaben bzw. an den zu erbringenden qualitativen und quantitativen Leistungen in der betreffenden Periode. Der zu erwartende Ist-Personalbestand für eine Planungsperiode errechnet sich aus dem gegenwärtigen Personalbestand zuzüglich des bis zur Planungsperiode eintretenden Personalzuwachses (z.B. Übernahme von Auszubildenden) und abzüglich des sich bis dahin ergebenden Personalabgangs (z.B. Ausscheiden durch Pensionierung). Als Instrumente für die Personalbedarfsplanung stehen unter anderem Richtzahlen, statistische Analysen, Personalflussmodelle zur Fortschreibung von Personalbeständen und Optimierungsmodelle aus dem Bereich der Unternehmensforschung zur Verfügung (vgl. z.B. Scholz 1994, S. 129 ff.).

Die **Personalbeschaffungsplanung** befasst sich mit der Gewinnung des erforderlichen Personals nach Anzahl und Qualifikation zu den vorgegebenen Terminen. Bei der Personalbeschaffungsplanung kann man zwei Teilphasen unterscheiden: die Personalanwerbung und die Personalauswahl. Im Rahmen der Personalanwerbung sind vor allem Entscheidungen über den anzusprechenden Personenkreis, die zu übermittelnden Informationsinhalte und die zu nutzenden Kommunikationswege zu treffen. Als Kommunikationswege kommen hauptsächlich die persönliche Ansprache, die Ansprache über unterschiedliche Massenmedien und die Einschaltung von Arbeitsvermittlern in Betracht. In der Phase der Personalauswahl werden die vorhandenen Bewerber auf ihre Eignung für die vorgesehenen Verwendungspositionen überprüft und geeignete Personen zur Einstellung vorgeschlagen. Die Personauswahl kann mit Hilfe unterschiedlicher Methoden und Instrumente wie z.B. Auswertung von Bewerbungsunterlagen, Persönlichkeits-, Fähigkeits- und Leistungstests, Vorstellungsgespräche und Assessment Center-Verfahren vorgenommen werden (vgl. z.B. Berthel 2000, S. 185 ff.).

Im Rahmen der **Personaleinsatzplanung** erfolgt die Zuordnung der Mitarbeiter auf die vorhandenen Aufgabenbereiche bzw. Stellen. Die Zuordnung muss so geplant werden, dass die zu erledigenden Aufgaben termingerecht durchgeführt werden können und die Qualifikation der Mitarbeiter mit den Anforderungen der jeweiligen Stellen übereinstimmt. Die Zuordnung der Mitarbeiter auf die Stellen kann mit Hilfe mathematischer und heuristischer Verfahren sowie unter Verwendung der Profilvergleichsmethode vorgenommen werden (vgl. z.B. Bühner 1997, S. 146 ff.).

Gegenstand der **Personalentwicklungsplanung** ist die Förderung der Mitarbeiter auf allen Hierarchieebenen mittels geeigneter Entwicklungsmaßnahmen. Die Personalentwicklung besteht üblicherweise aus mehreren Maßnahmenbereichen, die miteinander verbunden sind und folglich im Rahmen der Personalentwicklungsplanung aufeinander abgestimmt werden müssen. Der Schwerpunkt der Personalentwicklung liegt im Allgemeinen bei der Personalbildung bzw. beruflichen Bildung. Sie lässt sich in die beiden Bereiche Ausbildung und Fortbildung gliedern (vgl. z.B. Berthel 2000, S. 253). Da das berufsbezogene Wissen zusehends schneller veraltet, ist die Fortbildung ein besonders wichtiger Bestandteil der Personalbildung. Sie besteht aus einer berufsbegleitenden und aus einer berufsverändernden Fortbildung. Bei der berufsbegleitenden Fortbildung werden in der Regel die folgenden Kategorien unterschieden:

- Anpassungsfortbildung (Anpassung der Qualifikation an sich verändernde Anforderungen am Arbeitsplatz),
- Förderungsfortbildung (Verbesserung der Qualifikation im Hinblick auf einen möglichen Aufstieg in höherwertige Positionen).

Im Rahmen der berufsverändernden Fortbildung wird den Beschäftigten, die ihren einmal erlernten Beruf nicht weiter ausüben können, mittels Umschulungsmaßnahmen ein neues Wissen vermittelt, das sie dazu befähigen soll, einer anderen Tätigkeit nachgehen zu können.

Zusätzlich zur Personalbildung werden vielfach weitere Personalförderungsmaßnahmen der Personalentwicklung zugeordnet, die vor allem auf Veränderungen bei den Arbeitsplätzen und in den Arbeitsinhalten ausgerichtet sind. Es handelt sich dabei im Einzelnen um Maßnahmen wie Fördergespräche, Laufbahnförderung, Jobenlargement, Jobenrichment, Coaching und Mentoring (vgl. z.B. Olfert/Steinbuch 1999, S. 461 ff.)

Die **Personalfreisetzungsplanung** umfasst Entscheidungen zur Verringerung des Personalbestands. Die geplante Personalfreisetzung kann unterschiedliche Ursachen haben (z.B. Nachfragerückgänge, Aufgabenveränderungen, Sparzwänge, Automatisierungs- und Rationalisierungsfortschritte). Die erforderliche Personalfreisetzung lässt sich durch unterschiedliche Maßnahmen wie kurzfristige Beschäftigungsvariation, Arbeitszeitvariation, Personalbestandsvariation und Entlassung erreichen (vgl. z.B. Bühner 1997, S. 106 ff.).

Im Rahmen seiner Koordinationsfunktion muss das Personalcontrolling die erforderlichen Instrumente und Methoden für die einzelnen Bereiche der Personalplanung bereitstellen und bei Bedarf weiterentwickeln. Außerdem hat es für eine laufende Abstimmung innerhalb und zwischen den Teilbereichen der Personalplanung zu sorgen und mögliche Störungen im Planungsprozess zu beseitigen.

Einen weiteren Aufgabenschwerpunkt des Personalcontrolling bildet die Koordination innerhalb des Teilsystems Personalinformationsversorgung sowie zwischen diesem Teilsystem und dem Planungs- und Kontrollsystem des Personalbereichs. Das Personalmanagement benötigt für seine Entscheidungen im Planungs- und Kontrollbereich eine Vielzahl entscheidungsrelevanter Informationen. Es zählt zu den Aufgaben des Informationsversorgungssystems, den Informationsbedarf für die Planungs- und Kontrollzwecke zu ermitteln, die erforderlichen Informationen zu beschaffen, aufzubereiten und an die jeweiligen Entscheidungsträger weiterzuleiten. Im Rahmen der Informationsversorgung des Personalwesens sind Kennzahlen von zentraler Bedeutung (vgl. zu den Kennzahlen 4.2.3.). Die **Personalkennzahlen** machen die Informationen aus dem Personalwesen quantifizierbar und systematisierbar. Mit ihrer Hilfe kann man die mehrdimensionale Struktur des Personals abbilden und die Zusammenhänge zwischen den einzelnen Daten des Personalwesens verdeutlichen. Die Personalkennzahlen sind wichtige Anhaltspunkte für die Personalplanung, sie ermöglichen eine Operationalisierung der Ziele des Personalwesens und dienen als Instrumente der Erfolgskontrolle. Es können prinzipiell für alle Aufgabenbereiche des Personalwesens Kennzahlen entwickelt werden. Eine Zusammenstellung von Beispielen für Personalkennzahlen aus ausgewählten Bereichen des Personalwesens ist der Abb. 5-2 zu entnehmen (vgl. z.B. Schulte 1989, S. 51 f.).

Bereiche des Personalwesens	Beispiele für Personalkennzahlen
Personalbedarf	Netto-Personalbedarf, Arbeitsvolumen/ Arbeitszeit, Durchschnittsalter der Belegschaft, Durchschnittsdauer der Betriebszugehörigkeit
Personalbeschaffung	Bewerberzahl pro ausgeschriebene Stelle, Bewerberstruktur, Personalbeschaffungskosten je Eintritt, Grad der Personaldeckung
Personaleinsatz	Leistungsgrad, Arbeitsproduktivität, Überstundenquote, Leitungsspanne
Personalentwicklung	Ausbildungsquote, Übernahmequote, jährliche Weiterbildungszeit pro Mitarbeiter, Anteil der Personalentwicklungskosten an den gesamten Personalkosten
Personalfreisetzung	Sozialplankosten je Mitarbeiter, Abfindungsaufwand je Mitarbeiter

Abb. 5-2: Beispiele für Personalkennzahlen

Im Rahmen der Versorgung mit Personalinformationen hat das Personalcontrolling die Aufgabe, die notwendigen Instrumente für die Beschaffung, Aufbereitung und Weiterleitung von Personalinformationen auszuwählen und einzuführen. In diesem Zusammenhang haben die Bildung von Personalkennzahlen und die Entwicklung von Kennzahlensystemen für das Personalwesen ein besonderes Gewicht (vgl. zu den Kennzahlensystemen 4.2.3). Außerdem zählt der Aufbau eines Berichtssystems für das Personalwesen sowie seine laufende

Überwachung zum Aufgabenbereich des Personalcontrolling (vgl. zum Berichtswesen 4.2.4).

5.2.2 Personalcontrolling öffentlicher Verwaltungen

Das Personalcontrolling öffentlicher Verwaltungen unterstützt das Verwaltungsmanagement auf allen Verwaltungsebenen bei der Planung, Kontrolle und Informationsversorgung im Personalbereich. Sein primäres Ziel ist die Erhöhung der Effektivität und Effizienz des personalwirtschaftlichen Handelns in den öffentlichen Verwaltungen. Die Adressaten für die Unterstützungsleistungen des Personalcontrolling öffentlicher Verwaltungen sind zum einen die obersten Verwaltungsführungen und zum anderen die Führungskräfte in den Fach- und Servicebereichen der öffentlichen Verwaltungen. Die Unterstützungsfunktion des Personalcontrolling öffentlicher Verwaltungen kann sich auf die folgenden möglichen Personalbereiche erstrecken (vgl. z.B. Senatskommission für das Personalwesen 1998, S. 60, S. 65 ff.; Zech/Kempf/Lühr/Weineck 1998, S. 229 ff.):

- Personalbedarf,
- Personalausgaben,
- Personalstruktur,
- Personalführung,
- Personalentwicklung.

Im Rahmen des Bereichs **Personalbedarf** werden mittelfristige Prognosen der Netto-Personalbedarfe für die öffentlichen Verwaltungen erstellt. Sie bilden die Basis für die personalwirtschaftlichen Maßnahmen. Außerdem sind die Ergebnisse der mittelfristigen Personalbedarfsplanung die Grundlage für die Finanzplanung. Die Aufgaben des Personalcontrolling in diesem Teilbereich bestehen im Wesentlichen in der Bereitstellung der Instrumente für die Personalbedarfsplanung und in der Unterstützung des Verwaltungsmanagements bei der Ermittlung der Personalbedarfe.

Gegenstand des Bereichs **Personalausgaben** ist die Aufstellung der Personalbudgets der öffentlichen Verwaltungen. Die Personalbudgets können mit Hilfe unterschiedlicher Verfahren gebildet werden wie z.B. der Personalkostenhochrechnung, der Budgetierung auf der Basis von Durchschnittskosten, des Fortschreibungs- oder des Festschreibungsverfahrens (vgl. z.B. Senatkommission für das Personalwesen 1998, S. 83 ff.). Das Personalcontrolling unterstützt die Aufstellung der Personalbudgets durch die Bereitstellung der jeweils ausgewählten Verfahren und die Beratung des Verwaltungsmanagements bei der Verfahrensanwendung.

Im Bereich **Personalstruktur** geht es um die Schaffung einer differenzierten und ausgewogenen Personalstruktur für die öffentlichen Verwaltungen. Als mögliche Dimensionen der Personalstruktur kommen z.B. Alter, Geschlecht, Nationalität, Qualifikation, Teilzeit, Laufbahn-, Status- und Personalgruppen in Betracht. Die Aufgaben des Personalcontrolling in diesem Personalbereich bestehen insbesondere in der Dokumentation der unterschiedlichen Dimensionen der gegenwärtigen Personalstruktur und in der Entwicklung von Empfehlungen für eine zukünftig zu erreichende Personalstruktur.

Im Mittelpunkt des Bereichs **Personalführung** stehen Maßnahmenprogramme, die auf die Führungskräfte in den öffentlichen Verwaltungen ausgerichtet sind. Als mögliche Programmschwerpunkte in diesem Personalbereich werden eine Führungskräftefortbildung, die Einführung von Mitarbeiter-Vorgesetzten-Gesprächen und Konzepte zur Gesundheitsförderung genannt (vgl. z.B. Senatskommission für das Personalwesen 1998, S. 117 ff.; Zech/Kempf/Lühr/Weineck 1998, S. 232 ff.). Das Personalcontrolling befasst sich in diesem Personalbereich vor allem mit der Auswahl, Einführung und Weiterentwicklung geeigneter Maßnahmen innerhalb der jeweils relevanten Programmschwerpunkte.

Im Bereich **Personalentwicklung** soll das Leistungs- und Lernpotenzial der Verwaltungsmitarbeiter unter Berücksichtigung des jeweiligen Bedarfs der öffentlichen Verwaltungen gefördert werden. Auch in diesem Personalbereich liegen die Aufgaben des Personalcontrolling in erster Linie bei der Auswahl, Einführung und Weiterentwicklung geeigneter Entwicklungsmaßnahmen wie z.B. Mitarbeiterbeurteilung, Fortbildung, Versetzung und Beförderung.

Darüber hinaus ist das Personalcontrolling öffentlicher Verwaltungen im Bereich der Personalinformationsversorgung tätig. Als mögliche Aufgabenschwerpunkte für das Personalcontrolling in diesem Bereich sind die Bildung von Personalkennzahlen, ihre Zusammenstellung zu einem personalbezogenen Kennzahlensystem und der Aufbau eines Berichtssystems für das Personalwesen zu nennen.

Diese Aufgaben sollen am Beispiel eines von der KGSt entwickelten **personalwirtschaftlichen Kennzahlensystems** für Kommunalverwaltungen verdeutlicht werden (vgl. KGSt 2003, S. 20 ff.). Ausgehend von ausgewählten personalwirtschaftlichen Zielen für die gesamte Kommunalverwaltung bzw. für die einzelnen Fachbereiche hat die KGSt Schlüsselkennzahlen gebildet, die zur Messung der jeweiligen personalwirtschaftlichen Ziele geeignet sind. Die Zusammenstellung der personalwirtschaftlichen Ziele und der ihnen zugeordneten Kennzahlen zu einem Kennzahlensystem kann der Abb. 5-3 entnommen werden.

Aus diesem Kennzahlensystem lässt sich im nächsten Schritt ein **personalwirtschaftliches Berichtssystem** entwickeln. Dabei muss das Kennzahlensystem um die folgenden Angaben erweitert werden (vgl. KGSt 2003, S. 22 ff.):
- Sollwerte für die Kennzahlen im aktuellen Berichtszeitraum,
- Istwerte für die Kennzahlen im aktuellen Berichtszeitraum,
- Abweichung zwischen Soll und Ist im aktuellen Berichtszeitraum,
- Istwerte für die Kennzahlen aus dem vorherigen Berichtszeitraum,
- Gegenüberstellung der Istwerte für die Kennzahlen aus dem vorherigen und dem aktuellen Berichtszeitraum,
- Prognose der weiteren Entwicklung der Kennzahlen,
- zielspezifische Auswertung der einzelnen Kennzahlen.

Personalwirtschaftliches Ziel	Kennzahl
Qualifiziertes/ motiviertes/ flexibles Personal	Mitarbeiterjahresgespräch (Durchführungsquote in %)
	Fort-/Weiterbildung (Mitarbeiter/Führungskräfte)
	○ % der Personalkosten
	○ Anzahl Tage je Mitarbeiter/Führungskraft
	○ % der Mitarbeiter/Führungskraft
	Mobilitätsrate (intern) (%)
	Alterstruktur (nach Produktbereich/Berufsgruppen) Älter als 55/Jünger als 35
	Mitarbeiterzufriedenheit (gemäß Umfrage) (Note)
Attraktivität des Arbeitsplatzes	Mobilitätsrate im ersten Jahr (intern) (%)
	Fluktationsrate im ersten Jahr (ohne Zeitverträge) (%)
	Bewerberquote (Ausbildung/offene Stellen) (%)
Personalkostenoptimierung/ Wirtschaftlichkeit	Abweichung vom Personalkostenbudget (%)
	Krankheitsquote (%)
	Vollkräftezahl (Abweichungen in %)
Chancengleichheit	Frauen in Führungspositionen (%) (nach Laufbahngruppe und Berufskategorien)
	Schwerbehindertenquote (%)

Abb. 5-3: Beispiel für ein personalwirtschaftliches Kennzahlensystem (KGSt 2003, S. 21)

5.3 Beteiligungscontrolling

5.3.1 Grundkonzept

Das Beteiligungscontrolling erfüllt Koordinationsaufgaben im Zusammenhang mit der Steuerung von Beteiligungsunternehmen durch den jeweiligen Beteiligungsträger. Die zielgerichtete Steuerung der Beteiligungsunternehmen wird vom Beteiligungsmanagement im Auftrag des Trägers vorgenommen. Das Beteiligungscontrolling unterstützt mit seinen Koordinationsleistungen das Beteiligungsmanagement bei seiner Tätigkeit und übernimmt selbst keine Führungsfunktionen (vgl. zu entsprechenden Definitionen, die auf die Unterstützungsfunktion des Beteiligungscontrolling abstellen, z.B. Gebhardt 1995, S. 2225; Lenhard, 1996, S. 312; Horváth 1997, S. 82, Neumann 1997, S. 35; Steinle/ Thiem/Dunse 1998, S. 141). Durch ein abgestimmtes Zusammenwirken von Beteiligungsmanagement und -controlling soll die Steuerung der Beteiligungsunternehmen im Interesse des Trägers optimiert werden. Das Beteiligungsmanagement ist im Wesentlichen in den Bereichen Planung und Kontrolle sowie Informationsversorgung tätig und arbeitet bei der Aufgabenwahrnehmung eng mit dem Management der Beteiligungsunternehmen und der Leitung des Beteiligungsträgers zusammen. Das Beteiligungscontrolling hat vielfältige Koordinationsaufgaben zu erfüllen, die sich in erster Linie auf das Beteiligungsmanagement und seine Planungs-, Kontroll- und Informationsversorgungsaktivitäten beziehen. Des Weiteren erstrecken sich die Koordinationsaufgaben des Beteiligungscontrolling auf die Beziehungen zwischen dem Beteiligungsmanagement und dem Management der einzelnen Beteiligungsunternehmen. Schließlich muss das Beteiligungscontrolling für eine Abstimmung zwischen dem Beteiligungsmanagement und den anderen Führungsbereichen des Trägers sorgen.

Eine wichtige Voraussetzung für eine erfolgreiche Beteiligungsplanung ist die Vornahme von Umwelt-, Träger- und Beteiligungsanalysen. Im Rahmen der Umweltanalysen erfolgt eine systematische Untersuchung und Beurteilung von Einflussfaktoren aus dem Umfeld des Trägers und seiner Beteiligungen. In diesem Zusammenhang empfiehlt sich die Anwendung der **Chancen-Risiken-Analyse** (vgl. 3.3.1.1). Mit ihrer Hilfe können die wesentlichen Chancen und Risiken für den Träger und seine Beteiligungen erfasst und ihre Auswirkungen auf die Beteiligungsplanung eingeschätzt werden. Bei den Träger- und Beteiligungsanalysen wird die Situation innerhalb des Trägers und der Beteiligungsunternehmen untersucht. Für eine derartige Analyse eignet sich insbesondere das Instrument der **Stärken-Schwächen-Analyse** (vgl. 3.3.1.2). Anhand der erfassten und beurteilten Stärken und Schwächen des Trägers und seiner Beteiligungen kann man ihre gegenwärtige Position bestimmen und mögliche Spielräume für die Beteiligungsplanung festlegen. Außerdem lässt sich das **Benchmarking** (vgl. 3.3.1.2) zur Analyse der Situation des Trägers und seiner Beteiligungen heranziehen, indem man einen systematischen und kontinuierlichen Vergleich von Leistungen, Prozessen und Methoden über mehrere Unternehmen hinweg vornimmt. Das Benchmarking im Bereich der Beteiligungsunternehmen kann als internes und als externes Benchmarking durchgeführt werden. Beim internen Benchmarking vergleicht man die Beteiligungsunternehmen des gleichen Trägers miteinander. Im Rahmen des externen Benchmarking werden Vergleiche zwischen Beteiligungsunternehmen in unterschiedlicher Trägerschaft vorgenommen.

Im Anschluss an die Analyse des Trägers, seiner Beteiligungen und der relevanten Umweltfaktoren sind die Ziele für die Beteiligungsunternehmen festzulegen. Die Beteiligungsziele müssen möglichst konkret und operabel formuliert werden, damit sie ihre Funktion als Sollvorgaben für die Beteiligungsplanung und -kontrolle des Trägers sowie für die Planung und Kontrolle in den Beteiligungsunternehmen erfüllen können. Die Ableitung der Beteiligungsziele sollte im Rahmen eines mehrstufigen Zielbildungsprozesses erfolgen, bei dem aus den zumeist pauschalen Leitlinien bzw. Oberzielen der Beteiligungspolitik des Trägers Ziele für die Beteiligungen abgeleitet werden, die hinsichtlich Inhalt, Ausmaß und Periode hinreichend präzisiert sind (vgl. zur Operationalisierung von Zielen 4.3.1). Es empfiehlt sich, die Zieloperationalisierung in enger Abstimmung zwischen dem Beteiligungsmanagement und dem Management der Beteiligungsunternehmen vorzunehmen, um auf diese Weise zu realistischen und von allen Beteiligten akzeptierten Zielvorgaben zu kommen

Zur Konkretisierung von Zielen können auch Strategien beitragen. Mit ihrer Hilfe werden ein konkreter Handlungsrahmen und eine bestimmte Stoßrichtung für die Realisierung der Ziele vorgegeben (vgl. z.B. Hinterhuber 1989, S. 24). Zur Entwicklung von Strategien im Rahmen der Beteiligungsplanung eignen sich in besonderem Maße die **Portfolio-Analyse** und die damit verbundenen **Normstrategien** (vgl. 3.3.3). Der ursprünglich auf die Geschäftsfelder eines Unternehmens ausgerichtete Portfolio-Ansatz kann auch auf die Beteiligungsunternehmen eines Trägers übertragen werden (vgl. z.B. Neumann 1997, S. 191). Mit Hilfe der Portfolio-Analyse können die gegenwärtigen strategischen Positionen der einzelnen Beteiligungen bestimmt und in einem Ist-Portfolio dargestellt werden. Außerdem lassen sich für die im Ist-Portfolio positionierten Beteiligungsunternehmen Normstrategien festlegen. Diese Strategien enthalten Empfehlungen zur weiteren Entwicklung der Beteiligungen und zur Verteilung der Ressourcen des Trägers auf die Beteiligungen, um eine bestmögliche Verwirklichung der Beteiligungsziele zu gewährleisten. Weiterhin ermöglicht die Portfolio-Analyse die Bestimmung der wünschenswerten zukünftigen Positionen der einzelnen Beteiligungen im Rahmen eines Soll-Portfolios.

Innerhalb der Beteiligungsplanung dominiert die strategische Planung. Sie befasst sich mit dem Auf- und Ausbau von Erfolgspotenzialen, ist längerfristig orientiert und berücksichtigt die Entwicklung im Umfeld von Träger und Beteiligungen. Demgegenüber steht bei der Planung der Beteiligungsunternehmen die operative Planung im Vordergrund. Sie ist kurzfristiger ausgerichtet, befasst sich mit der Umsetzung der strategischen Vorgaben des Trägers mittels geeigneter Maßnahmenprogramme, konzentriert sich auf das eigene Unternehmen und auf die Nutzung vorhandener Erfolgspotenziale.

Da bei der Beteiligungsplanung längerfristig ausgerichtete Ziel- und Strategiepläne dominieren, ist die **Feedback-Kontrolle**, bei der erst nach Abschluss von Planung und Realisierung kontrolliert wird, für die Beteiligungskontrolle nicht geeignet. Die Beteiligungskontrolle sollte in Form der **Feedforward-Kontrolle** (vgl. 3.3.5) durchgeführt werden (vgl. entsprechend Schmidt 1989, S. 272). Im Rahmen dieses Kontrollkonzepts erfolgt eine kontinuierliche Überwachung des gesamten Planungs- und Realisierungsprozesses. Bei einer Feedforward-Kontrolle können eventuelle Störfaktoren und Planabweichungen frühzeitig erkannt und geeignete Gegenmaßnahmen rechtzeitig ergriffen werden.

Die Informationsversorgung für die Beteiligungsplanung und -kontrolle umfasst die Teilaufgaben Informationsbedarfsermittlung, Informationsbeschaffung, Informationsverarbeitung und -speicherung sowie Informationsübermittlung (vgl. 3.2.1). Im Zusammenhang mit der Informationsbedarfsermittlung muss festgelegt werden, welche Informationen das Beteiligungsmanagement zur Erfüllung seiner Planungs- und Kontrollaufgaben benötigt. Als mögliche Beobachtungsbereiche kommen dabei der Beteiligungsträger, die Beteiligungsunternehmen und das Umfeld des Trägers und seiner Beteiligungen in Betracht. Der Informationsbedarf aus diesen Beobachtungsbereichen ist hinsichtlich Art, Umfang und Qualität näher zu bestimmen. Danach wird der auf diese Weise definierte Bedarf bewertet, um den endgültigen Informationsbedarf festzulegen. Bei Beschaffung der Informationen für die Beteilungsplanung und -kontrolle greift man in erster Linie auf bereits vorhandenes Datenmaterial zurück. Als Informationsquellen sind insbesondere Jahresabschlüsse (Bilanz, Gewinn- und Verlustrechnung, Anhang, Lagebericht), Kosten- und Leistungsrechnung, Wirtschaftspläne, mittelfristige Finanzpläne und Prüfungsberichte zu nennen. Darüber hinaus können auch Informationsquellen aus dem Umfeld des Trägers und seiner Beteiligungen wie z.B. Statistiken, Gesetze, Veröffentlichungen von Fachverbänden, Fachliteratur und Medienberichte zur Informationsbeschaffung herangezogen werden. Im Rahmen der Informationsverarbeitung und -speicherung werden die beschafften Informationen mit Hilfe statistischer Methoden analysiert und in Form von Tabellen, Schaubildern und Kennzahlen dargestellt. Im Anschluss daran stellt man die Informationen zu Berichten zusammen und übermittelt sie an die jeweiligen Empfänger. Für die Erstellung der Berichte und ihre Weiterleitung ist das **Berichtswesen** zuständig (vgl. zum beteiligungsbezogenen Berichtswesen z.B. Schmidt 1989, S. 273; Lenhard 1996, S. 314).

Entsprechend der allgemeinen Differenzierung der Controllingaufgaben lässt sich auch beim Beteiligungscontrolling eine Unterscheidung nach systembildenden und systemkoppelnden Koordinationsaufgaben vornehmen (vgl. z.B. Steinle/Thiem/Dunse 1998, S.141). Im Rahmen der systembildenden Koordination befasst sich das Beteiligungscontrolling mit dem Aufbau und der Pflege eines beteiligungsbezogenen Planungs-, Kontroll- und Informationsversorgungssystems und der Auswahl und Einführung geeigneter Instrumente für die Planung, Kontrolle und Informationsversorgung im Beteiligungsbereich. Bei der systemkoppelnden Koordination steht die situationsbezogene Unterstützung und Beratung des Beteiligungsmanagements durch das Beteiligungscontrolling im Vordergrund. Weiterhin kann man auch beim Beteiligungscontrolling zwischen einem strategischen und operativen Controlling unterscheiden. Die Abgrenzung zwischen den strategischen und operativen Aufgaben des Beteiligungscontrolling erfolgt vielfach unter Berücksichtigung des unterschiedlichen Zeithorizonts und des Detaillierungsgrads der Unterstützungsleistungen des Controlling (vgl. z.B. Steinle/Thiem/Dunse 1998, S. 142 f.)

Im Einzelnen hat das Beteiligungscontrolling im Rahmen der Analyse der Ausgangslage für die Beteiligungsplanung geeignete Instrumente für die Umwelt-, Träger- und Beteiligungsanalyse bereitzustellen und das Beteiligungsmanagement bei der Anwendung der Analyseinstrumente zu unterstützen. Weitere Aufgaben des Beteiligungscontrolling im Zusammenhang mit der Beteiligungsplanung sind die Erarbeitung von Vorschlägen für Beteiligungsziele, die Bereitstellung und Anwendung von Verfahren zur Lösung von Zielkonflikten, die Einführung von Methoden zur Entwicklung und Beurteilung von Strategien sowie die Formulierung von Strategievorschlägen und ihre Bewertung. Die Unterstützung der Kontrollaktivitäten des Beteiligungsmanagements durch das Beteiligungscontrolling besteht zum einen in der Einführung eines Kontrollsystems, das dem Konzept der Feedforward-Kontrolle entspricht. Zum anderen kann das Beteiligungscontrolling unmittelbar in den Kontrollprozess eingebunden werden und bestimmte Kontrollaufgaben übernehmen. Im Rahmen der Informationsversorgung ist das Beteiligungscontrolling in erster Linie für die Entwicklung und Einführung der Informationsinstrumente zuständig. Außerdem übernimmt es zum Teil Aufgaben der laufenden Informationsversorgung wie z.B. die Ermittlung des Informationsbedarfs in Zusammenarbeit mit dem Beteiligungsmanagement, die

Beschaffung von Daten, die Entwicklung von Kennzahlen und ihre Zusammenstellung in Berichtsform.

5.3.2 Beteiligungscontrolling öffentlicher Verwaltungen

Beispiele für ein öffentliches Beteiligungscontrolling finden sich insbesondere im kommunalen Bereich. Die zunehmende Tendenz zur Verselbständigung bzw. Dezentralisierung kommunaler Einrichtungen einerseits und die erheblichen Defizite bei der Steuerung und Kontrolle der kommunalen Beteiligungen andererseits haben eine Reihe von Kommunen relativ frühzeitig veranlasst, sich intensiv mit der Steuerung und Kontrolle der kommunalen Beteiligungen zu befassen, Konzepte für eine verbesserte Steuerung und Kontrolle ihrer Beteiligungen zu erarbeiten und in der Praxis einzuführen (vgl. z.B. die Zusammenstellung von Praxisbeispielen bei Braun/Bozem 1990, S. 44 ff. und S. 286 ff.; Andree 1994, S. 182 ff.; Neumann 1997, S. 232 ff.).

Ein Schwerpunkt der kommunalen Konzepte zur Beteiligungssteuerung ist die Ableitung von Beteiligungszielen (vgl. auch Röhrich 1999, S. 239). Hierbei befinden sich Beteiligungsmanagement und -controlling häufig in einem Dilemma. Einerseits müssen die Ziele so konkret wie möglich sein, um eine ausreichende Steuerung und Kontrolle der Beteiligungen durch die Kommunen zu gewährleisten. Andererseits können zu weitgehende Zielvorgaben die gewünschte Selbständigkeit und Flexibilität der Beteiligungen gefährden. Dementsprechend wird gefordert, dass die Beteiligungsziele den Charakter von Global- oder Ergebniszielen aufweisen sollen. Weitergehende Vorgaben im Sinne einer Feinsteuerung der Beteiligungen sind möglichst zu vermeiden (vgl. z.B. KGSt 1985 a, S. 8 und 13). Eine mögliche Lösung dieses Problems ist die Ergänzung der globalen Beteiligungsziele durch Strategien. Mit Hilfe von Strategien lassen sich die Entscheidungen in den Beteiligungsunternehmen kanalisieren. Die Kanalisierungswirkung einer Strategie besteht darin, dass innerhalb eines vorgegebenen Kanals mögliche Wege zur Zielerreichung aufgezeigt werden (vgl. Becker 1992,

S. 113). Der Unternehmensleitung verbleiben dabei genügend Handlungsspielräume im Rahmen des festgelegten Strategiekanals, um auf Veränderungen im Unternehmen und in der Unternehmensumwelt ausreichend reagieren zu können.

Eine Möglichkeit zur Verbesserung der Beteiligungssteuerung durch Zielvorgaben wird außerdem in der Anwendung des **Kontraktmanagements** gesehen (vgl. z.B. Kelbling 2000, S. 9 ff.; Hille 2003, S. 139 ff.). Das Kontraktmanagement, mit dessen Hilfe eine klare Verantwortungsabgrenzung zwischen Politik und Verwaltung erreicht werden soll, hat sich zu einem wichtigen Element der Verwaltungsmodernisierung entwickelt (vgl. z.B. KGSt 1993 a, S. 17). Zwischen der Politik und der Verwaltungsführung sowie zwischen der Verwaltungsführung und den Instanzen der nachgelagerten Hierarchieebenen werden verbindliche Leistungsvereinbarungen (Kontrakte) über einen bestimmten Zeitraum getroffen. Im Rahmen dieser Kontrakte wird festgelegt, welche Leistungen nach Art, Menge und Qualität zu erbringen sind und welche Finanzmittel dafür bereitgestellt werden. Bei einer Übertragung des Kontraktmanagements auf das Verhältnis zwischen den Trägerkommunen und ihren Beteiligungen werden zwischen dem Beteiligungsmanagement und den Beteiligungsunternehmen Vereinbarungen über die zu erstellenden Leistungen und ihre Finanzierung getroffen. Im nächsten Schritt bereiten die Unternehmensleitungen in Zusammenarbeit mit den Aufsichtsräten auf der Grundlage der vereinbarten Ergebnisse die Wirtschaftspläne vor, die um Angaben zum geplanten Leistungsangebot ergänzt werden. Außerdem sind auch innerhalb der Beteiligungsunternehmen nach dem Konzept des Kontraktmanagements Absprachen über Leistungen, Finanzmittel und Handlungsspielräume zu treffen. Die mit den Beteiligungen getroffenen Vereinbarungen werden in das Kontraktsystem des Beteiligungsträgers integriert und danach wird der Gesamtkontrakt der Ratsversammlung zur Beschlussfassung vorgelegt. Die Befürworter einer Steuerung der Beteiligungen über Kontrakte erwarten, dass durch die Einführung des Kontraktmanagements ein wichtiger Beitrag zur Lösung des Konflikts zwischen dem Steuerungsanspruch des Trägers und der notwendigen Unabhängigkeit der Beteiligungen geleistet wird (vgl. z.B. Kelbling 2000, S. 12).

Im Rahmen dieses Schwerpunkts muss das Beteiligungscontrolling der Kommunen das Beteiligungsmanagement bei der Formulierung der Beteiligungsziele und bei der Auswahl geeigneter Strategien für die Beteiligungen unterstützen. Sofern das Kontraktmanagement bei der Beteiligungssteuerung eingesetzt wird, hat das Beteiligungscontrolling außerdem einheitliche Regeln für die Anwendung dieser Steuerungsmethode zu entwickeln, auf die Einhaltung dieser Regeln zu achten und die Verhandlungen mit den Beteiligungen unterstützend zu begleiten.

Ein weiterer Schwerpunkt der kommunalen Konzepte zur Steuerung der Beteiligungen ist das **Berichtswesen**. Für die beteiligungsbezogene Berichterstattung ist der **Beteiligungsbericht** von erheblicher Bedeutung. Es handelt sich dabei um eine jährlich erscheinende Dokumentation über die Beteiligungsunternehmen eines kommunalen Trägers. In einer Reihe von Bundesländern besteht für die Kommunen sogar eine gesetzliche Verpflichtung zur Aufstellung eines jährlichen Beteiligungsberichts (vgl. zu den gesetzlichen Regelungen z.B. Schmid 2002, S. 41 ff.). Mit seiner Hilfe sollen Rat, Aufsichtsbehörde und interessierte Öffentlichkeit über die Situation der Unternehmen informiert werden, an denen die Kommune beteiligt ist. Außerdem finden sich im Beteiligungsbericht vielfach Ansatzpunkte für Optimierungen, Umstrukturierungen und weiterführende Entwicklungen der Beteiligungen.

Über den Inhalt eines Beteiligungsberichts bestehen unterschiedliche Vorstellungen (vgl. z.B. Neumann 1997, S. 121 f. und S. 196 ff.; Schmid 2002, S. 41 ff.; Hille 2003, S. 146 ff.). Es empfiehlt sich, in einen Beteiligungsbericht sowohl Informationen über die Gesamtheit der Beteiligungen als auch über die einzelnen Beteiligungsunternehmen aufzunehmen. Der Berichtsteil, der sich mit der Gesamtheit der Beteiligungen befasst, sollte insbesondere die folgenden Daten enthalten: Übersicht über alle unmittelbaren und mittelbaren Beteiligungen, Darstellung der Finanzbeziehungen zwischen der Trägerkommune und ihren Beteiligungen, Angaben über die Geschäfts- und Ertragslage, die Vermögens- und Kapitalstruktur, die Beschäftigen, die Investitionen und die Gesamtbezüge der Mitglieder der Unternehmensleitungen und der Kontrollorgane. Der Berichtsteil über die einzelnen Beteiligungen sollte für jedes Unternehmen mindestens Folgendes enthalten: Unternehmensgegenstand und -zweck, Aufbau, vertragliche und sonstige Beziehungen zum Träger, Rechtsform, Organe, Besetzung und Verantwortlichkeiten der Organe, Geschäfts-, Ertrags- und Finanzlage, Erfüllung der öffentlichen Aufgabe.

Zusätzlich zum Beteiligungsbericht sollten **unterjährige Berichte** über die einzelnen Beteiligungsunternehmen erstellt werden, die vor allem für die operativen Planungs- und Kontrollzwecke wichtig sind (vgl. z.B. Hille 2003, S. 143 ff.). Es handelt sich dabei im Allgemeinen um Berichte, die in regelmäßigen Abständen erscheinen, einen festen Bestand an Unternehmenskennzahlen in Form von Plan- und Istwerten enthalten sowie mögliche Abweichungen zwischen Plan und Ist aufzeigen. Bei wesentlichen Abweichungen müssen die tabellarischen Darstellungen um Abweichungsanalysen und Kommentierungen mit Veränderungsvorschlägen ergänzt werden. Diese Berichte sind für alle Beteiligungen einheitlich zu gestalten, damit die Datenauswertungen vereinfacht und die Durchführung von Vergleichen erleichtert wird (vgl. zur Gestaltung von Berichten 4.2.4).

Die Aufgaben des Beteiligungscontrolling der Kommunen im Rahmen des Berichtwesens bestehen in der Entwicklung und Einführung des Beteiligungsberichts und der unterjährigen Berichte, der laufenden Überwachung des Berichtssystems und der Unterstützung der zuständigen Mitarbeiter bei der Berichterstattung.

5.4 Fragen und Aufgaben

1. Welche Aufgaben soll das Investitionscontrolling erfüllen?
2. Die einzelwirtschaftlichen Verfahren der Investitionsrechnung gliedern sich in die beiden Gruppen statische und dynamische Verfahren. Gehen Sie auf die wesentlichen Unterschiede zwischen diesen beiden Verfahrensgruppen ein.
3. Begründen Sie, warum die gesamtwirtschaftlichen Verfahren der Investitionsrechnung insbesondere für öffentliche Investitionen geeignet sind.
4. Auf welche Ursachen lassen sich im Regelfall die Steuerungsprobleme zurückführen, die bei der Realisierung großer Investitionsprojekte auftreten können?
5. Im Rahmen der Investitionskontrolle sollte neben einer Endergebniskontrolle auch eine laufende Investitionsnachrechnung vorgenommen werden. Was versteht man unter diese beiden Kontrollverfahren?
6. Beschreiben Sie die Aufgaben des Bauinvestitionscontrolling öffentlicher Verwaltungen in der Planungs-, Realisierungs- und Kontrollphase von Bauprojekten.
7. Das Personalcontrolling befasst sich unter anderem mit der Koordination der Personalplanung. Nennen Sie die wichtigsten Bereiche der Personalplanung und gehen Sie auf die jeweiligen Aufgabenstellungen dieser Planungsbereiche ein.
8. Warum sind die Personalkennzahlen im Rahmen der Informationsversorgung des Personalwesens von zentraler Bedeutung?
9. Auf welche möglichen Personalbereiche kann sich die Unterstützungsfunktion des Personalcontrolling öffentlicher Verwaltungen erstrecken?
10. Erläutern Sie - gegebenenfalls anhand eines Beispiels - die mögliche Struktur eines personalwirtschaftlichen Kennzahlensystems für öffentliche Verwaltungen.
11. Welche Aufgaben haben das Beteiligungscontrolling einerseits und das Beteiligungsmanagement andererseits zu erfüllen?

12. Welche Probleme stellen sich dem Beteiligungsmanagement und -controlling in Kommunalverwaltungen bei der Ableitung von Beteiligungszielen?
13. Begründen Sie, warum das Kontraktmanagement einen Beitrag zur Verbesserung der Steuerung kommunaler Beteiligungen leisten kann.
14. Was soll mit einem Beteiligungsbericht bezweckt werden?
15. Welche Informationen soll Ihrer Meinung nach ein Beteiligungsbericht enthalten?

Literaturverzeichnis

Adam, D. (2000), Investitionscontrolling, 3. Aufl., München, Wien 2000

Agthe, K. (1959), Stufenweise Fixkostendeckungsrechnung im System des Direct Costing, in: ZfB, 29. Jg., 1959, S. 404 - 418

Albach H. (1978), Strategische Unternehmensplanung bei erhöhter Unsicherheit, in: ZfB, 48. Jg., 1978, S. 702 - 715

Altrogge, G. (1996), Netzplantechnik, 3. Aufl., München u.a. 1996

Andree, U. F. H. (1994), Möglichkeiten und Grenzen des Controlling in Kommunalverwaltungen, Göttingen 1994

Ansoff, I. (1966), Management-Strategie, München 1966

Bähr, U. (2002), Controlling in der öffentlichen Verwaltung, Sternenfels 2002

Bea, F. X./Haas, J. (1995), Strategisches Management, Stuttgart, Jena 1995

Becker, J. (1992), Marketing-Konzeption, 4. Aufl., München 1992

Beinhauer, M. (1996), Controlling im administrativen Bereich, Konzeption eines Planungs- und Steuerungssystems, Wiesbaden 1996

Benkenstein, M. (1993), Dienstleistungsqualität, Ansätze zur Messung und Implikationen für die Steuerung, in: ZfB, 63. Jg., 1993, S. 1095 - 1116

Berekoven, L. (1983), Der Dienstleistungsmarkt in der Bundesrepublik Deutschland, Göttingen 1983

Berens, W./Hoffjan, A. (2004), Controlling in der öffentlichen Verwaltung, Grundlagen, Fallstudien, Lösungen, Stuttgart 2004

Berthel, J. (2000), Personal-Management, 6. Aufl., Stuttgart 2000

Betge, P. (2000), Investitionsplanung, 4. Aufl., München 2000

Bieberstein, I. (1995), Dienstleistungsmarketing, Ludwigshafen (Rhein) 1995

Bisani, F. (1995), Personalwesen und Personalführung, 4. Aufl., Wiesbaden 1995

Blohm, H. (1974), Die Gestaltung des betrieblichen Berichtwesens als Problem der Leitungsorganisation, 2. Aufl., Herne, Berlin 1974

Blohm, H./Lüder, K. (1995), Investition, 8. Aufl., München 1995

Bohne, E./König, H. (1976), Probleme der politischen Erfolgskontrolle, in: Die Verwaltung, 9. Jg., 1976, S. 19 - 38

Botta, V. (1996), Kennzahlensysteme, in: Schulte, C. (Hrsg.), Lexikon des Controlling, München 1996, S. 409 - 416

Braun, G. (1988), Ziele in öffentlicher Verwaltung und privatem Betrieb, Baden-Baden 1988

Braun, G. E./Bozem, K. (Hrsg.) (1990), Controlling im kommunalen Bereich, Moderne Managementkonzepte zwischen öffentlichem Auftrag und Wirtschaftlichkeit, München 1990

Brokemper, A. (1997), Kommunales Controlling, Umsetzungsbeispiele und Entwicklungstendenzen, in: Handbuch für öffentliche Verwaltungen und öffentliche Betriebe, Sonderdruck Verwaltungsmanagement, Budgetierung und Controlling in der öffentlichen Verwaltung, Düsseldorf 1997, B 2.11, S. 1 - 23

Brüggemeier, M. (1997), Controlling in der Öffentlichen Verwaltung, 2. Aufl., München, Mering 1997

Bruhn, M. (1995), Qualitätssicherung im Dienstleistungsmarketing. Eine Einführung in die theoretischen und praktischen Probleme, in: Bruhn, M./Stauss, B. (Hrsg.), Dienstleistungsqualität, Grundlagen, Konzepte, Methoden, 2. Aufl., Wiesbaden 1995, S. 19 - 46

Bruhn, M. (1997), Qualitätsmanagement für Dienstleistungen, Grundlagen, Konzepte, Methoden, 2. Aufl., Berlin, Heidelberg, New York 1997

Budäus, D. (1985), Controlling in der öffentlichen Verwaltung - ein konzeptioneller Ansatz effizienten Verwaltungshandelns?, in: Ballwieser, W./ Berger, K.-H., Information und Wirtschaftlichkeit, Wiesbaden 1985, S. 569 - 596

Budäus, D. (1987), Controlling in der Kommunalverwaltung. Konzeptionen, Grundlagen und praktische Entwicklungstendenzen, in: Eichhorn, P. (Hrsg.), Doppik und Kameralistik, Baden-Baden 1987, S. 231 - 244

Budäus, D. (1997), Öffentliches Rechnungswesen im Wandel, in: Goller, J./Müller-Hedrich, B.W./Schad, T. (Hrsg.), Budgetierung und Controlling in der öffentlichen Verwaltung, Stuttgart u.a. 1997, F 1.5 S. 1 - 28

Budäus, D./Finger, S. (2001), Grundlagen eines strategischen Managements auf kommunaler Ebene, in: Eichhorn, P./Wiechers, M. (Hrsg.), Strategisches Management für Kommunalverwaltungen, Baden-Baden 2001, S. 40 - 51

Bühner, R. (1997), Personalmanagement, 2. Aufl., Landsberg/Lech 1997

Burger, A. (1999), Kostenmanagement, 3. Aufl., München, Wien 1999

Buse, M.J. (1974), Integrierte Systeme staatlicher Planung, Baden-Baden 1974

Chmielewicz, K. (1971), Überlegungen zu einer Betriebswirtschaftslehre der öffentlichen Verwaltung, in: ZfB, 41. Jg., 1971, S. 583 - 610

Chmielewicz, K. (1982), Betriebliches Rechnungswesen, Bd. 1 :Finanzrechnung und Bilanz, 3. Aufl., Reinbek bei Hamburg 1982

Coenenberg, A. G. (1997), Kostenrechnung und Kostenanalyse, 3. Aufl., Landsberg / Lech 1997

Corsten, H. (2001), Dienstleistungsmanagement, 4. Aufl., München, Wien 2001

Dambrowski, J. (1986), Budgetierungssysteme in der deutschen Unternehmenspraxis, Darmstadt 1986

Damkowski, W./Precht, C. (1995), Public Management. Neuere Steuerungskonzept für den öffentlichen Sektor, Stuttgart, Berlin, Köln 1995

Deimling, L. (1990), Controlling in der Landeshauptstadt Saarbrücken, in: Braun, G. E./Bozem, K. (Hrsg.), Controlling im kommunalen Bereich, München 1990, S. 44 - 61

Derlien, H. U. (1976), Die Erfolgskontrolle staatlicher Planung, Baden-Baden 1976

Deutsche Gesellschaft für Qualität (1993), Begriffe zum Qualitätsmanagement, Berlin 1993

Deyhle, A., Steigmeyer, B. (1993), Controller und Controlling, Bern, Stuttgart, Wien 1993

Dieckmann, R. (1990), Steuerung der öffentlichen Unternehmen der Freien und Hansestadt Hamburg durch die Stadt, in: Braun, G. E./ Bozem, K. (Hrsg.), Controlling im kommunalen Bereich, München 1990, S. 286 - 304

Donebedian, A. (1980), The Definition of Quality and Approaches to its Assessment, Ann Arbor 1980

Drees-Behrens, C. (1999), Prozeßkostenrechnung - Möglichkeiten und Grenzen ihres Einsatzes in der öffentlichen Verwaltung, in: ZKF, Nr. 2, 1999, S. 32 - 37

Dumont du Voitel, R. (2001), Balanced Scorecard als Instrument zur Operationalisierung von Strategien, in: Eichhorn, P./Wiechers, M. (Hrsg.), Strategisches Management für Kommunalverwaltungen, Baden-Baden 2001, S. 186 - 196

Dunst, K. H. (1983), Portfolio-Management, 2. Aufl., Berlin, New York 1983

Ebert, G. (1984), Kosten- und Leistungsrechnung, 3. Aufl., Wiesbaden 1984

Eichhorn, P. (1979), Verwaltung, Produktion in der öffentlichen, in: Kern, W. (Hrsg.), HWProd, Stuttgart 1997, Sp. 2146 - 2155

Eichhorn, P. (1980), Öffentliche Betriebe, Organisation der, in: Grochla, E. (Hrsg.), HWO, 2. Aufl., Stuttgart 1980, Sp. 1395 - 1407

Eichhorn, P. (1992), Aufgaben, Institutionen und Teilgebiete der öffentlichen Betriebswirtschaftslehre, in: Wissenschaftliche Zeitschrift Handelshochschule Leipzig, 19. Jg., 1992, S. 13 - 20

Eichhorn, P./ Friedrich, P. (1976), Verwaltungsökonomie I, Methodologie und Management der öffentlichen Verwaltung, Baden-Baden 1976

Engelhardt, G. (1989), Programmbudgetierung, in: Chmielewicz, K./ Eichhorn, P. (Hrsg.), HWÖ, Stuttgart 1989, Sp. 1320 - 1327

Engelhardt, W. H. (1990), Dienstleistungsorientiertes Marketing – Antwort durch die Herausforderung durch neue Technologien, in: Adam, D. (Hrsg.), Integration und Flexibilität. Eine Herausforderung für die Allgemeine Betriebswirtschaftslehre, Wiesbaden 1990, S. 269 - 288

Eschenbach, R./Niedermayr, R. (1996), Die Konzeption des Controlling, in: Eschenbach, R. (Hrsg.), Controlling, 2. Aufl., Stuttgart 1996, S. 65 - 93

Färber, G. (1984), Das rationale Budget, Frankfurt am Main, Bern 1984

Florin, G. (1988), Strategiebewertung auf der Ebene Strategischer Geschäftseinheiten, Frankfurt am Main 1988

Franz, K.-P. (1992), Moderne Methoden der Kostenbeeinflussung, in: Männel, W. (Hrsg.), Handbuch der Kostenrechnung, Wiesbaden 1992, S. 1492 - 1505

Freidank, C.-C. (1997), Kostenrechnung, 6. Aufl., München, Wien 1997

Frischmuth, B. (2001), Fazit - Perspektiven der Steuerung kommunaler Haushalte, in: Deutsches Institut für Urbanistik (Hrsg.), Budgetierung in der Stadtverwaltung, Berlin 2001, S. 335 - 354

Fuchs, M. (1987), Das betriebliche Rechnungswesen in der Kommunalverwaltung, in: Eichhorn, P. (Hrsg.), Doppik und Kameralistik, Baden-Baden 1987, S. 63 - 70

Fuchs, M. (1989), Betriebskameralistik, in: Chmielewicz, K./Eichhorn, P. (Hrsg.), HWÖ, Stuttgart 1989, Sp. 132 - 140

Fuhlrott, O. (1990), Die Projektprüfungsgruppe in Hannover: Konzeption und Ablauf des Bauinvestitionscontrolling, in: Braun, G. E./Bozem, K. (Hrsg.), Controlling im kommunalen Bereich, München 1990, S. 162 - 173

Gantner, M./Bologna, A. (1987), Gemeinkosten-Wertanalyse: Ein Instrument zur Kostensenkung in der öffentlichen Verwaltung?, in: Das öffentliche Haushaltswesen in Österreich, Zeitschrift der Gesellschaft für das öffentliche Haushaltwesen, 1987

Gebhardt, G. (1995), Marktwertorientiertes Beteiligungscontrolling im internationalen Konzern, in: DB, Nr. 45, 1995, S. 2225 - 2231

Gohlke, K./Meyer, H. (1997), Strategisches Controlling als Instrument zur Führungsunterstützung des Rates, in: VR, 43. Jg., 1997, S. 189 - 193

Haberstock, L. (1987), Kostenrechnung I, Einführung, 8. Aufl., Hamburg 1984

Haberstock, L. (1999), Kostenrechnung II, (Grenz-)Plankostenrechnung, 8. Aufl., Hamburg 1999

Hahn, D. (1997), Controlling in Deutschland - State of the Art, in: Gleich, R./Seidenschwarz, W. (Hrsg.) Die Kunst des Controlling, München 1997, S. 13 - 64

Haiber, T. (1997), Controlling für öffentliche Unternehmen, München 1997

Haller, S. (1993), Methoden zur Beurteilung von Dienstleistungsqualität, in: ZfbF, 45. Jg., 1993, S. 19 - 40

Hammann, P./Palupski, R./von der Gathen, A., Interne Kommunikation für ein Controlling in kommunalen Verwaltungen, in: der markt, 35.Jg., Nr. 136, 1996, S. 3 - 12

Hansmeyer, K.H./ Rürup, B. (1975), Staatswirtschaftliche Planungsinstrumente, 2. Aufl., Tübingen, Düsseldorf 1975

Hentschel, B. (1992), Dienstleistungsqualität aus Kundensicht. Vom merkmals- zum ereignisorientierten Ansatz, Wiesbaden 1992

Hentschel, B. (1995) Multiattributive Messung von Dienstleistungsqualität, in: Bruhn, M./Stauss, B. (Hrsg.), Dienstleistungsqualität, Grundlagen, Konzepte, Methoden, 2. Aufl., Wiesbaden 1995, S. 347 - 378

Hilbertz, H. J. (1996), Der Stuttgarter Weg - Controlling in der kommunalen Verwaltung, in: Controlling, 8. Jg., 1996, H. 4., S. 238 - 248

Hilke, W. (1984), Dienstleistungsmarketing aus Sicht der Wissenschaft, Diskussionsbeiträge des Betriebswirtschaftlichen Seminars der Universität Freiburg, Freiburg 1984

Hill, H./ Klages H. (Hrsg.) (1996), Controlling im Neuen Steuerungsmodell, Werkstattberichte zur Einführung von Controlling, Düsseldorf 1996

Hille, D. (2003), Grundlagen des kommunalen Beteiligungsmanagements - Kommunale Unternehmen gründen, steuern und überwachen, München, Berlin 2003

Hinterhuber, H. H. (1989), Strategische Unternehmensführung I, Strategisches Denken, 4. Aufl., Berlin, New York 1989

Hirschfeld, R./Lessel, E. (1996), Steuerung durch Qualität: Das Saarbrücker Total Quality Management-Programm, in: VOP, 5, 1996, S. 352 - 358

Hofer, C. W./Schendel, D. (1989), Strategy Formulation: Analytical Concepts, 2. Aufl., St. Paul u.a. 1989

Hoffjan, A. (1994), Qualitätsmanagement in der öffentlichen Verwaltung, in: VR, 1, 1994, S. 7 – 10

Hoffjan, A. (2000), Budgetierung in der öffentlichen Verwaltung, Planfortschreibung – Zero Base Budgeting – Produktbudgetierung, in: Finanzwirtschaft, 54. Jg., 2000, H. 2, S. 25 - 28

Hofmann, W./Klien, W./Unger, M. (1996), Strategieplanung, in: Eschenbach, R. (Hrsg.), Controlling, 2. Aufl., Stuttgart 1996, S. 211- 313

Homann, K. (1995), Marketing für Kommunalverwaltungen: eine abnehmerorientierte Marketingkonzeption für den kommunalen Bereich, Berlin 1995

Homann, K. (2003), Kommunales Rechungswesen, Buchführung, Kostenrechnung und Wirtschaftlichkeitsrechnung, 5. Aufl., Wiesbaden 2003

Horváth, P. (1978), Entwicklung und Stand einer Konzeption zur Lösung der Adaptions- und Koordinationsprobleme der Führung, in: ZfB, 48. Jg., 1978, S. 194 - 208

Horváth, P. (1997), Internationales Beteiligungscontrolling, in: CM, Nr. 2, 1997, S. 81 - 88

Horváth, P. (2001), Controlling, 8. Aufl., München 2001

Horváth, P./Herter, R. N. (1992), Benchmarking. Vergleich mit den Besten der Besten, in: Controlling, 4. Jg., H. 1, 1992, S. 4 - 11

Horváth & Partner (1995), Das Controllingkonzept, Der Weg zu einem wirkungsvollen Controllingsystem, 2. Aufl., München 1995

Hoss, G. (1993), Personalcontrolling, in: Horváth, P./Reichmann, T. (Hrsg.), Vahlens Großes Controlling Lexikon, München 1993, S. 476 - 480

Huber, R. (1987), Gemeinkosten-Wertanalyse, 2. Aufl., Bern, Stuttgart 1987

Joos-Sachse, T. (2002), Controlling, Kostenrechnung und Kostenmanagement, 2. Aufl., Wiesbaden 2002

Kapplan, R. S./Norton, D. P. (1997), Balanced Scorecard – Strategien erfolgreich umsetzen, Stuttgart 1997

Kelbling, G. (2002), Die neue Steuerung städtischer Beteiligungen - Kontrakte und Controlling verhindern „unvertretbare Verselbständigung", in: VOP 5/2000, S. 9 - 12

KGSt (1985 a), Kommunale Beteiligungen I, Steuerung und Kontrolle der Beteiligungen, Bericht Nr. 8/1985, Köln 1985

KGSt (1985 b), Kommunale Beteiligungen II: Organisation der Beteiligungsverwaltung, Bericht Nr. 9/1985, Köln 1985

KGSt (1985 c), Bauinvestitionscontrolling zur Vermeidung von Baukostenüberschreitungen und unwirtschaftlichem Bauen, Teil 1: Entscheidungsorganisation und begleitende Wirtschaftlichkeitsprüfung, Bericht Nr. 12/1985, Köln 1985

KGSt (1993 a), Das Neue Steuerungsmodell, Bericht Nr. 5/1993, Köln 1993

KGSt (1993 b), Budgetierung: Ein neues Verfahren der Steuerung kommunaler Haushalte, Bericht Nr. 6/1993, Köln 1993

KGSt (1994), Das Neue Steuerungsmodell: Definition und Beschreibung von Produkten, Bericht Nr. 8/1994, Köln 1994

KGSt (1995 a), Vom Geldverbrauchs- zum Ressourcenverbrauchskonzept: Leitlinien für ein neues kommunales Haushalts- und Rechnungsmodell auf doppischer Grundlage, Bericht Nr. 1/1995, Köln 1995

KGSt (1995 b), Das Neue Steuerungsmodell in kleinen und mittleren Gemeinden, Bericht 8/1995, Köln 1995

KGSt (1997), Steuerung kommunaler Haushalte: Budgetierung und Finanzcontrolling in der Praxis, Bericht 9/1997, Köln 1997

KGSt (2001 a), Steuerung mit Zielen: Ziele entwickeln und präzisieren, Bericht Nr. 3/2001, Köln 2001

KGSt (2001 b), Arbeiten mit Kennzahlen - Teil 1: Grundlagen, Bericht Nr. 4/2001, Köln 2001

KGSt (2001 c), Arbeiten mit Kennzahlen - Teil 2: Empfehlungen für die Praxis, Bericht Nr. 5/2001, Köln 2001

KGSt (2003), Kennzahlengestütztes Personalcontrolling, Bericht Nr. 5/2003, Köln 2003

Kilger, W. (1993), Flexible Plankostenrechnung und Deckungsbeitragsrechnung, 10. Aufl., Wiesbaden 1993

Kirsch, W. (1973), Einführung in die Theorie der Entscheidungsprozesse, Band III: Entscheidungen in Organisationen, 2. Aufl., Wiesbaden 1973

Klook, J./Sieben, G./Schildbach, T. (1999), Kosten- und Leistungsrechnung, 8. Aufl., Düsseldorf 1999

Köhler, R. (1993), Environmental Scanning, in: Horváth, P./ Reichmann, T. (Hrsg.), Vahlens großes Controlling-Lexikon, München 1993, S. 200 f.

Kolks, U. (1990), Strategieimplementierung. Ein anwendungsorientiertes Konzept, Wiesbaden 1990

Kruschwitz, L. (2000), Investitionsrechnung, 8. Aufl., München, Wien 2000

Küpper, H.-U. (1997), Controlling, Konzeption, Aufgaben, Instrumente, 3. Aufl., Stuttgart 2001

Lachnit, L./Reichmann, T. (1976), Planung, Steuerung und Kontrolle mit Hilfe von Kennzahlen, in: ZfbF, 28. Jg., 1976, S. 705 - 723

Langner, P. (1983), ZBB und Sunset Legislation, Baden-Baden 1983

Laux, E. (1975), Betriebswirtschaftliche Aspekte der öffentlichen Verwaltung, in: Grochla, E./Wittmann, W. (Hrsg.), HWB, 4. Aufl., Stuttgart 1975, Sp. 2806 - 2816

Lenhard, U. (1996), Beteiligungscontrolling bei der Energie-Versorgung Schwaben AG, in: Controlling, Nr. 5, 1996, S. 312 - 319

Lüder, K. (1995), Konturen eines neuen kommunalen Haushalts- und Rechnungsmodells, Reihe „Speyerer Arbeitshefte", Nr. 103, Speyer 1995

Lüder, K. (1996), Konzeptionelle Grundlagen des Neuen Kommunalen Rechnungswesens (Speyerer Verfahren), Schriftenreihe des Innenministeriums Baden-Württemberg zum kommunalen Haushalts- und Rechnungswesens, Stuttgart 1996

Lüder, K. (2001), Neues öffentliches Haushalts- und Rechnungswesen - Anforderungen, Konzepte, Perspektiven, Berlin 2001

Madauss, B. J. (1994), Handbuch Projektmanagement, 5. Aufl., Stuttgart 1994

Mag, W. (1999), Planung und Kontrolle, in: Bitz, M./Dellmann, K./Domsch, M./Wagner, F. W. (Hrsg.), Vahlens Kompendium der BWL, Bd. 2, 4. Aufl., München 1999, S. 1 - 58

Maleri, R. (1973), Grundzüge der Dienstleistungsproduktion, Berlin, Heidelberg, New York 1973

Marik, M. (1997), Ansatzpunkte für die Messung der Leistungsqualität in gemeinwirtschaftlichen Organisationen, in: ZögU, Bd. 20, H. 2, 1997, S. 178 - 188

Mayer, R. (1991), Prozesskostenrechnung und Prozesskostenmanagement. Methodik, Vorgehensweise und Einsatzmöglichkeiten, in: IFUA Horváth & Partner (Hrsg.), Prozesskostenmanagement, München 1991, S. 73 - 99

Meffert, H. (1998), Marketing, 8. Aufl., Wiesbaden 1998

Meffert, H./Bruhn, M. (1995), Dienstleistungsmarketing, Wiesbaden 1995

Mellerowicz, K. (1977), Neuzeitliches Kalkulationsverfahren, 6. Aufl., Freiburg im Breisgau 1977

Meyer, A. (1984), Marketing für Dienstleistungsanbieter. Vergleichende Analyse verschiedener Dienstleistungsarten, in: Hermanns, A. u.a. (Hrsg.), Zukunftsorientiertes Marketing für Theorie und Praxis, Berlin 1984, S. 197 - 213

Meyer, C. (1994), Betriebswirtschaftliche Kennzahlen und Kennzahlensysteme, 2. Aufl., Stuttgart 1994

Meyer, J. (1996), Benchmarking - Ein Prozeß zur unternehmerischen Spitzenleistung, in: Meyer, J. (Hrsg.), Benchmarking: Spitzenleistungen durch Lernen von den Besten, Stuttgart 1996, S. 3 - 26

Meyer-Piening, A. (1989), Zero-Base-Budgeting, in Szyperski, N. (Hrsg.), HWPlan, Stuttgart 1989, Sp. 2277 - 2296

Meyer-Piening, A. (1990), Zero Base Planning: Zukunftssicherndes Instrument der Gemeinkostenplanung, Köln 1990

Meyer-Pries, D. (1997), Controlling als Management-Instrument für die öffentliche Verwaltung, Notwendigkeit, Anforderungen, Restriktionen, in: Handbuch für öffentliche Verwaltungen und öffentliche Betriebe, Sonderdruck Verwaltungsmanagement, Budgetierung und Controlling in der öffentlichen Verwaltung, Düsseldorf 1997, B 2.1, S. 1 - 34

Modellprojekt „Doppischer Kommunalhaushalt NRW" (Hrsg.), Dokumentation des Konzepts für einen doppischen Kommunalhaushalt im Neuen Kommunalen Finanzmanagement, o.O. 2000

Nau, H.-R./Wallner, G. (1998), Verwaltungs-Controlling für Einsteiger: Kosten- und Leistungsrechnung in öffentlichen Unternehmen und Verwaltungen, Freiburg i. Br. 1998

Neumann, H. (1997) Beteiligungsmanagement und -controlling unter besonderer Berücksichtigung kommunaler Unternehmen, München 1997

Norton, D. P./Kappler, F. (2000), Balanced Scorecard Best Practice - Trends and Research Implications, in: Controlling, 12, 2000, S. 15 - 22

Olfert, K./Steinbuch, P. A. (1999), Personalwirtschaft, 8. Aufl., Ludwigshafen (Rhein) 1999

Ossadnik, W. (1993), Entwicklung eines Controlling für öffentliche Verwaltungen, in: Die Verwaltung, 26. Bd., 1993, S. 57 - 68

Ossadnik, W. (2003), Controlling, 3. Aufl., München, Wien 2003

Ossadnik, W./Barklage, D. (2002), Budgetierungsverfahren, in: Küpper, H.-U./Wagenhofer, A. (Hrsg.), HWU, 4. Aufl., Stuttgart 2002, Sp. 241 - 250

Palupski, R. (1997), Controlling kommunaler Verwaltungen, Aachen 1997

Peemöller, V. H. (2002), Controlling, Grundlagen und Einsatzgebiete, 4. Aufl., Herne, Berlin 2002

Pook, M./Tebbe, G. (2002), Berichtswesen und Controlling, München, Berlin 2002

Preißler, P. R., (1998), Controlling, Lehrbuch und Intensivkurs, 10. Aufl., München, Wien 1998

Pyhrr, P. A. (1970), Zero-Base Budgeting, in: HBR, 48, 1970, S. 111 - 121

Pyhrr, P. A. (1973), Zero-Base Budgeting - A Practical Management Tool for Evaluating Expenses, New York 1973

Rabe, H. (2001), Investitionscontrolling bei öffentlichen Bauvorhaben - Optimierung von Prozessen im kommunalen Hochbaumanagement, in: VOP 12/2001, S. 25 - 28

Raffée, H. (1979), Marketing und Umwelt, Stuttgart 1979

Raffée, H./ Fritz, W./ Wiedmann, P. (1994), Marketing für öffentliche Betriebe, Stuttgart, Berlin, Köln 1994

Rattay, G. (1996), Projektplanung und -steuerung, in: Eschenbach, R. (Hrsg.), Controlling, 2. Aufl., Stuttgart 1996, S. 371 - 412

Reibnitz v., U. (1989), Szenario-Planung, in: Szyperski, N. (Hrsg.), HWPlan, Stuttgart 1989, Sp. 1980 - 1996

Reichard, C. (1973), Managementkonzeption des Öffentlichen Verwaltungsbetriebes, Berlin 1973

Reichard, C. (1987), Betriebswirtschaftslehre der öffentlichen Verwaltung, 2. Aufl., Berlin, New York 1987

Reichard, C. (1994), Umdenken im Rathaus. Neue Steuerungsmodelle in der deutschen Kommunalverwaltung, Berlin 1994

Reichard, C. (2001), Strategisches Management in der Kernverwaltung, in: Eichhorn, P./Wiechers, M. (Hrsg.), Strategisches Management für Kommunalverwaltungen, Baden-Baden 2001, S. 80 - 91

Reichmann, T. (1993), Kennzahlensysteme, in: Wittmann, W. u.a. (Hrsg.), HWB, Stuttgart 1993, Sp. 2159 - 2173

Reichmann, T. (2001), Controlling mit Kennzahlen und Managementberichten, 6. Aufl., München 2001

Reichmann, T./Lachnit, L. (1976), Planung, Steuerung und Kontrolle mit Hilfe von Kennzahlen, in: ZfbF, 28, 1976, S. 705 - 723

Reichmann, T./Haiber, T. (1994), Kommunales Ziel- und Ressourcen-Controlling, in: Controlling, Heft 4, 1994, S. 184 - 195

Reinermann, H. (1975), Programmbudgets in Regierung und Verwaltung, Baden-Baden 1975

Reiß, M./Corsten, H. (1992), Gestaltungsdomänen des Kostenmanagements, in: Männel, W. (Hrsg.), Handbuch Kostenrechnung, Wiesbaden 1992, S. 1478 - 1491

Rembor, R.-P. (1997), Controlling in der Kommunalverwaltung: Koordination dezentraler Verantwortung, Wiesbaden 1997

Richter, M. (2000), Controllingkonzeption für öffentliche Verwaltungsbetriebe, Hamburg 2000

Riebel, P. (1994), Einzelkosten- und Deckungsbeitragsrechnung - Grundfragen einer markt- und entscheidungsorientierten Unternehmensrechnung, 7. Aufl., Wiesbaden 1994

Röhrich, M. (1999), Steuerung und Kontrolle kommunaler Beteiligungen, Beteiligungscontrolling als Teil des politischen Controlling, in: VM, 5. Jg., 1999, Heft 4, S. 237 - 239, Heft 5, S. 312 - 315

Roever, M. (1980), Gemeinkosten-Wertanalyse. Erfolgreiche Antwort auf die Gemeinkosten-Problematik, in: ZfB, 50, 1980, S. 686 – 690

Roever, M. (1982), Gemeinkosten-Wertanalyse. Erfolgreiche Antwort auf den wachsenden Gemeinkostendruck, in: ZfO, 51, 1982, S. 249 - 253

Rogge, H.-J. (1972), Methoden und Modelle der Prognose aus absatzwirtschaftlicher Sicht , Berlin 1972

Rogge, H.-J. (1992), Marktforschung, 2. Aufl., München, Wien 1992

Rosada, M. (1990), Kundendienststrategien im Automobilsektor, Berlin 1990

Rürup, B./Färber, G. (1980), Programmhaushalte der „Zweiten Generation", in: DÖV, Jg. 33, 1980, S. 661 - 672

Sack, E./Rembold, G. (1990), Controlling in Karlsruhe: Systematik und Praxis, in: Braun, G. E./Bozem, K. (Hrsg.), Controlling im kommunalen Bereich, München 1990, S. 150 - 161

Sandberg, B. (2001), Kommunales Benchmarking als strategisches Managementinstrument, in: Eichhorn, P./Wiechers, M. (Hrsg.), Strategisches Management für Kommunalverwaltungen, Baden-Baden 2001, S. 163 - 173

Schedler, K./Weibler, J. (1996), Personalcontrolling in der öffentlichen Verwaltung, in: Goller, G. u.a. (Hrsg.), Verwaltungsmanagement, Handbuch für öffentliche Verwaltungen und öffentliche Betriebe, Lose-Blatt-Sammlung, C. 5.3, Stuttgart 1996, S. 1 - 32

Schierenbeck, H. (2000), Grundzüge der Betriebswirtschaftslehre, 15. Aufl., München, Wien 2000

Schlicksupp, H. (1977), Kreative Ideenfindung in den Unternehmen, Methoden und Modell, Berlin, New York 1977

Schmid, H. (2002), Beteiligungsmanagement und Beteiligungscontrolling, in: KV, 13. Jg., H. 5, 2002, S. 33 - 40

Schmid, H. (2002), Beteiligungsberichte der Kommunen, in: KV, 13. Jg., H. 6, 2002, S. 41 - 46

Schmidberger, J. (1994), Controlling für öffentliche Verwaltungen, 2. Aufl., Wiesbaden 1994

Schmidt, A. (1989), Beteiligungscontrolling – Wie man seine Tochtergesellschaften organisatorisch in den Griff bekommt, in: Controlling, Nr. 5, 1989, S. 270 - 275

Schmidt, G. (1986), Das Controlling als Instrument zur Koordination der Unternehmensführung, Frankfurt u. a. 1986

Schneider, S. (1978), Die Planung von Bereichszielen bei öffentlichen Verwaltungen unter spezieller Berücksichtigung der Kommunalverwaltung, in ZfbF, 30. Jg., 1978, S. 561 - 585

Scholz, C. (1994), Personalmanagement: Informationsorientierte und verhaltenstheoretische Grundlagen, 4. Aufl., München 1994

Schreyögg, G./Steinmann, H. (1985), Strategische Kontrolle, in: ZfbF, 37. Jg., 1985, S. 391 - 410

Schulte, C. (1989), Personal-Controlling mit Kennzahlen, München 1989

Schuster, F. (1999), Kommunale Kosten- und Leistungsrechnung: controllingorientierte Einführung, München, Wien 1999

Schwarze, J. (1989), Netzplantechnik: Eine Einführung in das Projektmanagement, 6. Aufl., Berlin 1989

Schwarze, J. (1997), Überlegungen zu einem Verwaltungscontrolling, in: VM, 3. Jg., 1977, H. 3, S. 150 - 154

Schweitzer, M. (1977), Führungssysteme für private Unternehmungen und öffentliche Verwaltungen, in: Schweitzer, M./Plötzeneder, H. D. (Hrsg.), Führungssysteme für Universitäten, Stuttgart 1977, S. 73 - 89

Seidel-Kwem, B. (1983), Strategische Planungen in öffentlichen Verwaltungen, Berlin 1983

Seidenschwarz, B. (1992), Controllingkonzept für öffentliche Institutionen, München 1992

Senatskommission für das Personalwesen (1998), Projekt „Personalcontrolling in der Freien Hansestadt Bremen" – Bewerbung für den Projektpreis beim 4. Speyerer Qualitätswettbewerb 1998, Bremen 1998

Siegwart, H. (1998), Kennzahlen für die Unternehmensführung, 5. Aufl., Bern, Stuttgart 1998, S. 30 ff.

Spies, W. (1979), Das Budget als Führungsinstrument öffentlicher Wirtschaftseinheiten, Augsburg 1979

Stadt Köln (1997),Geschäfts- und Verfahrensanweisung zum Investitionscontrollingverfahren, Köln 1997

Stauss, B./Hentschel, B. (1991), Dienstleistungsqualität, in: WiSt, 20. Jg., Nr. 5, 1991, S. 238 - 244

Steinle, C./Thiem, H./ Dunse, A. (1998), Beteiligungs-Controlling: Grundlagen, Realtypen, Gestaltungsempfehlungen, in : Controlling, Nr. 3, 1998, S. 173 - 189

Strebel, H. (1978), Scoring-Modelle im Lichte neuer Gesichtspunkte zur Konstruktion praxisorientierter Entscheidungsmodelle, in: DB, 31. Jg., 1978, S. 2182 - 2186

Szyperski, N./Winand, U. (1978), Strategisches Portfolio-Management: Konzept und Instrumentarium, in: ZfbF - Kontaktstudium, 30. Jg., 1978, S. 123 - 132

Teichmann, U. (1993), Szenariotechnik, in: Horváth, P./Reichmann, T. (Hrsg.), Vahlens Großes Controllinglexikon, München 1993, S. 624 f.

Troßmann, E. (1992), Gemeinkosten-Budgetierung als Controlling-Instrument in Bank und Versicherung, in: Spremann, K./Zur, E. (Hrsg.), Controlling: Grundlagen – Informationssysteme – Anwendungen, Wiesbaden 1992, S. 511 - 539

Vikas, K. (1988), Controlling im Dienstleistungsbereich mit Grenzplankostenrechnung, Wiesbaden 1988

Vikas, K. (1990), Controllingorientierte Systeme der Leistungs- und Kostenrechnung für den Dienstleistungsbereich, in: krp, Heft 5, 1990, S. 265 - 268

Volz, J. (1980), Erfolgskontrolle kommunaler Planung, Köln 1980

Weber, J. (1987), Controlling in öffentlichen Unternehmen und Verwaltungen, in: CM, 12, 1987, S. 265 - 270

Weber, J. (1988 a), Controlling in öffentlichen Institutionen - Trugbild oder Chance zur Erhöhung der Leistungsfähigkeit öffentlicher Unternehmen und Verwaltungen?, in: Der Controlling-Berater, Losablattsammlung, Ergänzungslieferung 2/1988, Gruppe 10, S. 259 - 301

Weber, J. (1988 b), Controlling in öffentlichen Unternehmen und Verwaltungen - Chancen und Restriktionen, in: Weber, J./Tylkowski, O. (Hrsg.), Controlling - eine Chance für öffentliche Unternehmen und Verwaltungen, Stuttgart 1988, S. 35 - 48

Weber, J. (1988 c) Controlling – Möglichkeiten und Grenzen der Übertragbarkeit eines erwerbswirtschaftlichen Führungsinstruments auf öffentliche Institutionen, in: DBW, 48. Jg., H. 2, 1988, S. 171 - 194

Weber, J. (1998), Einführung in das Controlling, 7. Aufl., Stuttgart 1998

Wild, J. (1982), Grundlagen der Unternehmensplanung, 4. Aufl., Opladen 1982

Witte, E./Hauschildt, J. (1966), Die öffentliche Unternehmung im Interessenkonflikt. Betriebswirtschaftliche Studien zu einer Zielkonzeption der öffentlichen Unternehmung, Berlin 1966

Witt, F.-J. (1997), Benchmarking - Ein Instrument zur Optimierung von Verwaltungsprozessen, in: Goller, J./Müller-Hedrich, B. W./Schad, T., Budgetierung und Controlling in der öffentlichen Verwaltung, Düsseldorf 1997, B 2.7, S. 1 - 27

Witten v., M. (2000), Kostenrechnungssysteme für öffentliche Verwaltungen, in: VM, 6. Jg., 2000, S. 40 - 43

Wöhe, G. (2002), Einführung in die Allgemeine Betriebswirtschaftlehre, 21. Aufl., München 2002

Wolf, T., R. (1998), Politisches Controlling im kommunalen Bereich, in: das rathaus, 51. Jg., 1998, H.12, S. 546 – 549

Zech, R./Kempf, R./Lühr, H./Weineck, D. (1998), Personalcontrolling in der Freien Hansestadt Bremen, in: Hill, H./Klages, H. (Hrsg.), Innovation durch Spitzenverwaltungen - eine Dokumentation zum 4. Speyerer Qualitätswettbewerb 1998, Düsseldorf 1998

Ziegenbein, K. (1998), Controlling, 6. Aufl., Ludwigshafen (Rhein) 1998

Zimmermann. E. (2001), Kommunales Controlling, Wuppertal 2001

Zimmermann, G. (1992), Prozessorientierte Kostenrechnung in der öffentlichen Verwaltung. Ein Ansatz zur Entgeltkalkulation und für ein wirkungsvolles Controlling, in: Controlling, Heft 4, 1992, S. 196 - 202

Zünd, A. (1986): Der Verwaltungscontroller, in: Verwaltung und Organisation, Heft 3, 1986, S. 54 - 57

Stichwortverzeichnis

Abweichungsberichte 133 f.

Analyse
- datentechnische 75 f.
- Organisations- 76
- strategische 29 ff.
- Ziel- und Aufgaben- 76

Ausführungssystem 2

Balanced Scorecard
- Aufgaben 59 ff.
- Perspektiven 59 f., 63 f.,128

Bauinvestitionscontrolling 177 ff.

Bedarfsberichte 134

Befragung 23, 76, 114

Benchmarking
- Ablauf 40 ff.
- Begriff 39
- Formen 39 f., 192

Beobachtung 114

Bereichscontrolling 15

Berichtssystem, personal-
wirtschaftliches 189

Berichtswesen 24, 79, 130 ff., 194, 198 f.

Beteiligungsbericht 198 f.

Beteiligungscontrolling 16, 190 ff.

Beteiligungsmanagement 190 f.

Betriebsvergleiche 115, 124 f.

Buchführung
- doppelte 80, 81, 82 ff.
- kameralistische 79 ff.

Budget 150

Budgetierung
- Fortschreibungs- 156 f.
- Funktionen 151 ff.
- Programm- 159 ff.
- produktorientierte 161 f.
- Varianten 154 f.
- Verfahren 156 ff., 181

Chancen-Risiken-Analyse 30, 191

Checklisten-Verfahren 57 f.

Controlling
- Begriff 1 ff.
- Erscheinungsformen 4 ff.
- für öffentliche Unternehmen 9 f.
- koordinationsorientiert 2 ff., 13
- operatives 5 ff., 15
- politisches 15
- strategisches 5 ff., 15
- System 2, 13
- Typen 4 ff.

Critical Incident-Technik 122

Deckungsbeitragsrechnung
- auf der Basis von relativen Einzelkosten 88 f.
- einstufige 87
- mehrstufige 87

Dienstleistungen
- Definitionen 140 f
- Produktion 141 ff.

Direct Costing 87
Drei-Komponenten-System 82 f.
DuPont-System 126 f.

Environmental Scanning 25
Ereignismethode, sequentielle 121 f.
Ergebnisrechnung 82 f.

Finanzrechnung 83
Fixkostendeckungsrechnung, stufenweise 87 f.
Früherkennungsindikatoren 27 ff.
Früherkennungsinformationen 33
Früherkennungssysteme 24 ff.
Frühwarnsysteme 25
Führungssystem 2, 13

Gemeinkostenwertanalyse 101 ff.
Grenzplankostenrechnung 91, 93 ff.

Informationen
- operative 75
- strategische 20 ff.

Informationsbedarfsermittlung 21 f., 75 f.
Informationsbeschaffung 22 f., 77 f.
Informationsübermittlung 24, 79
Informationsverarbeitung und -speicherung 23 f., 78 f.
Interessengruppen 31 f., 58
Investitionscontrolling 171 ff.

Investitionsrechnung
- Programmentscheidungsverfahren 174
- Verfahren, einzelwirtschaftliche 172 f.
- Verfahren, gesamtwirtschaftliche 173 f.

Kameralistik
- Erweiterte 80 f.
- Verwaltungs- 79 f.

Kennzahlen 59 ff., 123 ff. 185 ff.
- Begriff 123
- deskriptive 124
- Klassifikation 123 f.
- normative 124
- Personal- 185 ff.

Kennzahlenbereiche 129
Kennzahlensystem(e) 59 ff., 123 ff.
- Begriff 126
- Klassifikation 126
- personalwirtschaftliches 189 f.

Kerngruppen 44

Kontraktmanagement 197 f.

Kontrolle
- Durchführungs- 67 ff.
- ergebnisorientierte 66, 162 ff.
- Feedback- 65, 163 f., 193
- Feedforward- 66, 193
- inputorientierte 163 ff.
- operative 162 ff.
- outcomeorientierte 163 ff.
- outputorientierte 163 ff.
- Planfortschritts- 67 ff.
- Prämissen- 67 ff.
- Prozess 65
- strategische 29 ff., 64 ff.
- verfahrensorientierte 66
- verhaltensorientierte 66

Konzept der schwachen Signale 25

Koordination
- primäre 3
- sekundäre 3
- systembildende 3, 13 f.
- systemkoppelnde 3, 13 f.

Kostenartenrechnung 85

Kostenmanagement
- Begriff 99
- Formen 99 f.
- Verfahren 100 ff.

Kosten-Nutzen-Analyse 173 f.

Kostenrechnung
- Ist- 84 ff., 87 ff.
- Normal- 84
- Plan- 84 ff., 90 ff.
- Prozess- 95 ff.
- Teil- 84, 87 ff., 93 ff.
- Voll- 84

Kostenstellenrechnung 85 f.

Kostenträgerrechnung 86

Kostenverrechnung
- primäre 85
- sekundäre 85 f.

Kreativitätstechniken 149, 171

Leistungsrechnung 111 ff.

Marktattraktivität-Wettbewerbsvorteil-Portfolio 49 ff.

Marktwachstum-Marktanteil-Portfolio 49 f.

Maßnahmenplanung
- im Rahmen der Leistungserstellung 143 ff.
- operative 139 ff.

Monitoring 33

Netzplantechnik 176

New Public Management 116

Null-Basis-Budgetierung 106

Nutzwertanalyse 174

Organisationssystem 4, 13

Personalausgaben 188

Personalbedarfsplanung 182 f., 187

Personalcontrolling 15, 182 ff.

Personaleinsatzplanung 183 f.

Personalentwicklungsplanung 184 f., 188 f.

Personalfreisetzungsplanung 185

Personalführung 188

Personalführungssystem 4, 13

Personalplanung 182 ff.

Personalstruktur 188

Planning-Programming-Budgeting-System 159 ff.

Planung
- operative 135 ff.
- strategische 29 ff.

Planungs- und Kontrollprozess 18 ff.

Planungs- und Kontrollsystem 2, 13

Portfolio-Analyse 48 ff., 193

Primärforschung 23

Produktbeschreibung 113 f.

Produktdefinition 113

Produkt-Markt-Matrix 154 f.

Prognosen 33

Prognoseverfahren 34, 171 f.
- qualitative 34
- quantitative 34

Projektstrukturplan 176

Punktbewertungsmodelle 149 f.

Qualität
- Begriff 116
- Management 117
- Merkmale 119 f.
- Messung, ereignisorientierte 121 ff.
- Messung, multiattributive 118 ff.

Rechnungswesen
- betriebliches 77
- externes 77 f.
- internes 77 f.
- öffentliches 77 f.

Rentabilitäts-Liquidiäts-Kennzahlensystem 127

Satellitengruppen 44

Scoring-Modelle 149 f.

Sekundärforschung 22

Soll-Ist-Vergleiche 115, 125

Standardberichte 133 ff.

Stärken-Schwächen-Analyse 36 ff., 191 f.

Strategien
- Abschöpfungs- 50 ff.
- Begriff 47, 192, 196
- Desinvestitions- 50 ff.
- Diversifikations- 55 f.
- Funktional- 47 f.
- Gesamtunternehmens- 47
- Gesamtverwaltungs- 48 ff.

- Geschäftsfeld- 47
- Implementierung 59 ff.
- Investitions- 50 ff.
- Konzentrations- 56 f.
- Leistungsfeld- 48, 54 ff.
- Marktdurchdringungs- 55 f.
- Marktentwicklungs- 55 f.
- Norm- 49, 193
- Produktentwicklungs- 55 f.
- Rückzugs- 56 f.
- selektive 50 ff.
- Stabilisierungs- 56 f.
- Stagnations- 52 f.
- Übergangs- 51 ff.
- Wachstums 50 ff.

Systemansatz 2
Szenariotechnik 34 ff.

Umwelt I 27 f., 30 ff.
Umwelt II 27 f., 30 ff.
Umweltanalyse 27, 29, 30 ff.

Vermögensrechnung 82 f.
Verwaltungsanalyse 29, 36 ff.
Verwaltungscontrolling
- Aufgaben 13 ff., 17 ff., 73 f.
- Ausgestaltung 13 ff.
- Besonderheiten 11 ff.
- Notwendigkeit 10
- operatives 73 ff.
- strategisches 17 ff.

Verwaltungskameralistik 12
Verwaltungsumwelt 30 ff.

Zeitvergleiche 115, 124
Zero-Base-Budgeting 106 ff., 160
Zero-Base Planning 106
Ziele
- Beteiligungs- 196 ff.
- Gewichtung 136
- Operationalisierung 137 ff.
- operative 135 ff.
- strategische 43 ff.

Mehr wissen – weiter kommen

Wirtschaftlich handeln in der Verwaltung

Die gegenwärtige Modernisierung der Kommunalverwaltungen wird in besonderem Maße von betriebswirtschaftlichen Konzepten beeinflusst. Dabei kommt dem Rechnungswesen eine zentrale Bedeutung zu, da es die notwendigen Daten für wirtschaftliches Handeln bereitstellt.

Dieses Lehrbuch gibt einen fundierten Überblick über die einzelnen Bereiche des kommunalen Rechnungswesens. Klaus Homann geht von einer weiten Fassung des Rechnungswesens aus, die finanz- und leistungswirtschaftliche Aspekte umfasst. Auf eine Einführung in die Grundlagen folgt eine gründliche Darstellung der spezifischen Buchführungssysteme der Kommunalverwaltungen. Die kommunale Kostenrechnung sowie die für Kommunalverwaltungen relevanten Methoden der Wirtschaftlichkeitsrechnung werden ebenfalls ausführlich behandelt. Zu allen wichtigen Teilgebieten präsentiert der Autor ausgewählte Übungsaufgaben mit Lösungen.

Die 6. Auflage wurde um ein Kapitel zum Neuen Kommunalen Finanzmanagement (NKF) erweitert.

Klaus Homann
Kommunales Rechnungswesen
6., überarb. Aufl. 2005
ca. 370 S.
Br., ca. EUR 27,90
ISBN 3-8349-0019-2

Erscheint voraussichtlich im Oktober 2005

Änderungen vorbehalten.
Stand: Januar 2005.

Gabler Verlag · Abraham-Lincoln-Str. 46 · 65189 Wiesbaden · www.gabler.de

If you have any concerns about our products,
you can contact us on
ProductSafety@springernature.com
In case Publisher is established outside the EU,
the EU authorized representative is:
**Springer Nature Customer Service Center GmbH
Europaplatz 3, 69115 Heidelberg, Germany**

Printed by Libri Plureos GmbH
in Hamburg, Germany